Armin Pongs

In welcher Gesellschaft leben wir eigentlich?

Armin Pongs

In welcher Gesellschaft leben wir eigentlich? Gesellschaftskonzepte im Vergleich

Band 2

Aus der Reihe »Gesellschaft X«,
herausgegeben von Armin Pongs

DILEMMA
VERLAG

Die Deutsche Bibliothek – CIP-Einheitsaufnahme

In welcher Gesellschaft leben wir eigentlich? : Gesellschaftskonzepte im Vergleich / Armin Pongs. – München : Dilemma-Verl.,
(Aus der Reihe »Gesellschaft X«)
Bd. 2. Gesellschaft X. - 2000
ISBN 3-9805822-5-6

Fon: 089/ 99 80 79 11
Fax: 089/ 99 75 07 23
Homepage: http://www.dilemma-verlag.de
E-Mail: kontakt@dilemma-verlag.de

Herausgeber, Autor, Interviewleiter, Übersetzer und Fotograf: Armin Pongs
Textdokumentation und Übersetzungen: Rainer Kellers, Tobias Wolff, Piero Salabè
Karikaturen und Illustrationen: Klaus Espermüller
Layout/Gestaltung: art&work, München
Gesamtherstellung: dm druckmedien GmbH, München
Printed in Italy

in memoriam
Max Weber (1864-1920)

Seine Analysen der Gesellschaft am Anfang des 20. Jahrhunderts haben auch 80 Jahre nach seinem Tod nicht an Aussagekraft verloren. Seine Schriften fordern vielmehr immer wieder zu neuen Interpretationen heraus. In der Hoffnung, dass sein Bild des in einem »Gehäuse der Hörigkeit« eingezwängten Lebens auch weiterhin eine Warnung vor einer durch und durch bürokratisierten Gesellschaft bleibt.

»Die zunehmende Intellektualisierung und Rationalisierung bedeutet nicht eine zunehmende allgemeine Kenntnis der Lebensbedingungen, unter denen man steht. Sondern sie bedeutet etwas anderes: das Wissen davon oder den Glauben daran: dass man, wenn man nur wollte, es jederzeit erfahren könnte, dass es also prinzipiell keine geheimnisvollen unberechenbaren Mächte gebe, die da hineinspielen, dass man vielmehr alle Dinge – im Prinzip – durch Berechnen beherrschen könne. Das aber bedeutet: die Entzauberung der Welt.«

Max Weber

IN WELCHER GESELLSCHAFT LEBEN WIR EIGENTLICH?

Inhalt

Vorwort 11

Anfangsbetrachtung 17

Amitai Etzioni .... Die Verantwortungsgesellschaft 29

Anthony Giddens .... Die moderne Gesellschaft 53

Axel Honneth .... Die gespaltene Gesellschaft 79

Stefan Hradil .... Die Single-Gesellschaft 103

Ronald Inglehart .... Die postmoderne Gesellschaft 125

Karin Knorr-Cetina .... Die Wissensgesellschaft 149

Scott Lash .... Die Informationsgesellschaft 171

Karl-Ulrich Mayer .... Die Bildungsgesellschaft 193

Renate Mayntz .... Die dynamische Gesellschaft 219

Neil Postman .... Die Mediengesellschaft 241

Richard Sennett .... Die flexible Gesellschaft 265

Gianni Vattimo .... Die transparente Gesellschaft 293

Schlussbetrachtung 313

Vorwort

Es wurde in jüngster Zeit viel darüber geschrieben, dass etwas zu Ende geht. Die Liste der Autoren, die ein Ende ankündigen, ist lang und scheint kein Ende zu finden, betrachtet man sich folgende Auflistung: »Das Ende des sozialdemokratischen Jahrhunderts« (Ralf Dahrendorf), »Das Ende der großen Erzählungen« (Jean-François Lyotard), »Das Ende der Geschichte« (Francis Fukuyama), »Das Ende der Moderne« (Gianni Vattimo), »Das Ende der Eindeutigkeit« (Zygmunt Bauman), »Das Ende der Ideologie« (Daniel Bell), »Das Ende der Arbeit« (Jeremy Rifkin), »Das Ende der Klassen« (Ulrich Beck), »Das Ende der Städte« (Alain Touraine), »Das Ende der Tradition« (Anthony Giddens), »Das Ende der Gewissheiten« (Niklas Luhmann), »Das Ende des Buchzeitalters« (Marshall McLuhan), »Das Ende der Erziehung« (Neil Postman), »Das Ende des organisierten Kapitalismus« (Scott Lash), »Das Ende des öffentlichen Lebens« (Richard Sennett), »Das Ende der Demokratie« (Jean-Marie Guéhenno), »Das Ende des Nationalstaates« (Kenichi Ohmae). Diese Liste ließe sich beliebig fortsetzen.

Gleich am Anfang dieses Buches ist festzuhalten: Alles hat ein Ende, alles ist vorläufig und falsifizierbar. Die Gesellschaftsbeschreibungen dieses Buches sind davon nicht ausgenommen. Sie haben ihre persönliche Entstehungsgeschichte, sie sind in einer bestimmten Zeit, an einem bestimmten Ort und aus einer bestimmten Perspektive heraus entstanden. Damit soll keineswegs ihre Aussagekraft geschmälert werden. Es sei aber betont, dass es sich bei den nachfolgenden Konzepten nicht um umfassende Gesellschaftstheorien handelt, sondern um Erklärungsmodelle, die die wissenschaftliche Aufmerksamkeit auf bestimmte Aspekte der Realität lenken. Die Variationsbreite der Ansätze belegt, dass sich gesellschaftliche Wirklichkeit nicht mit einem einzigen Konzept eingrenzen lässt. Das inflationäre Aufkommen von Gesellschaftsbeschreibungen zeigt vielmehr, dass sich viele Forscher mit sehr unterschiedlichen Interessen und unter unterschiedlichen Gesichtspunkten auch unterschiedlichen Ausschnitten der Wirklichkeit zuwenden. Das Buch zeigt auf, dass es keine wahre Erkenntnis, sondern nur viele rivalisierende Interpretationen gibt. Der einheitliche Blick wird durch die unzähligen Argusaugen verstellt, die auf die Gesellschaft gerichtet sind.

Das Buch will die Welt nicht neu erklären, es liefert auch keine Erlösungsentwürfe oder Zukunftsprophezeiungen – Erwartungen dieser Art werden nicht nur enttäuscht, sie werden auch entschieden zurückgewiesen. Das Buch verfolgt auch nicht die Absicht, eine Antwort auf die zentrale Frage »In welcher

Gesellschaft leben wir eigentlich?« zu geben. Die letzte Antwort bleibt das Buch schuldig, liefert es doch gleich ein Dutzend verschiedener Antworten.

Im Buch finden sich die Perzeptionen und Sichtweisen von zwölf Gesellschaftsforschern. Diese widmen sich in ihren empirischen Untersuchungen und Veröffentlichungen dem Austragungsort unserer Interessenkonflikte und beschreiben den Schauplatz, auf dem wir unsere Fähigkeiten und Möglichkeiten erproben und entfalten. Es geht um die Untersuchung des Menschen und der von ihm geschaffenen Institutionen im Wandel der Zeit. Das Buch ist eine Reaktion auf die Konjunktur der Erklärungsversuche und dient als Dokumentation dieser verschiedenen Perspektiven, die ihren Reiz aus der Kraft ihrer Sprache, aus der Tiefendimension ihrer Erklärungen und aus der Glaubwürdigkeit ihrer empirischen Daten ziehen. Im Vordergrund steht nicht der Versuch, die Gesellschaft auf eine Formel oder einen Begriff zu bringen. Das Buch ist in erster Linie von dem Versuch getragen, unzureichend erfasste Dimensionen des gesellschaftlichen Lebens zu erschließen und zu erklären, neue Wirklichkeiten zu beschreiben, gegenwärtige Herausforderungen und Probleme zu thematisieren und verborgene Ungerechtigkeiten offen zu legen. Nicht zuletzt soll es die Gesellschaft in ihrer Vielfalt begreifbar machen. Es kann damit zu einer kritischen Auseinandersetzung mit den gesellschaftlichen Rahmenbedingungen anregen.

Viele werden sich schon einmal die zentrale Frage des Buches gestellt und nach einer Antwort gesucht haben. Andere werden vielleicht erst durch das Lesen darauf aufmerksam und machen sich auf die Suche nach einer Antwort. Die verschiedenen Ansätze werden diese Suche nicht einschränken, im Gegenteil: Sie gehen auf Teilaspekte der gesellschaftlichen Wirklichkeit ein und geben Denkanstöße und Interpretationshilfen.

Ohne Vollständigkeit zu beanspruchen, soll eine möglichst große Bandbreite der Antworten aufgezeigt werden, die sich aus der zentralen Frage »In welcher Gesellschaft leben wir eigentlich?« ergeben. Bei der Auswahl der Sozialwissenschaftler – Soziologen, Politologen und Philosophen – wurde darauf geachtet, unterschiedliche Perspektiven zu berücksichtigen. Dass es dennoch zu zahlreichen Berührungspunkten und Überschneidungen kommt, ist darauf zurückzuführen, dass Sozialwissenschaftler selbst ein Teil der Gesellschaft sind, die sie beschreiben. Zudem beziehen sich ihre Interpretationen ausnahmslos auf die hochtechnisierten Gesellschaften.

Frauen sind bei der Auswahl unterrepräsentiert. Das hängt damit zusammen, dass sich nur sehr wenige Frauen in den Sozialwissenschaften mit gesellschaftstheoretischen Fragen auseinandersetzen. Wir werden weiterhin alle Augen und Ohren offen halten, um bisher noch unberücksichtigte Positionen aufzuspüren. Im Vergleich zum ersten Band finden sich im vorliegenden zweiten Band wesentlich mehr englischsprachige Sozialwissenschaftler, auch ein italienischer Autor ist dabei. In einem dritten Band, der in Kürze erscheinen wird, werden neben deutschen, englischen und amerikanischen auch französische und spanische Autoren zu finden sein. Damit wird einem gewandelten Gesellschaftsbewusstsein, das sich nicht mehr an den mit dem Nationalstaat verknüpften Vorstellungen orientiert, Rechnung getragen.

Wer über die Gesellschaft reflektiert, behält seine Einsichten normalerweise für sich. Ich danke deshalb den Gesellschaftsexperten in diesem Band, dass sie sich den bohrenden Fragen geduldig gestellt und ihre Einsichten preisgegeben haben. Dadurch ist es gelungen, einen Wissensschatz ans Tageslicht zu heben und Erkenntnisse offen zu legen, die zum Teil auf langjährige empirische Forschung und intensive theoretische Arbeit zurückgehen.

Ich bedauere die ungebührliche Verzögerung des vorliegenden Buches und danke allen Lesern, die schon seit Monaten auf den zweiten Band warten, für ihre Nachsicht und Geduld. Ich danke Rainer Kellers, Piero Salabè und Tobias Wolff für die sprachliche Überarbeitung der Texte, Uschi Vierheller für die aufgeräumte und übersichtliche Textgestaltung, Christoph Hofbauer für Vertrauen, Betreuung und Unterstützung des Buchprojektes, Uwe Pongs für die Ausleihe einer Kamera, Ralf Greiner und Hans Weidhofer für die Gestaltung der Homepage des Dilemma Verlages und Anil Jain für deren Überarbeitung und Aktualisierung (die Homepage kann über »www.dilemma-verlag.de« besucht werden), Guido Sieber für die Computerseelsorge und Klaus Espermüller für die illustrative und karikaturistische Umsetzung meiner Ideen zu den jeweiligen Gesellschaftskonzepten. Ganz besonders danke ich meiner Frau Ethel und meinem Sohn Alejandro für das Aufzeigen gesellschaftlicher Missstände, die der eigentliche Auslöser waren für das Entstehen dieses Buches. In der Hoffnung, dass über die eingangs gestellte Frage eine Diskussion angestoßen wird, die hoffentlich nicht ein schnelles Ende findet,

Armin Pongs, München am 14. Juni 2000

Provinzstraße
113 – 124
Gesellschaftstraße
23 – 42

Anfangsbetrachtung

Die Entzauberung der Welt ist in eine neue Phase eingetreten. Ausschlaggebend für diesen Prozess, den der Soziologe Max Weber bereits vor 80 Jahren prononcierte, ist zum einen, dass es »keine geheimnisvollen unberechenbaren Mächte« mehr gibt, zum anderen, dass wir »alle Dinge – im Prinzip – durch Berechnen beherrschen« können. Wir befinden uns in einem Strukturwandel, der viel Positives bewirkt. Es gibt aber auch einige negative Tendenzen. Eine davon ist, dass wir »die Kontrolle über die Dinge durch die Herrschaft über sie verloren« haben, wie es Anthony Giddens formuliert.

Die Entzauberung der Welt folgt einer ihr immanenten Logik: Es ist ein unaufhaltsam fortschreitender Veränderungsprozess, der sich allenfalls durch die Einwirkungen des Menschen verzögern lässt. Was wir aber gegenwärtig beobachten, ist genau das Gegenteil. Die neuen Technologien bewirken, dass sich der derzeit stattfindende sozioökonomische Wandel nicht verlangsamt, sondern beschleunigt. Mit den wachsenden technischen und wirtschaftlichen Möglichkeiten verstärkt sich auch die Forderung nach Reformen. Der Wegfall aller Grenzen und Regulierungen soll dazu führen, dass auch die letzten staatlichen Monopole fallen und einer grundlegenden Liberalisierung Tür und Tore öffnen. Auch wenn wir wissen, dass sich im Zuge dieser Umwälzungen unser Leben grundlegend verändert, bleibt weiterhin unklar, in welche Richtung sich die Dinge entwickeln werden. Wir sind machtlos, was die Gestalt der Dinge angeht, und ahnungslos, was die Zukunft betrifft. Uns bleibt nur die Möglichkeit, die Entzauberung der Welt und den damit verbundenen Veränderungsprozess als Chance zu sehen und diesen so gut wie möglich zu nutzen.

Verglichen mit früheren Zeiten tritt der Umbruch in einem weitaus höheren Tempo und in einer viel radikaleren Form in Erscheinung. Nachdem die modernen Verkehrs- und Transportmittel – Eisenbahn, Auto und Flugzeug – zur Überwindung des Raums beigetragen haben, führten die Kommunikations- und Informationstechnologien – Telefon, Fernsehen, Internet etc. – zur Aufhebung der Zeit. Während wir noch vollends mit dem Internet beschäftigt sind, das es uns ermöglicht, Nachrichten und Bilder in Lichtgeschwindigkeit zu senden und zu empfangen, kündigt sich schon die nächste technische Revolution an, die vielleicht noch tiefgreifender und folgenreicher unser Leben umgestalten wird. Dieses Mal geht es nicht um die Überwindung von Raum oder Zeit. Es geht um die Loslösung von der Natur. Der Wettlauf um die vollständige Entschlüsselung des menschlichen Erbgutes und um die Patentierungen von Genen ist in seine alles entscheidende Phase getreten. Die Entwicklung und institutionelle Ausgestaltung der Bio- und Gentechnologie werden eines wahrscheinlich nicht mehr ganz so fernen Tages einen immer stärkeren Zugriff auf die biologische Ausstattung des Menschen ermöglichen. Wenn es tatsächlich gelingen sollte, das menschliche Erbgut zu entschlüsseln, werden wir in der Lage sein, das Leben zu manipulieren und den menschlichen Körper aus seiner natürlichen Bestimmung zu lösen. Während dies bei vielen Menschen Angst auslöst, begrüßen andere die genetisch manipulierte fehler- und sorgenfreie Zukunft. Ob wir die unvermeidlichen und einschneidenden Veränderungen nun eher befürworten oder eher ablehnen, wichtig ist, dass wir uns den Herausforderungen stellen und uns mit ihnen auseinander setzen. Wir müssen die Zeichen der Zeit erkennen, die Chancen und Risiken abwägen und auf die Veränderungen reagieren.

Wirtschaft, Staat und Gesellschaft sind von der Entzauberung der Welt und den daraus resultierenden Herausforderungen und Problemen gleichermaßen betroffen. Während sich abzuzeichnen beginnt, dass die internationalen Wirtschaftsunternehmen, die sich zu immer größeren und mächtigeren Konzernen zusammenschließen, aus dem Strukturwandel gestärkt hervorgehen, wird immer deutlicher, dass der Nationalstaat seine Souveränität einbüsst und an Einfluss verliert. Die traditionellen Methoden und Instrumente der staatlichen Gestaltung und Kontrolle erweisen sich immer mehr als stumpfes Schwert. Der Staat ist überfordert, ihm fehlen die Rezepte, angemessen auf den beschleunigten Wandel zu reagieren. Einige Konsortien verfügen bereits über Finanzmittel, das den Haushalt kleinerer Staaten in den Schatten stellt. In vielerlei Hinsicht sind Unternehmen dem Staat weit überlegen: Vor allem können sie schneller und flexibler auf die Veränderungen reagieren, und sind damit besser gerüstet für die Zukunft. Auch wenn der Staat grundsätzlich über die Kompetenz der Rechtssetzung, der Steuererhebung und der Rechtsdurchsetzung durch das Gewaltmonopol verfügt, gerät er zusehends unter Druck. Ihm schwimmen buchstäblich die Felle davon. Wenn viele Unternehmen ihre Arbeitsstätten in Gegenden verlagern, wo ihnen bessere Produktionsbedingungen und Steuererleichterungen geboten werden, dann führt das dazu, dass am früheren Standort die Arbeitslosigkeit steigt und die Steuereinnahmen schwinden. Viele Staaten sehen sich unter anderem aufgrund dieser Entwicklungen gezwungen, den Gesellschaftsvertrag aufzukündigen. Die Renten werden gekürzt, die Sozialleistungen gestrichen, das soziale Netz immer weiter abgebaut.

Für die Gesellschaft bleiben die wirtschaftlichen Entwicklungen und staatlichen Maßnahmen nicht folgenlos. Viele Menschen sehen sich als Manövriermasse der Konzerne und erfahren immer weniger Unterstützung vom Staat. Sie müssen ihr Leben selbst in die Hand nehmen, sich in Interessenverbänden zusammenschließen, um ihren Einfluss zu stärken. Wir werden gezwungen, uns von den wohlfahrtsstaatlichen Leistungen zu lösen, uns auf die neuen Bedingungen und den hohen Anpassungsdruck des Arbeitsmarktes einzustellen und mit neuen Lebenskontexten auseinander zu setzen. Die Gewissheiten einer lebenslang geltenden Ausbildung, das Vertrauen auf einen gesicherten Arbeitsplatz und eine zuverlässige gesellschaftliche Position sind dahin. Man kann die Entwicklung aus der Sicht der Gewinner betrachten, die zuversichtlich und unbeirrt die neuen Chancen individueller Selbstentfaltung nutzen und durch kühne Geschäftsideen oder Finanzspekulationen in kürzester Zeit auf dem Siegertreppchen stehen. Es gibt aber auch die Sicht der Verlierer, eine unübersehbare Gruppe von Menschen, die mit den neuen Bedingungen überfordert sind und nicht rechtzeitig auf den davon rasenden Zug aufgesprungen sind. Durch den Verlust von materieller und sozialer Sicherheit sehen sie ihre Existenz gefährdet. Sie haben Angst, den Anschluss zu verlieren und von der Gesellschaft ausgeschlossen zu werden. Nur diejenigen haben die besten Chancen, die über ausreichend Informationen verfügen, schnell auf Veränderungen reagieren können, mobil und flexibel sind. Wer hingegen langsam, unflexibel, unzureichend informiert ist und sich auf die neuen Gegebenheiten nicht einlassen will oder den Veränderungen nicht folgen kann, hat das Nachsehen.

Die Entzauberung der Welt zwingt die Menschen dazu, eingefahrene Strukturen zu verlassen, sich neuen Erfordernissen anzupassen, sich ständig neu zu orientieren und Entscheidungen für die Zukunft je nach Lage sehr kurzfristig zu fällen. Angesichts des tiefgreifenden Wandels und der damit verbundenen Konsequenzen für unser Leben stellt sich die nicht ganz unverfängliche Frage: »In welcher Gesellschaft leben wir eigentlich?«

Schon ein flüchtiger Blick in das vorliegende Buch zeigt, dass sich diese Frage nicht a priori beantworten lässt. Es gibt keine verbindliche Antwort. Der Grund für die Vielfalt an Gesellschaftsbeschreibungen liegt darin, dass kein einheitliches Verständnis darüber existiert, was »die Gesellschaft« überhaupt ist. So zeichnet jeder ein anderes Bild, legt eine andere Interpretation vor oder entwirft ein anderes Konzept. Bevor wir uns mit den nachfolgenden Gesellschaftskonzepten eingehender befassen, möchte ich zunächst noch zwei grundlegende Fragen im Zusammenhang mit der Leitfrage des Buches klären. Erstens: Was ist eigentlich unter »Gesellschaft« zu verstehen? Und zweitens: Wer ist gemeint, wenn im Buch das Pronomen »wir« verwendet wird?

Zunächst zur ersten Frage: Der Begriff »Gesellschaft« wird heute mehrdeutig verwendet. Der Begriffsdefinition sind fast keine Grenzen mehr gesetzt.

Da es mir nicht gelingen wird, alle Deutungen aufzuführen, hier der Versuch einer Annäherung: Wir sprechen von der Gesellschaft wie von einem monolithischen Block. In Wirklichkeit handelt sich um komplexe, ineinander verstrickte, sich durch ständige Wiederholung und Wandlung auszeichnende Beziehungsgeflechte. Ganz allgemein ist Gesellschaft ein zusammenfassender Begriff für eine Vielzahl von Prozessen der Vergesellschaftung. In der Regel wird der Begriff deckungsgleich mit den territorialen Grenzen des Nationalstaates gebraucht. Wir sprechen dann von der »deutschen Gesellschaft«, der »französischen Gesellschaft«, der »amerikanischen Gesellschaft« etc. Gesellschaft steht damit im direkten Zusammenhang mit all jenen politischen Einheiten, die über politische und militärische Macht verfügen, die bestimmte Normen vorgeben und deren Einhaltung überwachen und die über die Zugehörigkeit zur Gesellschaft entscheiden können. Die Vorstellung von der Gesellschaft und die Gesellschaft selbst hat sich immer wieder gewandelt. Die heutige Gesellschaft ist das Ergebnis eines langen historischen Prozesses. Eine der ältesten Vorstellungen der Gesellschaft stammt von Plato. Er vergleicht die Gesellschaft mit einem Theater, mit der Idee des »theatrum mundi«. In seiner Schrift »Der Staat« erscheint Plato das Leben der Menschen als ein von Göttern aufgeführtes Puppenspiel. Die Gesellschaft ist ein Theater, und alle Menschen sind Schauspieler. Im 19. Jahrhundert fand diese Vorstellung des Theaters als Sinnbild für die Gesellschaft ihre Fortsetzung in Balzacs Hauptwerk »Die Menschliche Komödie« (»Comédie humaine«). Honoré de Balzac schildert in seinem Romanzyklus eine Fülle von Gestalten aus allen Kreisen der Gesellschaft. Er beschreibt und analysiert das Treiben der Menschen als Komödie. An diese Vorstellung knüpft auch Erving Goffman in seiner sozialpsychologischen Studie »Wir alle spielen Theater« an.

Kommen wir zur zweiten Frage: Wer ist mit »wir« gemeint? Meint das »wir« – »wir alle«? Wer gehört dazu, wer nicht? Genauso wie sich für die Gesellschaft kein fester Rahmen findet, so gibt es für das »wir« auch kein klares Bild. »Wir« kann jeder und alles sein. Wir lassen uns nicht mehr verorten und immer weniger auf etwas hin ausrichten. Das »Wir-Gefühl« verblasst vor den Möglichkeiten der »Ich-Entfaltung« und den neuen Existenzbedingungen, die mit den Informations- und Kommunikationstechnologien möglich werden. Begriffe wie »Wir Deutsche«, »Wir Italiener«, »Wir Engländer« sterben aus. Die Vorstellung des Nationalstaates als »Container« der Gesellschaft und die damit verknüpfte nationale Identität wird im Zuge der Öffnung der territorialen Grenzen, der globalen Ausweitung des Waren- und Dienstleistungsaustauschs obsolet. Die heutigen Gesellschaften lassen sich nicht mehr in die Form eines festen, abgegrenzten Territoriums fassen. Sie lassen sich nicht mehr zeitlich und räumlich einordnen. Die Unbestimmtheit der Gesellschaft generiert zahlreiche Beschreibungen, wie wir sie auch in dem vorliegenden Buch wiederfinden.

Durch die Herauslösung der Individuen aus vorgegebenen Sozialformen und einem entsprechenden Anwachsen des individuellen Freiraums schwindet die Bedeutung der Identifikation mit einem bestimmten Ort und einem spezifischen Personenkreis. Soziale Bindungen und gesellschaftliches Engagement weichen der individuellen Selbsterkundung. Nicht dass Amitai Etzioni, der aufgrund der alphabetischen Reihenfolge zuerst im Buch zur Ausgangsfrage Stellung bezieht, etwas gegen die freie Persönlichkeitsentfaltung einzuwenden hätte. Seine Kritik richtet sich gegen den marktliberalen Individualismus, der die soziale Kohäsion und Solidarität zerstört. Ohne moralische Grundlagen, so hat es schon Max Weber formuliert, kann eine Gesellschaft nicht bestehen. Deshalb verurteilt Etzioni den allgemeinen Verfall der Moral und fordert eine grundsätzliche Korrektur. Diese hofft er durch die Stärkung sozialer Tugenden und Werte zu erreichen. Angesichts des Überhandnehmens von individuellen Rechten plädiert Etzioni für ein Gleichgewicht zwischen Persönlichkeitsrechten und gesellschaftlichen Verpflichtungen. Vertrauen untereinander, Verantwortung füreinander, Verpflichtung auf ein gemeinsames Ziel – das sind die Eckpunkte einer – wie er sagt – »guten« Gesellschaft, in der moralische Standards wie Mitmenschlichkeit und Selbstlosigkeit zum sozialen Repertoire aller Menschen gehören. Selbstsucht und sozialer Verantwortungslosigkeit erteilt er eine klare Absage, da diese den Zusammenhalt der Gesellschaft zerstören, von denen letztlich selbst der ganz zurückgezogene und auf sich selbst gestellte Einzelne abhängig ist. Etzioni glaubt, durch kommunitaristische Korrekturen wie dem Postulat nach mehr Gemeinsinn das Blatt dahingehend wenden zu können, dass Rechte und Pflichten wieder im Gleichgewicht zueinander stehen. Jeder muss durch ein gewisses Maß an Gemeinsinn zum Gelingen des Ganzen beitragen.

Auch Anthony Giddens, der sich nicht erst mit seinen Vorschlägen zur Erneuerung der Sozialdemokratie einen Namen gemacht hat, geht es in der gegenwärtigen Radikalisierungsphase der Moderne um ein ausgewogenes Verhältnis von individuellen Rechten und sozialen Pflichten. Es ist unumgänglich, so Giddens, dass der Einzelne von der Gesellschaft nicht nur nimmt, er müsse auch bereit sein zu geben. Nachdem sich Sozialismus und Konservatismus überlebt hätten, sei die Aufgabenteilung zwischen Staat und Wirtschaft neu auszuloten. Giddens fordert einen Gesellschaftsvertrag, für den gilt: »Keine Rechte ohne Verantwortlichkeiten«. Im Gegensatz zu Etzioni, der an traditionellen Gemeinschaften festhält und auf der Rückbesinnung zu kollektiv gestalteten Werten insistiert, sucht der Modernisierungstheoretiker Giddens nach neuen Wegen. Vor dem Hintergrund der globalen Umwälzungen plädiert er dafür, die Räume der Wirtschaft, die Rolle des Staates und die Rechte und Pflichten der Menschen neu zu definieren. »Wir müssen auf die radikalen Veränderungen konsequent reagieren. Zwar brauchen wir einen effektiven Markt, um Wohlstand zu garantieren«, so Giddens, »gleichzeitig brauchen wir aber auch eine funktionierende Bürgergesellschaft und einen aktiven Staat.« Giddens schwebt weder eine radikale Ökonomisierung aller sozialen und zwischenmenschlichen Beziehungen vor, noch klammert er Fragen der sozialen Sicherheit aus. »Die Menschen wollen nicht ungeschützt den globalen Märkten ausgeliefert werden«, glaubt er. Da viele vor der Globalisierung Angst haben, muss in einer Welt des fundamentalen globalen Wandels ein Weg gefunden werden, soziale Ungerechtigkeiten und Benachteiligungen abzubauen und Chancengleichheit und soziale Solidarität zu garantieren. Dies ist nach Giddens nur über eine Erneuerung des Wohlfahrtsstaates zu erreichen, vor allem müsse in die Aus- und Weiterbildung der Menschen investiert werden. Giddens sucht nach einer Staatsform, die das Leben seiner Bürger nicht von der Wiege bis zur Bahre festlegt. Die Menschen sollen ermutigt werden, »sich ihren eigenen Weg durch die großen Revolutionen unserer Zeit zu bahnen«, Risiken einzugehen und Verantwortung zu übernehmen. Die Aufgabe des Staates kann letztlich nur darin liegen, die Menschen vor allzu drastischen Auswirkungen der Globalisierung zu schützen. Entscheidend ist aber, dass jeder Einzelne mehr Verantwortung für sein Leben übernimmt und zur Entstehung einer Gesellschaft beiträgt, in der alle Menschen ihren Platz haben.

In Anbetracht der wachsenden Spaltungstendenzen keine leichte Aufgabe, wie Axel Honneth kritisch bemerkt. Honneth ist im Gegensatz zu Giddens eher skeptisch, was die Einbindung der Menschen in die Gesellschaft betrifft. Er weiß um die zunehmende Exklusion von sozialen Gruppen und Einzelpersonen. Sein Augenmerk ist aus diesem Grund ganz auf die Anerkennungssphären der Gesellschaft gerichtet. Die Individuen gewinnen seiner Ansicht nach über die Grundlage gegenseitiger Anerkennung ihre Identität. Honneth unterscheidet dabei zwischen drei Anerkennungssphären: die emotionale, die rechtliche und die soziale Anerkennung. Über diese erlangt das Individuum emotionales Vertrauen, rechtliche Sicherheit und soziale Akzeptanz. Der zunehmenden Desintegration der Gesellschaft kann nur dadurch begegnet werden, dass man diesen Anerkennungssphären mehr Aufmerksamkeit schenkt. So gefährdet die Auflösung der Familie die emotionale Ebene. Angesichts steigender Arbeitslosigkeit verlieren immer mehr Menschen die Möglichkeit, soziale Anerkennung zu erlangen. Da einer beträchtlichen Zahl von Menschen nicht die gleichen rechtlichen Möglichkeiten eingeräumt werden, besteht die Gefahr, dass sie am gesellschaftlichen Leben nicht im gleichen Maße wie andere partizipieren können. Um allen Individuen einen Platz in der Gesellschaft einzuräumen, muss den Ausschließungs- und Spaltungstendenzen effektiv begegnet werden. Entscheidend ist am Ende, welche Initiative die beteiligten Gruppen oder Individuen zeigen.

Das Verhältnis zwischen Individuum und Gesellschaft ist eines der grundlegenden Themen des Buches. Vor dem Hintergrund der zunehmenden Subjektivierung des Lebens stellt Stefan Hradil das Individuum, das zusehends darauf bedacht ist, seiner Individualität Ausdruck zu verleihen, in den Mittelpunkt seiner Beobachtung. Hradil kommt zu dem Ergebnis, dass sich immer mehr Menschen zeitweise für die Lebensform des Singles entscheiden. Das gestiegene Wohlstandniveau, der gewachsene Wohnraum, die Bildungsexpansion, die sexuelle Liberalisierung und andere Faktoren haben diesen Trend begünstigt. War früher das Alleinleben verpönt, ist es heute eine anerkannte Lebensform. Selbstversunkenheit vollzieht sich nicht in einem gesellschaftlichen Vakuum, sondern wird gestärkt durch die Bedingungen einer Gesellschaft, die die narzisstischen Energien des Menschen mobilisiert und ihn in die Suche nach Selbstbezogenheit und Selbstverwirklichung treibt. Welche Auswirkungen die Lebensform des Singles für den Zusammenhalt der Gesellschaft hat und wer für diese Menschen sorgt, wenn sie alt und schwach sind, diesen und ähnlichen Fragen widmet sich Hradil im Kapitel zur sogenannten »Single-Gesellschaft«.

Mit der Erosion der traditionellen Strukturen und Werte, die die Lebensform des Singles erst möglich machen, setzt sich Ronald Inglehart seit nunmehr 30 Jahren auseinander. Seine Theorie vom Wertewandel, die er erstmals 1971 formulierte, wird im Zuge der Postmodernisierung, in der wir uns in den hochtechnisierten Gesellschaften seiner Meinung nach befinden, weiterhin bestätigt. Die jüngere Generation, die in Zeiten des Wohlstands aufgewachsen ist, räumt danach Selbstentfaltungswerten und solchen Werten, die die Lebensqualität betonen, höchste Priorität ein. Werte hingegen, die ein starkes Wirtschaftswachstum und Autoritätshörigkeit voraussetzen, werden von jüngeren Personen nicht sehr hoch bewertet. Diese Werte finden sich eher in der älteren Generation, die in unsicheren Zeiten aufgewachsen ist. Zum Wandel traditioneller, politischer, religiöser, sozialer und sexueller Normen tragen nach Ansicht Ingleharts zwei Faktoren bei. Erstens können Menschen, die auf einem relativ hohen Sicherheitsniveau leben, eher Abweichungen von vertrauten Mustern akzeptieren als Menschen, die um die Befriedigung ihrer grundlegenden existenziellen Bedürfnisse fürchten. Und zweitens hat mit dem Ausbau wohlfahrtsstaatlicher Netzwerke der Sozialstaat die Verantwortung für das Überleben seiner Bürger übernommen, wodurch die Funktion anderer Institutionen wie Familie und Kirche gravierend eingeschränkt wird. Nach und nach entstehen so neue Verhaltensmuster, die von traditionellen Normen abweichen und von der jungen Generation schneller als von der alten akzeptiert werden. Der von Inglehart diagnostizierte Wertewandel vollzieht sich dadurch, dass die jüngere Generation die ältere ablöst. Wie weit dieser Wertewandel bereits in unserer Gesellschaft Fuß gefasst hat, lässt sich an der wachsenden Gruppe von Leuten ablesen, die an einer Politik alten Stils nicht interessiert sind, sich aber auf andere Art politisch engagieren. Immer mehr junge Menschen werden ohne Parteibuch aktiv. Sie wollen sich einmischen und tun dies in unzähligen Bürgerinitiativen.

Aus einem etwas anderen Blickwinkel betrachtet Karin Knorr-Cetina die Gesellschaft. Verglichen mit dem Konzept der »Wissensgesellschaft« von Helmut Willke, das wir im ersten Band vorgestellt haben, kann das Konzept der Wissensgesellschaft von Karin Knorr-Cetina als eine Ergänzung und Erweiterung angesehen werden. Mit ihrem Ansatz zur Wissensgesellschaft stellt Knorr-Cetina die auf Daniel Bell zurückgehenden Definitionsversuche in Frage. Auch wenn solche Definitionen, nach denen eine Wissensgesellschaft vor allem dadurch gekennzeichnet ist, dass nicht mehr nur Kapital und Arbeit, sondern vor allem Wissen als Produktivkraft immer wichtiger wird, nicht grundsätzlich falsch seien, so sind sie nach Knorr-Cetina aber einseitig; denn »eigentlich handelt es sich dabei um Konzeptionen einer Wissensökonomie.« Eine Wissensgesellschaft ist ihrer Vorstellung nach nicht nur eine Gesellschaft, die sich durch eine wachsende Zahl von Experten und technischen Geräten auszeichnet, sondern eine Gesellschaft, die durch Strukturen charakterisiert ist, die der Wissensproduktion dienen und zur Verbreitung von Wissensprodukten beitragen. Aufschluss zum besseren Verständnis der Bedeutungs- und Sinnstrukturen der sich verändernden Gesellschaft verspricht sie sich durch die Untersuchung der Methoden der Wissenserzeugung, die in der Mikrobiologie, der Hochenergiephysik und in den Finanzmärkten angewendet werden.

Die konstitutive Rolle von Wissen fiel in den gleichen Zeitraum wie der Aufbau von Informationsnetzwerken, mit denen sich Scott Lash näher auseinandersetzt. Neben den Untersuchungen von Karin Knorr-Cetina sind es vor allem seine Untersuchungen der globalen Kulturindustrien, die Scott Lash zu der Beobachtung führten, dass die zunehmende Ausweitung und der wachsende Einfluss des globalen Informationsflusses in alle Bereiche der Gesellschaft vordringt und diese umgestaltet: »Die Informations- und Kommunikationsstrukturen verdrängen die national geprägten sozialen Strukturen des organisierten Kapitalismus – der industrielle Arbeitsmarkt, kirchliche und familiäre Netzwerke, Wohlfahrtsinstitutionen und Gewerkschaften – und lösen sie auf.« An die Stelle von sozialen Strukturen treten Informationsstrukturen. Die Menschen sind einem permanenten Informationsschock ausgesetzt, so Lash. Sie werden mit so vielen Informationen konfrontiert, die sie gar nicht alle wahrnehmen und reflektieren und ihnen daher auch immer weniger Sinn abgewinnen können. Informationen gab es schon immer. Früher wurden sie durch Boten von einem Ort zum anderen getragen. Mit der Entwicklung der Informationstechnologien ist die Informationsübermittlung weitaus schneller geworden. Auch die Bedeutung der Informationen ist gestiegen. Kauf und Verkauf von Informationen ist heute wichtiger geworden als der Kauf und Verkauf anderer Waren. Die Verfallszeiten von Informationen werden immer kürzer. Informationen von gestern sind heute schon überholt. Früher verfügten die Menschen noch über sehr viel weniger Informationen, auf die sie ihre Entscheidungen stützen konnten, als heute. Der größte Teil der »Informationen« kursierte in Gestalt von Gerüchten. Heute basiert ein großer Teil der volkswirtschaftlichen Wertschöpfung auf Informationen, die digitalisiert und nicht mehr an Orte gebunden sind. Die sinkende Bedeutung sozialer Strukturen und ihre partielle Ersetzung durch Informations- und Kommunikationsstrukturen generiert ein wesentliches Merkmal der Informationsgesellschaft: die Ästhetisierung des Alltagslebens.

An den Informationsmedien kommt keiner mehr vorbei. Schließlich finden sich dort leicht und schnell aktuelle Informationen zu allen nur denkbaren Themen. Ob alle Menschen bald in die Lage versetzt sein werden, sich vor einen Computer zu setzen und sich selbst weiterzubilden, bezweifelt Karl-Ulrich Mayer. Gleichzeitig räumt er aber ein: »Wir sollten diese Option nicht versperren.« Die Fähigkeit, sich autodidaktisch und in kürzester Zeit neue Wissensinhalte anzueignen, ist in der Bildungsgesellschaft die alles entscheidende Grundkompetenz. Daneben müssen aber auch private und öffentlich-rechtliche Bildungsträger daran arbeiten, die Menschen breiter und grundlegender auszubilden, um ihnen überhaupt die Chance der eigenständigen Weiterbildung zu ermöglichen und sie besser auf den Arbeitsmarkt vorzubereiten. Die Grund- und Weiterbildung wird eine entscheidende Rolle einnehmen, sie ist die Voraussetzung für den Zugang zu Arbeitsplätzen und höhergestellten gesellschaftlichen Positionen. Bildung ist eine Hauptvoraussetzung, wie es auch Ronald Inglehart empirisch belegt, für die politische Beteiligung. Grundlegende

Wissensstrategien können nur über eine breitgefächerte und fundierte Allgemeinbildung erworben werden.

Die Untersuchungen von Renate Mayntz gewinnen angesichts der sozialen Dynamik und den Problemen politischer Steuerung an Aktualität. Ihr Interesse gilt dem Verhältnis von gesellschaftlicher Selbstregulierung und politischer Steuerung. Wirkten die technischen Innovationen in der Vergangenheit noch als Triebkraft gesellschaftlicher Zentralisierung und Hierarchisierung, kehrt sich dies nun um. Die weltumspannenden und von keinem Staat mehr zu kontrollierenden Prozesse bewirken, dass »die bisherigen staatlichen oder auch nur staatlich garantierten Monopole entflechtet werden.« An die Stelle des Hierarchieprinzips treten sowohl in der Wirtschaft wie auch in der Politik verschiedene Formen horizontaler Koordination. Da sich die Gesellschaft nicht präzise abgrenzen oder auf wenige Variablen beschränken lässt, warnt Mayntz vor der Hervorhebung eines zentralen Antriebsfaktors, vor der Beschränkung auf einige wenige Wirkungsprinzipien oder Strukturaspekte und vor eindimensionalen Interpretationen und linearen Erklärungsansätzen.

In Anlehnung an sein Buch über die Unterhaltungsindustrie könnte Postmans jüngste These auch »Wir informieren uns zu Tode« heißen. Seine Kritik konzentriert sich auf die neuen Informations- und Kommunikationsmedien, die uns keine Zeit lassen, die aufgenommenen Informationen zu verarbeiten. Die unüberschaubare Informationsmenge des Internets und die auf Unterhaltungsformat zugeschnittenen Fernsehprogramme stehlen nicht nur kostbare Zeit, sie untergraben nach Ansicht Postmans auch die Möglichkeiten der Urteilsbildung. »Durch das Fernsehen und die neuen elektronischen Medien wird uns das Denken abgewöhnt.« Der Voyeur am heimischen Bildschirm ist so sehr an die fortlaufenden Fernsehereignisse gebunden, dass er nicht mehr nach dem Nutzen der unüberschaubaren Datenmengen fragt, die ihm zwar Informationen, nicht aber die grundlegenden Informationen zur Erkenntnisgewinnung vermitteln. Die Verdrängung des geschriebenen Wortes durch die Bildmedien haben dazu geführt, dass vielen Menschen ihr Kritik- und Urteilsvermögen abhanden kommt. Wenn wir fernsehen, so Postman, sollten wir immer im Bewusstein behalten, »dass das Fernsehen in erster Linie unterhält.« Zur Ausbildung einer Urteilsfähigkeit führt es nicht. Es unterbindet demokratische Willensbildung und schadet demokratischen Entscheidungsprozessen.

Dieser Meinung schließt sich auch Richard Sennett an, der in seinem Buch »Verfall und Ende des öffentlichen Lebens« die negativen Auswirkungen der elektronischen Medien auf die öffentliche Sphäre beschrieben hat: »Die Massenmedien steigern das Wissen der Menschen von dem, was in der Gesellschaft vor sich geht, erheblich, zugleich jedoch schränken sie die Fähigkeit, dieses Wissen in politisches Handeln umzusetzen, erheblich ein. Auf das, was der Fernseher verlautbart, kann man nichts erwidern, man kann ihn nur abstellen.« Im Zentrum seiner jüngsten Untersuchungen stehen die neuen Anforderungen des Arbeitsmarktes und ihre Auswirkungen auf die Menschen. Beschleunigte Produktveränderungen und unbeständige Märkte fordern vom Menschen, sich den neuen Bedingungen des flexiblen Wirtschaftens anzupassen. Der Einzelne ist gezwungen, ständig seinen Arbeitsplatz oder sogar seinen Beruf zu wechseln. Dem Einzelnen kommt dabei die Fähigkeit abhanden, seine Biografie zu einer kontinuierlichen Lebensgeschichte zu formen. Konnte ein Arbeitsverhältnis früher noch zur Identitätsfindung beitragen, ist der Einzelne nun ganz auf sich selbst gestellt. Immer neue Entscheidungen müssen gefällt werden. Die Gestaltung des Lebens rückt immer stärker in den Verantwortungsbereich des Einzelnen. Das erscheint zunächst als eine Befreiung aus den engen Bindungen des traditionellen Arbeitsverhältnisses, so Sennett. Der neoliberale Ruf nach Flexibilität erzeugt bei vielen Menschen aber auch Verunsicherung, sogar Depressionen, da sie den ständig wechselnden Herausforderungen auf Dauer nicht gewachsen sind. Viele Menschen verlieren die Möglichkeit, sich durch Arbeit weiterzuentwickeln. Was für einen kleinen Teil der Gesellschaft vielleicht von Nutzen ist, schadet dem großen Rest. Statt eine lineare Karriere zu verfolgen, sind sie dazu verdammt, einen Job nach dem anderen anzunehmen, ohne dass sich durch den Wechsel Aufstiegsmöglichkeiten eröffnen. Sennett stellt deshalb die nicht unberechtigte Frage: »Wie bestimmen wir, was in uns von bleibendem Wert ist, wenn wir in einer ungeduldigen Gesellschaft leben, die sich nur auf den unmittelbaren Moment konzentriert?«

Der eher skeptischen Haltung von Sennett und Postman gegenüber der Entwicklung der Medienwelt folgt mit Vattimo eine wesentlich optimistischere Sichtweise. Gianni Vattimo ist nicht sehr misstrauisch, was die Entwicklung der elektronischen Medien betrifft. Er hebt vielmehr die mit der Privatisierung der Rundfunk- und Fernsehkanäle eröffneten Möglichkeiten hervor, vor allem die Chance, nicht nur aus einer Quelle Informationen zu erhalten, sondern von vielen verschiedenen Informationssendern unterschiedliche Informationen und Interpretationen zu ein und demselben Geschehen, zu ein und derselben Frage zu erhalten. Die Presse- und Meinungsvielfalt verhindert somit eine einheitliche Geschichtsschreibung. Die Gefahren, die von den sich neu formierenden Machtzentren in der Medienbranche ausgeht, sind damit zwar noch nicht völlig gebannt, aber durch die noch bestehende Vielzahl von Anbietern zumindest etwas eingegrenzt.

Die Welt ist zu einem großen Maße entzaubert. Die Entzauberung der Welt ist aber noch lange nicht abgeschlossen. Das Buch versucht deshalb, die veränderten Lebenszusammenhänge sichtbar, erkennbar, öffentlich zu machen. Die Themen, Probleme und Herausforderungen, vor denen wir heute stehen, sollen für möglichst viele Menschen transparenter werden. Die folgenden Konzepte sind nicht thematisch, sondern alphabetisch geordnet. Einer kurzen Porträtierung der Forscher folgt ein knapp skizziertes Konzept. Die vereinfachte Darstellung dient dazu, die Konzepte einer breiten Öffentlichkeit zugänglich zu machen. Mit diesem Ziel vor Augen wurden die Konzepte auch visualisiert. Klaus Espermüller fertigte dazu eigens für diesen Band Karikaturen an. Der Konzeptbeschreibung folgen zwölf standardisierte Fragen, die dazu einladen, die Antworten der Befragten zu vergleichen. Das abschließende Interview setzt sich kritisch mit den Thesen und Konzepten auseinander. Eine kleine Auswahl der von den Autoren veröffentlichten Bücher dienen als Anregung für die Vertiefung der nun folgenden Lektüre.

▶ Das Verhältnis
zwischen Individuum
und Gesellschaft ◀

Vita

Amitai Etzioni, geboren 1929, ist Professor für Soziologie an der »George-Washington-University« und der »Harvard Business School«. Darüber hinaus ist er Direktor des »Center for Political Research«, Leiter des »Kommunitaristischen Netzwerkes« in Washington D.C. und Berater des amerikanischen Präsidenten Bill Clinton. Aber auch in England und bei deutschen Politikern ist er ein gern gesehener Gast. Seine fundierten Überlegungen stoßen quer durch alle Parteien auf Interesse, so bei Kurt Biedenkopf, Joschka Fischer und Rudolf Scharping.

Nach mehrjähriger intensiver Lehr- und Schreibarbeit an der »Columbia-University« in New York verließ Amitai Etzioni den akademischen Elfenbeinturm und trat an die breite Öffentlichkeit. Aus Sorge vor einer moralischen Verwahrlosung der Gesellschaft gründete Etzioni, der von seinen Kritikern als ein Moralapostel gescholten wird, 1991 mit den Sozialwissenschaftlern Robert Bellah und William Galston in Washington D.C. die parteiübergreifende »kommunitaristische Plattform«.

Der Kommunitarismus ist Moralphilosophie, politische Theorie und sozialpolitisches Reformprogramm zugleich. Er macht sich zur Aufgabe, den Gemeinsinn in der Gesellschaft zu wecken und Gemeinschaften zu fördern. Bezogen auf die Frage: »In welcher Gesellschaft wollen wir eigentlich leben?« zielt Etzionis Engagement darauf, ein Gleichgewicht zu schaffen zwischen individuellen Rechten und sozialen Pflichten. Die Zukunft gehört nach Etzioni den Gesellschaften, die sich effektiv auf die aktuellen Herausforderungen einstellen und denen es gelingt, individuelle Autonomie und gesellschaftliche Verpflichtungen in ein effektives Gleichgewicht zu bringen.

Ausgewählte Buchveröffentlichungen:

Amitai Etzioni: Die aktive Gesellschaft.
Eine Theorie gesellschaftlicher und politischer Prozesse.
Westdeutscher Verlag, Opladen 1975
Originalausgabe: The Active Society. A Theory of Societal and Political Processes.
The Free Press, New York 1968

Amitai Etzioni: Die Verantwortungsgesellschaft.
Individualismus und Moral in der heutigen Demokratie.
Campus Verlag, Frankfurt/M. 1997
Originalausgabe: The New Golden Rule.
Community and Morality in a Democratic Society.
Basic Books, New York 1996

Der Balanceakt zwischen individuellen Wünschen und sozialen Ansprüchen

Konzept

«Persönliche Verantwortung gegenüber sich selbst und soziale Verantwortung gegenüber anderen«, so lautet das Plädoyer von Amitai Etzioni, der in seinen zahlreichen Schriften vor einer zunehmenden moralischen Verwahrlosung der Gesellschaft warnt. Die goldene Regel seines Gesellschaftsentwurfes basiert auf einem ausbalancierten Verhältnis von individueller Autonomie und sozialer Ordnung, was sich in dem kommunitaristischen Imperativ zusammenfassen lässt: »Achte und wahre die moralische Ordnung der Gesellschaft in gleichem Maße, wie du wünschst, dass die Gesellschaft deine Autonomie achtet und wahrt.«

Das von Etzioni entwickelte Paradigma einer »guten Gesellschaft« impliziert die Verantwortung des Einzelnen für die soziale Ordnung gleichermaßen wie die Gewährleistung individueller Autonomie durch die Gesellschaft. Soziale Verpflichtung und individuelle Freiheit, die sich nicht antagonistisch gegenüberstehen, sind die beiden konstitutiven Elemente einer kommunitär verfassten Gesellschaft. Das »kommunitaristische Gleichgewicht«, oder anders ausgedrückt »die goldene Mitte«, ist nach seinen Vorstellungen dann hergestellt, wenn ordnungsstiftende und autonomiefördernde Kräfte nebeneinander bestehen und sich die Waage halten. Falls dies nicht geschieht, gerät die Gesellschaft aus dem Gleichgewicht. Ein Übermaß an individueller Freizügigkeit ist für eine »gute Gesellschaft« ebenso wenig verträglich wie ein Übermaß an staatlichen Vorschriften. Eine Gesellschaft, die hochgradig auf Ordnung und kaum noch auf der Autonomie des Individuums beruht, kommt einer autoritären oder totalitären Gesellschaft nahe. In einer Gesellschaft mit dem gegenteiligen Profil bestimmt soziale Anarchie die Tagesordnung. Beide Extreme stellen keine Zielvorgabe dar, sondern führen in eine Sackgasse.

Deshalb wird Etzioni nicht müde zu betonen, dass alle Gesellschaften, insbesondere die individualistisch ausgerichteten, ein Mindestmaß an allgemein anerkannten Werten benötigen, um überhaupt bestehen zu können. Ohne eine Reihe gemeinsam geteilter, verbindlicher Werte gerät die Gesellschaft leicht ins Wanken. Solche Werte sind beispielsweise der Schutz menschlichen Lebens, das unbeschwerte Aufwachsen von Kindern, oder die Chance von Individuen, sich am gesellschaftlichen Leben, in Wirtschaft und Politik zu beteiligen. Im Extremfall führt ein Fehlen dieser Werte zur Zerstörung des friedlichen Zusammenlebens, was im Anstieg von Gewalttaten unter Individuen oder Gruppen seinen Ausdruck findet.

Um diese destruktive Entwicklung aufzuhalten, muss nach den Vorstellungen Etzionis der Aufgabenbereich des Einzelnen erweitert werden. Zumindest naheliegende Verantwortlichkeiten wie in Familie, Freundeskreis und Nachbarschaft sollen vom Individuum übernommen und nicht auf eine höhere staatliche oder gesellschaftliche Institution abgegeben werden, denn dies schwächt die Gemeinschaft an der Basis. Jede Leistung, die die Gemeinschaft für das Individuum übernimmt, sollte im Rahmen der Möglichkeiten jedes Einzelnen an die Gemeinschaft zurückgegeben werden.

Die ordnungsstiftende Gemeinschaftsorientierung darf jedoch nicht darin ausarten, dass soziale Verantwortung als aufgezwungene Verpflichtung empfunden wird. Autonomiefördernden Kräften sollte ausreichend Raum verschafft werden, Fähigkeiten, Lebensumstände und Bedürfnisse der Individuen müssen berücksichtigt werden. Dies gilt vor allem für das »Bedürfnis nach Selbstdarstellung, Innovation, Kreativität und Selbstbestimmung sowie für das legitime Bedürfnis von Teilgruppen, ihre Unterschiedlichkeit zum Ausdruck zu bringen«.

In einer guten Gesellschaft sind die Lebensentwürfe ihrer Mitglieder verschieden und es bleibt dem Einzelnen überlassen, wofür er sich entscheidet. Ein relativ hohes Niveau an Autonomie zeichnet sich aber durch Verpflichtung und nicht durch völlige Ungebundenheit aus. Zur Selbstbestimmung gehört eben auch die Selbstbeschränkung. Persönliche Entfaltung muss an verantwortliches Handeln gebunden sein, postuliert Etzioni.

Kommunitär verfasste Gesellschaften zeichnen sich nach Etzioni nicht dadurch aus, dass ein Mehr an Ordnung ein Weniger an Freiheit bewirkt. Es geht vielmehr darum, eine Balance zwischen individuellen Rechten und sozialen Pflichten zu schaffen.

Fragebogen

1. Sehen Sie sich selbst als Gesellschaftstheoretiker, Gesellschaftskritiker, Gesellschaftsarchitekt oder lediglich als geselliger Zeitgenosse?

Als Theoretiker beobachte und untersuche ich die Konstellationen, Prozesse und Strukturen, welche zur Aufrechterhaltung und Neugestaltung der moralischen Ordnung in Gesellschaften beitragen. Als Gesellschaftskritiker kritisiere ich den nur noch auf kurzfristiges Gewinnstreben ausgerichteten Kapitalismus. Als Gesellschaftsarchitekt arbeite ich in gewisser Weise daran, dass die geistige, moralische Grundlage unserer Gesellschaft erneuert wird. Ich weise nur in dem Sinne die Eigenschaften eines geselligen Zeitgenosse auf, wie ich mich als Mitglied der Gesellschaft, und das heißt untrennbar mit ihr verbunden sehe.

2. In welcher Gesellschaft leben wir eigentlich?

Wir leben in einer Gesellschaft im Übergang, die sich angesichts eines tiefgreifenden Strukturwandels in einer Orientierungskrise befindet. Allerorten fehlt es an moralischen Werten. Viele Menschen sind durch diesen enormen Wandel verunsichert. Auch wenn wir in verschiedenen Staaten leben, die sich in der Kombination der Mittel, die sie zur Aufrechterhaltung ihrer sozialen Ordnung anwenden, unterscheiden, ringen wir doch alle mit der Frage, wie ein Gleichgewicht zwischen unkontrollierbaren Marktkräften und dem, was wir unter einer moralisch guten Gesellschaft verstehen, hergestellt werden kann. Wenn wir einzelne Gesellschaften vergleichen, fällt eine starke Ambivalenz zwischen ihnen auf. Entweder sind die Gesellschaften gekennzeichnet durch eine starke Betonung des Individualismus oder aber des Gemeinwesens. In Japan ist das Gemeinwesen zu stark ausgeprägt, in Amerika gibt der Individualismus zu sehr den Ton an. In Deutschland ist das Verhältnis von Individuum und Gemeinschaft ausgewogener. Es gibt aber auch dort kein wahres Gleichgewicht zwischen Individualismus und Gemeinwesen.

3. Worin sehen Sie die Stärken und Schwächen dieser Gesellschaft?

Die Stärken der westlichen, rechtsstaatlichen Demokratien liegen in der wirtschaftlichen Prosperität, der politischen Partizipation seiner Bürger und ihren sozialen Errungenschaften. Jenseits einer gewissen Grenze stellt sich das Eröffnen immer neuerer Freiheiten aber als Schwäche und nicht als Stärke heraus. Die Schwächen vieler Gesellschaften liegen in der immer brüchiger werdenden Solidarität. Ich führe die zunehmende moralische Verwahrlosung darauf zurück, dass sich demokratisch gefestigte Gesellschaften dem wirtschaftlichen Wettbewerb unterwerfen. Sie setzen den sozialen Zusammenhalt und die moralischen Grundwerte leichtfertig aufs Spiel. Eine Schwäche insbesondere der Vereinigten Staaten ist, dass sie im Vergleich zu anderen Demokratien wenig gemeinschaftsfördernde Institutionen haben, die eine Gesellschaft als Gemeinschaft von Gemeinschaften stützen könnten.

4. Welche Rolle spielen Sie in der Gesellschaft?

Als Soziologe versuche ich, auf der Grundlage empirischer Befunde die gesellschaftlichen Zusammenhänge zu analysieren und zu interpretieren, sowie politische Gestaltungsvorhaben zu formulieren, die mit einem moralischen Anliegen verbunden sind. Es geht mir um die Stärkung der moralischen Infrastruktur der Gesellschaft. Das Gleichgewicht zwischen Individuum und Gesellschaft muss wieder hergestellt werden. Ich stelle meine Ergebnisse vor und werbe für meine Verbesserungsvorschläge.

5. Welche Gesellschaftsromane haben Sie fasziniert?

Es gibt nur sehr wenige Romane, die mich fasziniert haben. Einer davon ist sicherlich »Früchte des Zorns« von John Steinbeck. Daneben gibt es eine Malerin, deren Bilder mich bis heute tief bewegen: Käthe Kollwitz. Sie hat die Schrecken des Krieges mit einer enormen Sensibilität und Ausdruckskraft wiedergegeben. So hat sie mit geholfen, dass die Gräueltaten der Nationalsozialisten nicht in Vergessenheit geraten. Ansonsten lese ich eher Bücher, die ökonomische, politische und soziologische Fragen oder öffentliche Angelegenheiten thematisieren.

6. Welchem Gesellschaftsspiel gehen Sie gerne nach?

Ich spiele im Kreise meiner Familie sehr gerne »siamesisches Schach«. Da es beim Schach bekanntlich nur zwei Spieler gibt, wir aber immer mindestens zu viert sind, haben wir die Regeln verändert. Wir spielen zu viert, mit zwei Brettern und 96 Figuren. Wir haben also die Regeln gemäß den Anforderungen modifiziert.

7. In wessen Gesellschaft halten Sie sich bevorzugt auf?

Leidenschaft, Verantwortungsgefühl und Augenmaß sind die drei Qualitäten, die Max Weber von Politikern forderte. Ich bin gerne mit Menschen zusammen, die nicht selbstsüchtig sind, sondern sich durch ein soziales Engagement und ein starkes Wertebewusstsein auszeichnen, die sich auf einem bestimmten intellektuellen Niveau über politische, soziale und moralische Themen unterhalten können und auch eine Portion Humor besitzen. Menschen, die Wertverstöße missbilligen und sich einmischen, wenn gemeinschaftliche Werte missachtet werden. Menschen, die sich nicht aus der Verantwortung stehlen, wenn es um die Stärkung gemeinschaftlicher Bande geht, bei denen persönliche Interessen nicht über die Interessen des Gemeinwohles stehen.

8. Welcher Gesellschaftsgruppe fühlen Sie sich zugehörig?

Auf diese Frage will ich mit einem kurzen Blick auf meine Biografie antworten: Ich wurde in Köln geboren, wuchs in einem Kibbuz in der Nähe von Jerusalem auf und studierte in Berkeley und New York. Ich bin also in gewisser Weise ein Wanderer zwischen diesen Gesellschaften. Ich glaube, ich gehöre zwei Gesellschaftsgruppen an. Ich gehöre der Gruppe von Menschen an, die sicherlich durch ihr Einkommen ein gewisses Privileg genießt. Und ich gehöre der Gruppe der »öffentlichen Intellektuellen« an.

9. Welche Person(en) von gesellschaftlicher Größe schätzen Sie?

In der jüdischen Tradition gibt es eine interessante kleine Phrase: Es gibt 36 Personen, die alle etwas Gutes getan haben, aber unerkannt bleiben. Ich kann keine spezifischen Personen hervorheben. Alle sind wichtig. Wenn wir alle über eine gemeinsame Basis moralischer Grundüberzeugungen verfügen und diesen Werten nachkommen, dann ist uns allen mehr geholfen, als wenn sich nur einige wenige hervortun.

10. Wie sieht für Sie die ideale Gesellschaft aus?

Die ideale Gesellschaft ist gekennzeichnet durch drei Faktoren: Erstens setzt sie sich Ziele, zweitens mobilisiert sie die dafür notwendigen Ressourcen und drittens bezieht sie ihre Bürger in diese Aufgabe ein. Letzteres geschieht durch eine Gemeinschaft von Gemeinschaften. Die ideale Gesellschaft basiert auf einer sorgfältigen Balance zwischen Autonomie, Freiheit und Moral.

11. Wollen Sie die Gesellschaft verändern?

Ich verspüre den starken Wunsch, die Gesellschaft zu verändern. Ich setze dabei nicht auf staatliche Maßnahmen, sondern auf moralische Überzeugung. Ich streite für staatsbürgerliche Tugenden, die zur Stärkung des moralischen Fundaments der Gesellschaft beitragen. Mein Ziel ist die Belebung verbindlicher Normen und Werte und gemeinschaftlicher Verbindungen. Zusammengefasst: Ich will nicht moralisieren, ich will dazu ermuntern, beide Seiten der Medaille ins Auge zu fassen. Die individuellen Freiheiten, die nicht auf Kosten anderer gehen, und die sozialen Belange, die nicht der Selbstentfaltung des Individuums das Wasser abgraben. Da wir alle sehr eigennützig handeln und immer nach dem persönlichen Vorteil streben, müssen wir der sozialen Verantwortung mehr Gewicht beimessen. Dann wäre ein Gleichgewicht hergestellt.

12. Wie sieht die Gesellschaft von morgen aus?

Niemand kann hier mit Zuversicht Angaben machen. Es bleibt letztlich abzuwarten, ob wir bereit sind, gewisse Opfer zu bringen, damit auch künftige Generationen eine lebenswerte Zukunft haben. Die Vereinigten Staaten sind ein Anschauungsbeispiel dafür, was mit einer Gesellschaft passiert, in der ein ungezügelter Kapitalismus und ein exzessiver Individualismus die moralischen Grundlagen der Gesellschaft zerstören. Die westeuropäischen Staaten schicken sich an, wenn auch zeitlich etwas verzögert, diesen Entwicklungen zu folgen. Wenn es uns aber gelingt, das Gemeinwesen zu stärken und ein Gleichgewicht zwischen individueller Autonomie und sozialer Verantwortung herzustellen, dann wären wir dem Ziel einer »guten Gesellschaft« ein ganzes Stück nähergekommen.

Interview

Fragen, die das moralische Gerüst der Gesellschaft betreffen, gewinnen angesichts des in allen Bereichen öffentlichen Lebens sichtbaren Werteverfalls an Gewicht. In Ihren Büchern weisen Sie den zügellosen Individualismus, der individuelle Nutzenkalküle ins Zentrum des Lebens stellt, in seine Schranken und versuchen, die Individuen in die gemeinschaftsfördernde Sozialbeziehungen der Gesellschaft einzubinden. Wird dadurch nicht die Selbstentfaltung des Individuums eingeschränkt?

Mir geht es nicht darum, die Handlungs- oder Entscheidungsfreiheit der Individuen zu unterbinden. Wenn ich eine Abkehr vom Dogma des Individualismus fordere und das Gemeinwohl betone, dann tue ich das nicht mit der Absicht, die Möglichkeiten des Einzelnen, seiner Individualität Ausdruck zu verleihen, zu beschneiden. Ich wende mich gegen die ausschließliche Orientierung an Marktgesetze, gegen ungezügeltes Erfolgsstreben und Ellbogenmentalität. Meine Forderungen richten sich gegen den starrköpfigen Individualismus, der jegliche Vorstellung von staatlich verordneten Umgangsformen und Verhaltensweisen kategorisch ablehnt und die moralischen Grundsätze einer Gemeinschaft leugnet oder kritisiert. Diese Kritik ist unberechtigt und beruht aus meiner Sicht auf einer Verwechslung zwischen staatlichen Entscheidungen, die dem Individuum grundsätzlich keine Freiheit lassen, und solchen Entscheidungen, die sich gemeinschaftlich gewonnenen Überzeugungen verdanken, zu denen sich jeder Einzelne letztlich selbst bekennen muss. Ich insistiere auf ein Gleichgewicht zwischen individuellen Freiheiten und sozialen Pflichten, die nicht von oben verordnet werden, sondern deren Notwendigkeit von vielen gesehen und angestrebt wird. Es geht mir um ein symbiotisches Verhältnis zwischen Autonomie und Ordnung.

Was verstehen Sie darunter?

Ich meine damit, dass Individualität und Solidarität nicht im Gegensatz zueinander gebracht werden sollten. Zu individuellen Rechten gehören immer auch soziale Pflichten. Ohne gemeinschaftliche Bindungen und allgemein anerkannte Normen und Werte führen die Freiheitsrechte des Individuums zu verantwortungslosem Handeln. Um Solidargemeinschaften und den demokratischen Rechtsstaat zu erhalten, sind den Bürgern diese Zusammenhänge verständlich zu machen. Ebenfalls muss das moralische Bewusstsein der Menschen gestärkt werden. Die Menschen müssen sich umeinander kümmern, füreinander einstehen. Die Selbstentfaltung des Individuums ist damit keineswegs eingeschränkt. Ich bin mir sicher, dass dadurch ganz neue Perspektiven menschlichen Lebens zum Vorschein kommen, die in einer nur auf Gewinnstreben und Eigennutz orientierten Gesellschaft gar nicht entdeckt werden.

Bleibt durch die von einigen Ihrer Kollegen vorgeschlagenen staatlichen Maßnahmen die Freiheit nicht auf der Strecke? Der Philosoph Charles Taylor erhob beispielsweise die Forderung, dass Eltern in der kanadischen Provinz Quebec per Gesetz gezwungen werden sollten, ihre Kinder auf französischsprachige Schulen zu schicken, weil das Recht auf die Erhaltung der Kultur Vorrang habe vor dem Recht der Eltern, die Kinder in Schulen ihrer Wahl zu schicken.

Wir führen über derartige Forderungen auch innerhalb des kommunitaristischen Netzwerkes eine heftige Diskussion. Ich bin gegen staatlich verordnete Maßnahmen, die die Freiheit in unserer Gesellschaft einschränken. Es geht nicht darum, durch Gesetze und Verbote Tugendhaftigkeit zu erzwingen. Ich meine, nur durch stichfeste Argumente ist für moralische Werte und gemeinsame Ziele zu werben. Die goldene Regel dabei lautet: Achte und wahre die soziale Ordnung der Gesellschaft im gleichen Maße, wie du erwartest, dass die Gesellschaft deine persönliche Freiheit achtet und wahrt.

Wenn sich Menschen in Gemeinschaften zusammenfinden, die gemeinsame Normen und Werte teilen, kann das auch von ökonomischem Nutzen sein. Wenn die Altenpflege von Nachbarn oder Freunden übernommen wird, dann ist das für den Staat nicht so kostspielig, als wenn das in Pflegeheimen getan wird.

In der Diskussion um moralische Verwahrlosung wird immer das überzogene Anspruchsdenken und das soziale Unvermögen der Individualisten beklagt. Stimmt es, dass wir in einer Gesellschaft leben, in der jeder nur noch sich selbst der Nächste ist? Leben wir wirklich in einer Gesellschaft ohne Moral?

Es ist unübersehbar, dass die moralischen und sozial verbindlichen Werte in den vergangenen Jahren stark zurückgegangen sind. Die 50er Jahre waren noch durch klar umrissene Werte und ein stark ausgeprägtes Verantwortungsbewusstsein gekennzeichnet. In den 60er Jahren, insbesondere dann aber in den 70er und 80er Jahren, nahm die Gemeinwohlorientierung rapide ab. Man konzentrierte sich eher auf sich selbst und sah im Nachgehen von Eigeninteressen die Grundlage sozialer Ordnung. Die Moral sank insbesondere in den Gesellschaften, die sich nur noch nach den Erfolgskriterien der freien Marktwirtschaft richteten und einem immer härter werdenden Wettbewerb ausgesetzt waren. Dort führte der Verlust an moralischen Werten zu einer höheren Kriminalitätsrate sowie zu Alkohol- und Drogenmissbrauch. In Amerika war 1990 die Zahl der kriminellen Delikte sechsmal größer als 1960, die Zahl der Gewaltverbrechen steigerte sich im gleichen Zeitraum um das Viereinhalbfache, und die Mordrate verdoppelte sich.

Die moralische Verwahrlosung lässt sich auch an der steigenden Zahl derjenigen ablesen, die Steuern hinterziehen, Versicherungsbetrug begehen, in Korruptionsaffären verwickelt sind oder ungerührt sozialstaatliche Leistungen in Anspruch nehmen, auch wenn sie nicht in Not sind.

Der Soziologe Daniel Patrick Moynihan wies in einem 1993 veröffentlichten Artikel darauf hin, dass sich die Beurteilung von abweichendem Verhalten dahingehend geändert hat, dass unsoziale Verhaltensweisen auf keine direkte Ablehnung mehr stoßen und weitgehend toleriert werden. Infolge der rapide anwachsenden Kriminalitätsrate werden bestimmte kriminelle Aktivitäten nicht mehr als verwerflich betrachtet, sondern gehen als Kavaliersdelikte durch.

Wenn eine Gesellschaft die Freiheit des Einzelnen nicht an die Bedürfnisse der Gesellschaft bindet, dann können wir vermehrt diese verfehlte Beurteilung von Delikten beobachten. Die Ideologisierung ungebundener Autonomie führt zu einer Verstärkung unsozialen Verhaltens und am Ende zum gesellschaftlichen Zusammenbruch.

Der Werteverfall ist nicht von heute auf morgen in Erscheinung getreten. Welche Faktoren haben zu der von Ihnen beschriebenen moralischen Verwahrlosung geführt?

Es sind verschiedene Komponenten, die das Verantwortungsgefühl geschwächt und die moralische Verwahrlosung begünstigt haben. Es waren zunächst bestimmte Faktoren notwendig, um die gesellschaftlichen Verhältnisse zu hinterfragen. Ich denke insbesondere an das gewachsene materielle Wohlstandsniveau, die Bildungsexpansion und die Emanzipation der Frauen. Diese Entwicklungen führten seit Beginn der 60er Jahre dazu, dass viele moralische Traditionen, gesellschaftlichen Werte und Institutionen erst einmal in Frage gestellt wurden, und das oft aus gutem Grund. Damals existierten beispielsweise noch jene starren Moralvorstellungen, die den sexuellen Kontakt auf verheiratete, heterosexuelle Paare beschränkte und diese Beziehungen weitergehend reglementierte, wie durch das religiös begründete Verbot des Gebrauchs von Verhütungsmitteln.

Was hat die Rebellion gegen diese Moralvorstellungen bewirkt?

Die traditionellen Geschlechterrollen wurden weitgehend abgelegt. Frauen konnten sich aus ihrer Hausfrauenrolle befreien und einer Erwerbstätigkeit nachgehen, die bis dahin überwiegend Männern vorbehalten war. Den Frauen stehen heute – bis auf wenige Ausnahmen, etwa im Militär und in der katholischen Kirche – gesetzlich die gleichen Möglichkeiten offen wie Männern. Sie sollten zu allen Berufen und Positionen den gleichen Zugang haben, gleichen Lohn für gleiche Arbeit, gleiche Kredit- und Wohnungschancen und vieles mehr erhalten.

Insgesamt gesehen, rückte die Selbstentfaltung des Individuums, seine Identitätsfindung und Karriere in den Vordergrund und verdrängte allmählich gemeinschaftsbezogene Werte. Wir sind jetzt an einem Punkt gelangt, an dem sich die Mehrheit jeglicher Pflicht gegenüber der Gesellschaft entledigt hat. Die Einsicht, dass mit den neu gewonnenen Freiheiten, die man in vollen Zügen genießt, auch bestimmte Pflichten und Verantwortlichkeiten verknüpft sind, ist aus dem Blick geraten. Wir sind von Menschen umgeben, die allzu gern auf ihre Rechte pochen, die aber nur selten bereit sind, eine Gegenleistung zu erbringen. Viele Menschen sind zudem unfähig geworden, gemeinwohlorientierten Werte zu artikulieren und sich dafür einzusetzen.

Woran lässt sich dieser von Ihnen angedeutete Trend ablesen?

Eine Umfrage unter Studienanfängern ergab, dass das Lebensziel »finanziell gut gestellt sein« höher eingestuft wurde als »Kinder großziehen«. Solche Einstellungen wirken sich auf den Bedeutungsverlust der Familie und höhere Scheidungsraten aus. Der Anteil aller Familienhaushalte, verstanden als verheiratete Paare mit mindestens einem Kind, sank in Amerika von 42 Prozent im Jahr 1960 auf 26 Prozent im Jahr 1990. Die Scheidungsrate verdoppelte sich im gleichen Zeitraum.

Das Problem ist nicht, dass die traditionelle Familie an Bedeutung verloren hat, sondern dass an die Stelle des alten Konzeptes kein neues getreten ist. Die Familien wurden zerrüttet, was zu einer moralischen Verwirrung der Kinder führte. Das entstandene Vakuum sollte deshalb wieder mit Werten gefüllt werden.

Welche Werte könnten das sein? Sind gemeinsam geteilte Werte noch erforderlich?

Jede Gesellschaft braucht einen Kanon an gemeinsamen Werten. Ohne Spielregeln, ohne einen bestimmten Konsens über Verhaltensnormen kann kein Gemeinwesen bestehen. Eine Gesellschaft, die keine moralischen Vorstellungen hat, wird mit der Zeit unweigerlich zerfallen. Deshalb geht es um eine generelle Stärkung unserer moralischen Grundlagen. Die moralische Ordnung beruht auf einem Kernbestand an Werten, den die Mitglieder einer Gesellschaft gemeinsam miteinander teilen und der in verschiedenen sozialen Einrichtungen verkörpert ist. Sie müssen aber immer wieder überprüft und neu geformt werden.

Alle Gesellschaften brauchen, wollen sie nicht ihren Fortbestand gefährden, ein Mindestmaß allgemein anerkannter Werte und müssen darüber eine Debatte führen, bevor diese Themen von religiösen Fanatikern oder Populisten vereinnahmt werden.

Keine Gesellschaft kommt ohne einen Kernbestand an Werten aus, die das physische und psychische Wohlergehen der Menschen betreffen. Die soziale Verantwortung ist nach wie vor einer der Kernwerte, die wieder mehr Gewicht bekommen müssen. Daneben sind die demokratischen politischen Institutionen, Verfassungspatriotismus – um einen Begriff von Jürgen Habermas zu verwenden –, Grundrechte und gegenseitige Achtung zwischen gesellschaftlichen Gruppen unerlässlich, um den Zusammenhalt der Gesellschaft zu bewahren, die Minderheiten zu schützen und die individuellen Rechte zu festigen. Diese Werte haben aber nur dann eine Chance befolgt zu werden, wenn sie auf einem soliden Fundament stehen.

Können Sie das konkretisieren?

Institutionen wie Familie, Schulen, Verbände, in denen bestimmte verbindliche Werte mitgeteilt, gelernt und verinnerlicht werden können, müssen vorhanden und – das ist enorm wichtig – intakt sein. Wenn die grundlegenden Werte in den Familien nicht erlernt werden, hat das eine Kettenreaktion zur Folge. Wenn beide Elternteile sich ganz auf die Berufskarriere konzentrieren und immer weniger Zeit haben, sich um ihre Kinder zu kümmern, dann hat das Auswirkungen auf die Schulen, die den elterlichen Aufgaben und Pflichten nachkommen müssen. Die Schulen stehen deshalb heute vor einem pädagogischen Trümmerhaufen. Lehrer müssen sich Problemen widmen, die von den Eltern nicht mehr gelöst werden. Sie verwenden einen Großteil der Unterrichtsstunden damit, den von ihren Eltern vernachlässigten Kindern die zentralen Werte des gemeinschaftlichen Lebens näher zu bringen. Dadurch bleibt weniger Zeit übrig, sich auf die Vermittlung von Wissen und Fähigkeiten zu konzentrieren.

Was ist zu tun? Sie postulieren die »Verantwortungsgesellschaft«. Der Weg dahin bleibt in Ihrem gleichnamigen Buch etwas vage. Wie lassen sich Ihre Vorstellungen hin zu mehr Verantwortung verwirklichen?

Wir müssen zum Subsidiaritätsprinzip zurück, also dahin, dass höhere staatliche oder gesellschaftliche Institutionen nur dann eingeschaltet werden, wenn die niederen überfordert sind. Keine soziale Aufgabe sollte einer Institution zugewiesen werden, die größer ist als notwendig, um anstehende Aufgaben zu bewältigen. Was von der Familie geleistet werden kann, darf nicht der Schule übertragen werden. Was auf der örtlichen Ebene getan werden kann, darf nicht vom Einzelstaat oder der Bundesregierung geregelt werden. Aufgaben an höhere Ebenen abzuschieben, schwächt die Gemeinschaft an der Basis. Wir müssen den Gemeinsinn der Bürger wecken und die Möglichkeit eröffnen, sich in Gemeinwesen zusammenzuschließen, um Probleme anzugehen. Wir müssen den Gemeinsinn in den Familien fördern, in den Schulen kultivieren und in den Gemeinschaften stärken.

Was sollte konkret in den Familien geleistet werden?

Eltern müssen mehr Zeit in die Erziehung ihrer Kinder investieren. Sie müssen Abstriche machen bei Einkommen und Karriere. Wer Kinder in die Welt setzt, hat die soziale Verpflichtung, für ihre moralische Erziehung zu sorgen. Von Seiten der Politik und der Unternehmen setzt das Hilfen voraus, die den Eltern erleichtern, ihren Lebensunterhalt zu verdienen und sich gleichzeitig um ihre Kinder zu kümmern.

Die Schulen könnten sich dadurch wieder auf die Vermittlung von Wissen und Fähigkeiten konzentrieren, statt einen Großteil ihrer Zeit auf Persönlichkeitsbildung und Wertevermittlung aufzuwenden. Aber auch in der Schule ist es unverzichtbar, ein soziales Umfeld zu etablieren, in dem Kinder lernen, was gut und schlecht ist. Die moralischen Werte müssen gefördert werden. Die Erfahrung menschlicher Nähe und bestärkender, ermutigender, positiver Stimmen kann dazu ein wichtiger Beitrag sein.

Warum beharren Sie auf einer traditionellen Institution wie die Familie, die an Wert verliert?

Was die Erziehung von Kindern betrifft, ist das soziale Umfeld der Familie unerlässlich und kann von keiner anderen Institution in der Form angeboten werden. Wenn man sich die Alternativen zur traditionellen Familie ansieht, muss man erkennen, dass Versorgung und moralische Erziehung in Kindertagesstätten, Kindergärten und Schulen bei weitem nicht so gut geleistet wird wie von den Eltern. Die emotionelle Wertschätzung durch die Eltern festigt das Grundvertrauen des Kindes und bildet die Basis für die Verinnerlichung aller sozialen Werte. Die Politik muss diesem Tatbestand Rechnung tragen und die Erziehung innerhalb der Familien fördern so gut sie kann. Die Politik muss sozioökonomische Bedingungen schaffen, die Eltern in die Lage versetzen, ihren elterlichen Aufgaben auch wirklich nachkommen zu können. Hierzu gehören die Gewährung von Kindergeld, Erziehungsurlaub und Arbeitsplatzgarantie für drei Jahre, proportionale Lohnzusatzleistungen für Teilzeitbeschäftigte, Rückverlagerung von Arbeitsprozessen in häusliche Bereiche sowie flexible Arbeitszeiten.

Was schlagen Sie für den weiten öffentlichen Bereich der Gesellschaft vor?

Die Gesellschaft sollte zusätzlich zu stabilen Familien und sozial engagierten Schulen, die für die Charakterbildung zuständig sind, auch über Gemeinschaften verfügen, die an öffentlich zugänglichen Versammlungsorten gebildet und gestärkt werden – von Sportplätzen bis zu öffentlichen Parkanlagen, von Marktplätzen bis zu Uferpromenaden. Es ist deshalb darauf zu achten, dass genügend Raum vorhanden ist, wo sich Menschen begegnen und in Gemeinschaften zusammenschließen können. Wenn das soziale Netz der Gemeinschaften intakt ist und die moralische Stimme sich klar artikulieren kann, wird die Gesellschaft einen großen Schritt hin zu einer sozialen Ordnung machen, deren Zusammenhalt weitgehend moralischen Verpflichtungen entspringt.

Der Soziologe Ferdinand Tönnies machte in seinem 1887 erschienenen Buch die Unterscheidung zwischen den beiden Typen der sozialen Integration »Gemeinschaft« und »Gesellschaft«. Unter Gesellschaft verstand er Gruppen von Menschen, die nicht mehr an traditionelle Sozialbeziehungen gebunden sind, sondern die frei darüber entscheiden, mit wem sie in Kontakt treten. Tönnies sah den unaufhaltsamen Verlust der Gemeinschaft mit Bedauern, war aber der Meinung, nur ein Sozialromantiker könne an ihr festhalten. Sind Sie ein Sozialromantiker oder was verstehen Sie unter Gemeinschaften?

Um Missverständnissen vorzubeugen: Wenn ich von Gemeinschaft spreche, meine ich nicht die biologisch begründete »Volksgemeinschaft«, die von den Nationalsozialisten im Dritten Reich propagiert wurde. Um falsche Assoziationen – wie solche, bei denen die Gemeinschaft mit Gedankenpolizei gleichgesetzt wird – zu vermeiden, möchte ich eher von Gemeinwesen als von Gemeinschaft sprechen.

Nach meiner Definition zeichnet sich das Gemeinwesen durch zwei Eigenschaften aus. Zum einen dadurch, dass sich die Individuen einer Gruppe gegenseitig kennen und füreinander einstehen. Und zum anderen durch ein Gefühl der Verpflichtung gegenüber gemeinsamen Normen und Werten. Für mich sind Gemeinschaften soziale Netze von Menschen, die einander persönlich kennen, sie sind zugleich aber auch moralische Instanzen. Sie binden Menschen an gemeinsame Werte und erstrebenswerte Ziele und versetzen sie in die Lage, sich um sich selbst zu kümmern und dennoch die anderen nicht aus den Augen zu verlieren. Gemeinschaften sind meines Erachtens die wichtigste Quelle moralischer Orientierung. Wir gehören immer mehreren Gemeinschaften gleichzeitig an. Die Zugehörigkeit zu mehreren Gemeinschaften schützt die Individuen sowohl vor moralischer Repression wie auch vor Ächtung.

In Ihrem Buch »Die Entdeckung des Gemeinwesens« schreiben Sie: »Je funktionsfähiger die Gemeinschaften, desto geringer der Bedarf an staatlicher Kontrolle.« Können Sie diesen Zusammenhang erläutern?

Freie Individuen brauchen Gemeinschaften, die sie vor staatlichen Übergriffen schützen. Wenn sich der unverantwortliche Individualismus weiter ausweitet, dann wird irgendwann der Staat eingreifen. Diesem Schritt müssen wir zuvorkommen. Ich denke, dies könnte durch die Festigung des Gemeinwesens geschehen. Die Stärkung der Gemeinschaft und ihrer moralischen Stimme ist meines Erachtens die beste Möglichkeit, die Rolle des Staates – vor allem seine polizeiliche Kontrollfunktion – zu begrenzen. Wer die Gemeinschaften stärken will, muss dafür sorgen, dass sie sich als Teile eines übergreifenden Ganzen begreifen. Wenn wir uns gegenseitig ermahnen und ermutigen, bestimmte Werte zu verfolgen und Vorschriften einzuhalten, dann brauchen wir auch viel weniger Polizisten. Wenn die meisten von uns ehrlich ihre Steuern abführen, brauchen wir weniger Steuerfahnder. Sicher wird es immer Leute geben, die gegen Recht und Gesetz verstoßen. Was wir vermeiden müssen, ist der Rückgriff auf den Staat als Garant der sozialen Ordnung. Sie wird viel humaner und kostengünstiger durch freiwillige Beachtung der Werte, die erstrebenswert sind. Zu ihnen gehört die Verkehrsdisziplin genauso wie die angemessene Teilhabe an den finanziellen Lasten der Gesellschaft. Wir brauchen ein ausgewogenes Verhältnis zwischen Individualrechten und sozialen Pflichten, damit wir der Gefahr staatlicher Kontrollen begegnen.

Was ist vor dem Hintergrund des derzeit herrschenden Ungleichgewichtes zu tun? Welche Korrekturen sind vorzunehmen?

Wir müssen die Moralität in unseren Großstädten und Vororten stärken, um die sozialen Bande zu schaffen, die Gemeinschaftssinn stützen, dürfen aber keine beengenden Netze knüpfen, die Pluralismus und Dissens unterdrücken. Das Spektrum des Möglichen ist weit und reicht vom Sportverband bis zum Schulchor und vom Literaturzirkel bis zum Organisationskomitee einer Wohltätigkeitsveranstaltung.

Die Gesellschaft, als eine Gemeinschaft der Gemeinschaften, sollte die Erwartung stärken, dass jede lokale Gemeinschaft für ihr Wohlergehen zunächst einmal selbst verantwortlich ist. Was die Gesellschaft bedroht, ist die moralische Anarchie, nicht ein Zuviel an Gemeinschaft.

Der französische Sozialphilosoph Alexis de Tocqueville bemerkt in seinem vor 150 Jahren erschienenen Hauptwerk »Über die Demokratie in Amerika«, es sei »für den Bestand und noch viel mehr das Gedeihen einer Gesellschaft von wesentlicher Bedeutung, dass die Gesinnung aller Bürger immer von einigen Leitideen zusammengehalten werden sollte«. Welche Leitlinien sind unserer Gesellschaft abhanden gekommen, oder welche Werte wären Ihrer Meinung nach unverzichtbar, um die Gesellschaft zusammenzuhalten?

Es kommt immer ganz darauf an, welche Gesellschaft wir betrachten. Es gibt Gesellschaften, die ein zu starkes Maß an zwingenden Regeln haben wie beispielsweise Japan oder Singapur, und andere, in denen das Individuum zu sehr betont wird wie in den Vereinigten Staaten. Japan fehlt es an Werten, die dem Individuum Raum geben, sich zu entfalten. In den Vereinigten Staaten fehlen Werte, die den Belangen der Gesellschaft Beachtung schenken.

Wenn eine Gesellschaft dem Individuum entweder immer mehr Rechte zuspricht oder aber ihm immer mehr soziale Verantwortlichkeiten auferlegt, dann kommt es zu einem Punkt, an dem diese beiden Elemente sich gegenseitig eher untergraben, als sich wechselseitig zu verstärken. Dies zeigt sich beispielsweise dann, wenn die Rechte des Einzelnen so groß sind, dass er immer weniger bemüht ist, Konflikte auf dem Verhandlungsweg, durch Übereinkünfte oder durch vermittelnde Gespräche beizulegen und statt dessen wegen jeder Lappalie vor Gericht zieht. Diese Form der Konfliktaustragung ist besonders stark ausgeprägt in Amerika.

Wie lassen sich diese »pathologischen Ausuferungen der Ich-Bezogenheit«, wie es Alaisdair MacIntyre einmal formulierte, verhindern?

In Amerika müssen wir ein Gefühl persönlicher und sozialer Verantwortung neu entwickeln, ein Bewusstsein dafür wecken, dass wir neben Rechten auch Pflichten haben und dass unser persönliches Wohl untrennbar mit dem der Gemeinschaft verbunden ist. Es kann nicht angehen, dass wir die Individualrechte verabsolutieren und die Gemeinschaftsinteressen vernachlässigen. Wer die starke Stellung individueller Rechte und der persönlichen Freiheit schützen will, der muss sich gleichzeitig um die grundlegenden Bedürfnisse einer Gemeinschaft kümmern. Dies bedeutet, dass man seiner sozialen Verantwortung nachkommt, sei es seine Steuern zu zahlen oder sich in nachbarschaftlicher Hilfe vor

Verbrechern zu schützen, gegenseitig auf die Kinder zu achten oder sich um alte und kranke Menschen zu kümmern. Keine Gesellschaft ist imstande, diesen Aufgaben alleine nachzukommen.

Es ist für eine soziale Ordnung unausweichlich, dass sich die Mehrzahl ihrer Mitglieder einer Reihe von Grundwerten verpflichtet fühlt, und sich entsprechend diesen Werten auch verhält. Nicht, weil sie dazu genötigt werden, ihnen zu entsprechen, sondern weil sie von diesen Werten überzeugt sind. Eines müssen wir uns immer verdeutlichen: Wenn es dem Einzelnen überlassen bleibt, über sein Wohlergehen zu entscheiden ohne ein Verantwortungsgefühl für andere zu entwickeln, dann verwahrlost die Gesellschaft in moralischer wie sozialer Hinsicht.

In einem Interview mit der Frankfurter Rundschau prophezeiten Sie dem Wohlfahrtsstaat der Bundesrepublik Deutschland einen Tod auf Raten.

Der Wohlfahrtsstaat hat in der Vergangenheit viele Probleme gelöst, doch langsam bricht er in Deutschland zusammen. Das heutige Problem ist die Finanzierung der umfassenden sozialstaatlichen Leistungen. Die Vereinigten Staaten, die noch immer kein soziales Sicherheitsnetz in Form einer nationalen Krankenversicherung haben, geben nur 15,8 Prozent ihres Haushaltbudgets für Soziales aus. Davon ist Deutschland noch weit entfernt. Aber eines zeigt sich deutlich, und das hängt in gewisser Weise unmittelbar mit der Globalisierung zusammen: Der Wohlfahrtsstaat ist zu kostspielig geworden und wird wohl notgedrungen auf Raten abgebaut werden.

Was ist zu tun?

Wir sollten auf keinen Fall einfach dastehen und tatenlos zusehen, wie eine sozialstaatliche Leistung nach der anderen gestrichen wird. Heute ist es das Brillengestell, morgen der Zahnersatz. Mehr als ein Viertel der erwerbstätigen Amerikaner sind in prekären Arbeitsverhältnissen tätig – Halbtags-, Teilzeit- oder Vertragsarbeit – und besitzen keine bzw. nur minimale Sozialleistungen. Das kann einfach nicht das Ziel sein. Auch wenn wir nicht mehr daran vorbeikommen, den Wohlfahrtsstaat zu überdenken, neu zu strukturieren und Einschnitte vorzunehmen, kann das amerikanische Modell dafür nicht das Vorbild sein. Auch wenn der Gürtel enger geschnallt werden muss, darf das nicht auf Kosten von Gesundheit und Gemeinwohl geschehen.

Wir müssen den Markt zügeln, ohne seine positiven Auswirkungen zu hemmen. Wir müssen uns darüber verständigen, welche sozialen Errungenschaften unantastbar sind, welche gekürzt und welche geopfert werden können. Wir müssen heute noch damit beginnen, Netzwerke zu installieren, die uns gegenseitig helfen und unterstützen. Wir müssen zu der Einsicht kommen, dass wir nicht alle Probleme auf den Staat abwälzen können. Wir haben auch eine gesellschaftliche Verantwortung. Diese Verantwortung kann sich darin ausdrücken, dass wir unsere Kinder selbst erziehen, unsere Eltern pflegen, wenn sie pflegebedürftig werden, unseren Nachbarn helfen, wenn sie unsere Hilfe brauchen. Die Verantwortung setzt aber zuerst bei uns an. Wir müssen mit uns verantwortungsbewusst umgehen. Raucher müssen beispielsweise erkennen, dass Rauchen nicht nur die eigene Gesundheit gefährdet, sondern auch die der anderen. Nun können Raucher entgegnen: »Gut, dann rauche ich nur noch in Abwesenheit von anderen.« Sie vergessen aber, dass ihr Rauchen auch dazu führen kann, dass sie selbst krank werden. Als Patient sind sie eine Last für die Krankenkasse und alle Beitragszahler, die für die steigenden Kosten aufkommen müssen. Ein anderes Beispiel wäre das Rowdytum im Straßenverkehr. Durch gewagte Überholmanöver gefährden Verkehrssünder nicht nur sich selbst, sondern eben auch andere Verkehrsteilnehmer.

Ist durch den Kommunitarismus das moralische Klima der Gesellschaft langfristig zu stärken?

Ich werde darauf keine befriedigende Antwort geben können, da ich der Gesellschaft, die an einem auf die Spitze getriebenen Individualismus erkrankt ist, kein Allheilmittel verschreiben kann. In der Folge ihrer Bemühen, die Freiheit des Individuums weiter auszudehnen, haben einige Gesellschaften ihr Gleichgewicht verloren und tragen nunmehr schwer an der Last, die ihnen durch die unsozialen Folgen exzessiver Freiheit auferlegt wurde.

Die Kommunitaristen fordern, die Spannung zwischen den eigenen Präferenzen und den sozialen Verpflichtungen zu vermindern, indem man den Bereich jener Pflichten erweitert, die man als moralische Verantwortlichkeiten annimmt. Gemeint sind damit nicht die Pflichten, die durch Anordnung von oben erzwungen werden, sondern die Menge jener Verantwortlichkeiten, denen man aus Überzeugung nachkommt.

Die Arbeit des Kommunitarismus kann darin bestehen, in den Staaten, die auf die Karte des ungezügelten Individualismus gesetzt haben, darauf hinzuweisen, dass das ausschließliche Verfolgen privater Interessen das Netz gesellschaftlicher Bezüge zerstört, auf das die Menschen angewiesen sind. Wir tun dies durch die Anregung moralischer Dialoge, die nichts anderes sind als Verständigungsprozesse über Werte. Reformen geschehen nicht von heute auf morgen. Reformen sind komplexe, langwierige Prozesse. Man hüte sich vor Politikern, die einfache Lösungen versprechen. Viele Reformen scheitern wegen mangelnden Rückhalts in der Bevölkerung. Deshalb ist es wichtig, darüber ins Gespräch zu kommen, erst einmal einen Dialog über das moralische Klima zu beginnen. Wir brauchen mehr als nur hehre Absichten, gute Ideen und kluge Reformvorschläge. Wir brauchen eine neue politische Kraft, die stark genug ist, große Widerstände zu überwinden, um das politische System grundlegend zu verändern.

Die notwendige politische Kraft könnte von sozialen Bewegungen kommen. Die Bürgerrechts- und die Frauenbewegung haben gezeigt, dass soziale Bewegungen die Gesellschaft grundlegend beeinflussen und verändern können. Ohne eine solche Bewegung wird es die Reformen nicht geben, die notwendig sind, um die Politik wieder dem Gemeinwohl zu verpflichten. Ohne starke moralische Stimmen ist der Staat überfordert, laufen die Märkte aus dem Ruder. Ohne Wertebewusstsein handeln die Menschen rücksichtslos.

Das kommunitaristische Netzwerk wird oft und gerne verglichen mit den neuen sozialen Bewegungen. Bevor die Umweltprobleme thematisiert wurden, hat sich keiner um die Umwelt gekümmert. Wir thematisieren die moralische Verwahrlosung der Gesellschaft und treten für die Stärkung von Gemeinschaften ein, die bestimmte verlorengegangene Werte reaktivieren.

Ein legendärer Satz des früheren amerikanischen Präsidenten John F. Kennedy lautet: »Frage nicht, was dein Land für dich tun kann, sondern was du für dein Land tun kannst.« Wir brauchen ein stark ausgeprägtes persönliches und soziales Verantwortungsgefühl, um sowohl individuelle Autonomie als auch soziale Ordnung aufrechtzuerhalten. Wir müssen einen Wandel in den Werten, Sitten und politischen Strategien herbeiführen, der uns im gesellschaftlichen Bereich das zu tun erlaubt, was die ökologische Bewegung im Bereich der Natur anstrebt: unsere Zukunft zu sichern und zu stärken.

▶ Die Konsequenzen
der Moderne ◀

Vita

Anthony Giddens, geboren 1938, ist Professor für Soziologie und Direktor der »London School of Economics and Political Science«. Er ist Mitgründer des Verlages Polity Press und zählt zum erweiterten Beraterkreis des englischen Premierministers Tony Blair sowie des amerikanischen Präsidenten Bill Clinton. Auch in einigen anderen Ländern wie Deutschland und Spanien haben seine politischen Vorstellungen die Konzepte sozialdemokratischer Regierungen beeinflusst. Seine wissenschaftlichen Themenschwerpunkte sind die Phänomenologie der Moderne und die Auswirkungen der Globalisierung auf die Gesellschaft.

»Wie jeder erkennen kann, leben wir in einer Zeit, die sich deutlich von der Vergangenheit unterscheidet«, sagt Giddens, der sich keiner bestimmten Denktradition verpflichtet fühlt, sich aus der Postmoderne-Debatte herausgehalten hat und damit alle Kritiker, die ihn gerne dieser Denkschule zugeordnet hätten, eines Besseren belehrte. Sein Thema sind die Sonnen- und Schattenseiten der Globalisierung. Den positiven Erscheinungen stünden negative Folgen gegenüber, auf die konsequent reagiert werden müsste. Wie kein zweiter ist Giddens deshalb darum bemüht, der Politik und insbesondere der Sozialdemokratie mehr Sinn für Richtung und Ziele zu geben. Welche Konsequenzen die Globalisierung hat und wie sich eine soziale Politik jenseits eingefahrener Denk- und Handlungsstrategien verwirklichen lässt, versucht der produktive Autor in seinen Büchern aufzuzeigen. Wenn der einflussreiche Soziologe nicht gerade mit Verwaltungsaufgaben beschäftigt ist oder auf internationalem Parkett Vorträge hält, sitzt er gerne mit Fachkollegen im Zigarettennebel Londoner Pubs zusammen, um bei mildem Schwarzbier lange Diskussionen zu führen.

Ausgewählte Buchveröffentlichungen:

Anthony Giddens: Konsequenzen der Moderne.
Suhrkamp Verlag, Frankfurt/M. 1995
Originalausgabe: The Consequences of Modernity.
Cambridge University Press, Cambridge 1990

Anthony Giddens: Der dritte Weg.
Suhrkamp Verlag, Frankfurt/M. 1998
Originalausgabe: The Third Way. The Renewal of Social Democracy.
Polity Press, Cambridge 1998

Der Jagannath-Wagen - Sinnbild für den Beschleunigungsprozess der Moderne

Konzept

»Wir sind nicht über die Moderne hinausgegangen, sondern durchleben gerade eine Phase ihrer Radikalisierung«, stellt Anthony Giddens in seinem 1990 erschienenen Buch »Konsequenzen der Moderne« fest. Seiner Ansicht nach leben wir weiterhin in einer durch die Institutionen der Moderne gekennzeichneten Gesellschaft. Zu den konstitutiven Merkmalen der modernen Gesellschaft gehören neben einer industriell-kapitalistischen Wirtschaft eine demokratische Grundordnung sowie wissenschaftliche und technologische Instanzen.

Was die Gegenwartsgesellschaft von den Gesellschaften früherer Zeiten unterscheidet, ist die beschleunigte Geschwindigkeit und die größere Reichweite ihres Wandels, in deren Folge sich die modernen Institutionen über die ganze Welt ausgebreitet und durchgesetzt haben. Für die gegenwärtige Dynamik sind nach Giddens drei grundlegende Veränderungen verantwortlich: Erstens sind soziale Interaktionen durch die »raumzeitliche Abstandsvergrößerung« nicht mehr zwingend an gemeinsame räumliche und zeitliche Bedingungen gebunden. Im engen Zusammenhang damit steht zweitens die Entwicklung sozialer Mechanismen, die bestimmte gesellschaftliche Tätigkeiten aus dem früher ortsgebundenen Zusammenhängen herausgehoben und über größere räumliche Distanzen hinweg ermöglicht haben. Der Alltag des Menschen ist aus seiner lokalen »Einbettung« herausgelöst und wird von Vorgängen geprägt, die sich in großer Entfernung abspielen. Umgekehrt trägt jeder Einzelne durch sein Verhalten dazu bei, Veränderungen von enormer Reichweite hervorzurufen. Drittens tritt an die Stelle von unreflektierten Traditionen, die den Zusammenhalt vormoderner Gesellschaften gewährleisteten, die »reflexive Aneignung von Wissen«. Der Einzelne ist dazu aufgerufen, seine sozialen Beziehungen immer wieder neu zu ordnen und sein Leben auf sich ständig verändernde Situationen umzustellen. Angesichts des immer größeren Angebots von Informationen, Konsumgütern und Dienstleistungen sind die Menschen angehalten, die steigende Zahl an Erkenntnissen in experimenteller Art und Weise in den Alltag zu integrieren. Sie müssen aktiv Entscheidungen darüber treffen, was sie tun und warum sie es tun.

Unter Modernitätsbedingungen ist das Leben nicht mehr durch die Natur und traditionelle Bezugspunkte bestimmt. Die natürliche Lebenswelt wird immer weiter umgestaltet, ihres Wesens beraubt und dem Willen des Menschen unterworfen. Die traditionsbasierten, ortsgebundenen Inhalte von Handlungen verlieren an Bedeutung. An ihre Stelle treten Expertensysteme, die an keinen speziellen Ort gebunden, sondern durch ihr universal anwendbares Wissen gekennzeichnet sind.

Nach Giddens sind wir »Gefangene einer Welt von Ereignissen, die wir nicht zur Gänze verstehen und die sich weitgehend unserer Kontrolle entzieht«. Wir können nicht mehr auf eine natürliche Umwelt und traditionelle Verhaltensmuster zurückgreifen, da wir diese unwiderruflich nach den Kriterien der Moderne umgeformt haben. Wir sind »hergestellten Unsicherheiten«, für die wir selbst verantwortlich sind, schutzlos ausgeliefert. Schließlich sind wir auf uns gestellt, Sinn und Stabilität des Lebens muss jeder für sich selbst suchen.

Natürlich gibt es Dinge, auf die wir uns noch verlassen können. Die Wahrscheinlichkeit, dass ein Hochhaus in dem Moment, wo wir es betreten, zusammenstürzt, oder dass das Flugzeug, mit dem wir fliegen, abstürzt, ist verhältnismäßig gering. Vertrauen in das komplexe Handlungs- und Beziehungsgeflecht der modernen Gesellschaft ist sogar unabdingbar für das Funktionieren alltäglicher Vorgänge. Um uns in der Unübersichtlichkeit der Moderne zurechtzufinden, müssen wir auf Expertensysteme vertrauen, ganz gleich, ob wir dies bewusst oder ganz unbewusst tun. Aber egal wie viel Expertenwissen wir auch immer für das alltägliche Leben heranziehen, gegen die Gefahren des Lebens sind wir letztlich nie völlig abgesichert. Paradoxerweise haben wir »die Kontrolle über die Dinge durch die Herrschaft über sie verloren«, konstatiert Giddens. Die globalisierte Moderne ist »ein dialektischer Prozess mit positiven und negativen Implikationen«.

Zur Charakterisierung dieser Beschleunigungsprozesse, die sich – verglichen mit früheren Zeiten – in der Spätmoderne umfassender und radikaler auswirken, benutzt Giddens eine Metapher aus der indischen Mythologie: den Jagannath-Wagen. Dieses Gefährt besitzt enorme Antriebskraft und zerstört alles, was sich ihm in den Weg stellt. Um nicht überrollt zu werden, »müssen wir auf das Gefährt aufspringen und mitfahren, auch wenn wir nicht wissen, wohin die Reise geht.« Solange die Institutionen der Moderne Bestand haben, ist der Mensch dazu gezwungen, sich mit deren Unberechenbarkeit und Anonymität abzufinden. Es ist, so Giddens, unmöglich, das soziale Leben vollständig zu kontrollieren. »Planungs-« und »Bedienungsfehler« von Menschen sind unvermeidbar. Die oberste Zielsetzung im Interesse der ganzen Menschheit muss deshalb sein, die von der Moderne ausgehenden Gefahren zu minimieren. In einer sich radikal verändernden Welt kann es nicht nur um immer weiteren Wandel gehen. Wir müssen auf die negativen Folgen des Wandels reagieren. Welchen Weg der Jagannath-Wagen am Ende einschlägt, lässt sich nicht vorhersagen. »Wir können nur hoffen, dass jemand am Steuer sitzt.«

Fragebogen

1. Sehen Sie sich selbst als Gesellschaftstheoretiker, Gesellschaftskritiker, Gesellschaftsarchitekt oder lediglich als geselliger Zeitgenosse?

Ich sehe mich in erster Linie als Gesellschaftskritiker. Als Soziologe habe ich ein intrinsisch motiviertes Interesse am Weltgeschehen, insbesondere in einer Welt, in der gewaltige technologische Veränderungen vor sich gehen und in einer Zeit, in der wir uns fragen müssen, wie wir darauf reagieren können. Viele Menschen sind mit den weitreichenden Auswirkungen dieser Entwicklungen überfordert. Gleichzeitig muss man darauf achten, sich von existenziellen Fragestellungen zu distanzieren, um analytische Resultate zu erzielen.

2. In welcher Gesellschaft leben wir eigentlich?

Meiner Ansicht nach leben wir in einer Gesellschaft, die noch immer dominiert ist von den Institutionen der Moderne. Ich denke vor allem an zwei oder drei besonders mächtige Institutionen. Die Existenz eines industriell-kapitalistischen Marktes sowie der Einfluss von Wissenschaft, Technologie und Demokratie sind für mich nach wie vor die entscheidenden Kräfte, die die Veränderungen in der Welt vorantreiben. Allerdings dehnen diese sich weiter aus und beeinflussen stärker als bisher das Leben der Menschen. Das liegt meines Erachtens an der Schnelligkeit und der Reichweite des Wandels von Kommunikation, die für die Veränderungen in der Natur sowie der industriellen Produktionen verantwortlich sind. Kommunikationsmechanismen sind jedoch nach wie vor Erscheinungen der Moderne, deswegen verwende ich nicht allzu viel Zeit auf das Konzept der Postmoderne.

3. Worin sehen Sie die Stärken und Schwächen dieser Gesellschaft?

Zu den Stärken zähle ich den Einfluss von Demokratie auf viele Bereiche des sozialen Lebens und die weltweite Verbreitung demokratischer Grundsätze, wenn man unter Demokratie nicht nur liberale Institutionen, sondern auch Möglichkeiten von individueller Freiheit und Selbstentfaltung, sowohl in der Politik als auch in anderen Lebensbereichen, versteht. Eine der wichtigsten gesellschaftlichen Veränderungen war die Geschlechterrevolution, die die Gleichberechtigung von Frauen und Männern möglich gemacht hat. Die Emanzipation ist in den entwickelten Gesellschaften mehr oder weniger erfolgreich verwirklicht worden. Sie verändert zum einen in zunehmendem Maße die Grundlagen menschlicher Beziehungen, andererseits ist sie eine wichtige demokratische Maßnahme. An zweiter Stelle steht der größere und allgemeinere Wohlstand, der zu einer treibenden dynamischen Kraft wird. Natürlich mit der Einschränkung der Exklusivität. Ein großer Teil der Weltbevölkerung hat kaum eine Chance, Wohlstand zu erreichen. Dennoch gibt es eine erkennbare Entwicklung. Wir gehen heute davon aus, dass die Revolution in der Informationstechnologie ein höheres Wohlstandsniveau ermöglichen wird. Natürlich werden davon hauptsächlich die westlichen Gesellschaften profitieren, aber zu einem gewissen Grad findet diese Entwicklung in der gesamten Welt statt. Weiterhin findet man sinnvolle und interessante Prozesse in der Arbeitswelt, wovon einige liberalisierend wirken, vor allem da Arbeit in früheren Zeiten für die meisten Menschen bedrückend und mehr eine Frage der Disziplin als der Selbstverwirklichung war. Arbeit passt sich mehr und mehr den Aspekten einer flexiblen Lebensform an. Das scheint mir eine gute und progressive Sache zu sein.

Die Probleme dieser Gesellschaft sind bekannt. Es sind die dunklen Seiten von Wissenschaft und Technik. Neue Situationen werden geschaffen, auf die wir aber nicht gut genug vorbereitet sind. Jede Form des wissenschaftlichen Fortschritts bedeutet auch Gefahren und Risiken für die gesamte Welt. Ein anderer Punkt ist der, dass der Fortschritt der Demokratie in jedem Fall mit sozialer Solidarität verbunden werden muss. Niemand weiß genau, wie man das bewerkstelligen kann. Wir brauchen eine Gesellschaft, die Freiheit anerkennt, die aber gleichzeitig auch Solidarität fördert. Eine Gesellschaft also, in der diese beiden Elemente effektiv verbunden werden. Schließlich müssen wir uns mit den Problemen sozialer Ablehnung und sozialer Gleichheit beschäftigen, die sich gerade in den industrialisierten Ländern, aber auch in vielen anderen stellen. Und wieder hat niemand eine komplette, effektive Formel, um eines dieser Probleme in den Griff zu bekommen oder zu lösen. Die Veränderungen in der modernen Gesellschaft sind in der Geschichte einzigartig, wir haben keinen Präzedenzfall.

4. Welche Rolle spielen Sie in der Gesellschaft?

Ich spiele offensichtlich eine Rolle als Direktor der London School of Economics und ich bin ein aktiver Schriftsteller. Darüber hinaus versuche ich, die Rolle des öffentlichen Intellektuellen zu spielen und in gewisser Weise auch Einfluss auf die Welt zu nehmen, indem ich Ideen für die Diskussion um die Veränderungen, die überall in der Welt vorgehen, entwickle. Schließlich bin ich noch Geschäftsmann. Früher habe ich einen Verlag geleitet, dazu fehlt mir aber heute die Zeit, obwohl es mich immer noch interessiert. Im Sinne von öffentlichen Rollen definieren die genannten wohl am ehesten das, was ich tue.

5. Welche Gesellschaftsromane haben Sie fasziniert?

Die Romane, die mich fasziniert haben, handeln vom emotionalen Gesellschaftsleben und sind weniger Gesellschaftsromane. Ich war ziemlich beeinflusst von den jüngeren englischen Schriftstellern, deren Romane von dem sich verändernden Leben der Naturvölker handeln, von ihren emotionalen und sexuellen Beziehungen. Diese Autoren beschreiben Sachverhalte möglicherweise mit mehr innovativem Scharfsinn als die meisten Soziologen.

6. Welchem Gesellschaftsspiel gehen Sie gerne nach?

Ich liebe es, mit Interviewern zu spielen. Ich liebe Spiele, deren Ausgang offen ist. Wenn ich beispielsweise einen Tennispartner habe, der mir weit unter- oder überlegen ist, verliere ich schnell jedes Interesse. Mit Martin Albrow, den ich seit meiner Studienzeit kenne, spiele ich deshalb gerne Schach, Rededuelle mit Ulrich Beck liefere ich mir gerne in Londoner Pubs.

7. In wessen Gesellschaft halten Sie sich bevorzugt auf?

Die meisten meiner Freunde sind Leute, die in ähnlichen Berufen arbeiten wie ich. Mit ihnen kann ich gut über intellektuelle Themen reden. Das ist wirklich sehr wichtig für mich. Dann habe ich noch einige wenige Freunde von früher. Wir hatten einen gemeinsamen Lebensweg. Das ist auch sehr wichtig, denn in bestimmten Situationen hat man immer jemanden, an den man sich wenden kann. Außerdem habe ich noch ein paar Freunde in London. Das ist ein ziemlich annehmbares Netzwerk von Freunden und Familie. Wenn man Zeit außerhalb des Jobs findet, ist es ganz praktisch Leute zu kennen, die man gerne trifft.

Nicht zuletzt habe ich zwei Töchter, von denen ich ganz begeistert bin, und die ich sehr oft sehe.

8. Welcher Gesellschaftsgruppe fühlen Sie sich zugehörig?

Diese Frage beantwortet meine Lebensgeschichte. Mein Vater arbeitete bei der Londoner U-Bahn. Damit verbrachte er sein ganzes Leben. Ich komme aus Edmonton, einem Arbeiterviertel im Norden Londons, und wuchs in relativ einfachen Verhältnissen auf. Durch das Bildungssystem in England wurde ich Teil der mobilen sozialen Generation, und nun bin ich einfach ein freischwebender Intellektueller ohne Bindung.

9. Welche Person(en) von gesellschaftlicher Größe schätzen Sie?

Die wichtigsten Menschen sind die Menschen des Alltags, denn unsere Gesellschaft, so wie ich sie sehe, blickt großen Veränderungen entgegen. Größe beweisen solche Menschen, die diese Veränderungen erfolgreich in ihr Alltagsleben integrieren. Viele sind darin sehr gut. Aus diesem Grund nenne ich keine Individuen – ich wähle die Masse.

Es gibt viele bedeutende Veränderungen, die die einfachen Menschen unterhalb der Oberfläche öffentlicher Wahrnehmung vorantreiben. Es ist nicht das Werk politischer Führer, von Wirtschaftsbossen oder sonst jemandem. Entscheidend ist das Wirken einfacher Leute, das ist Teil einer allgemeinen demokratischen Gesellschaft.

Trotzdem ist es wichtig, dass sich das Gesellschaftsleben verändert. Wir können unser Leben nicht länger auf der Basis traditioneller Gewohnheiten führen. Das Leben ist heute weitaus freier, offener und selbstbestimmter. Ein Emanzipationsproblem sicherlich – aber damit hat jeder zu kämpfen.

10. Wie sieht für Sie die ideale Gesellschaft aus?

Ohne Ideale ist keine Politik zu machen, aber Ideale bleiben ohne Inhalt, wenn sie sich nicht auf realisierbare Möglichkeiten beziehen. Wir müssen also beides bestimmen: In welcher Gesellschaft wir gerne leben möchten und mit welchen konkreten Mitteln wir auf dieses Ideal hinarbeiten können.

Es gibt ein paar sehr wichtige Ideale, die vom traditionellen Sozialismus abgeleitet sind. Besonders die, welche sich auf die Gleichheit beziehen, um so eine umfassende Gesellschaft zu schaffen. Eine umfassende Gesellschaft, das ist ein Ideal, allerdings keine ideale Gesellschaftsform. Das zweite Ideal hat mit der Anerkennung individueller Selbstentfaltung zu tun – eines der zentralen Themen unseres Zeitalters. Ein drittes erstrebenswertes Ideal ist meines Erachtens das Weltbürgertum. Wir brauchen eine Gesellschaft, in der Menschen miteinander in Kontakt treten und die Bereitschaft mitbringen, miteinander auszukommen, auch wenn sie sich zunächst fremd sein sollten.

In einer Gesellschaft mit weltweit verknüpfter Kommunikation, in der man ständig mit allen möglichen unterschiedlichen Ideen in Berührung kommt, ist die Definition einer idealen Gesellschaft noch schwieriger. Es gibt kein Entrinnen, man kann nicht einfach woanders hingehen. Da wir alle auf der gleichen Welt leben, sind kosmopolitische Werte sehr grundlegend für die Gesellschaft. Definitionen einer idealen Gesellschaft – das ist bekannt – wären reine Utopie. Die Idee einer idealen Gesellschaft ist ein Widerspruch in sich.

11. Wollen Sie die Gesellschaft verändern?

Zwei Punkte dazu. Zunächst ist festzustellen, dass sich die gegenwärtige Gesellschaft stärker und radikaler verändert als irgendeine Gesellschaft zuvor. Daher ist es weniger die Frage, ob wir die Gesellschaft verändern wollen, denn sie verändert sich von selbst. Entscheidend ist, wie man auf diese Veränderungen reagiert, und wie man dennoch ein gewisses Maß an Kontinuität und Stabilität erreicht.

Nehmen Sie die technologischen Veränderungen oder wissenschaftlichen Innovationen. Was werden wir tun, wenn wir das menschliche Erbgut entschlüsselt haben und alle genetischen Charakteristika von jedem Individuum kennen? Es stellt sich dann nicht die Frage, wie Veränderungen gefördert werden können, sondern, wie man mit ihren radikalen Einflüssen umgehen soll.

Aber natürlich gibt es auch Veränderungen, die man selbst auf den Weg bringen möchte, schließlich will man die Welt mit all ihrer Barbarei nicht einfach so hinnehmen. Es ist aber nicht mehr so einfach wie früher. Man muss sich um eine komplexere Sichtweise bemühen. Man muss sich immer wieder fragen, wie kann ich gegen einige Entwicklungen steuern.

12. Wie sieht die Gesellschaft von morgen aus?

Es kommt darauf an, wie weit man das »Morgen« eingrenzt. Es ist ein Klischee zu sagen, morgen ist heute, obwohl es die Wahrheit recht gut trifft. Es passieren heute so viele Dinge, die wir nicht vollständig verstehen und die in die Zukunft weisen. Ein Beispiel ist die Science-Fiction der 60er Jahre. Der Film »2001 – Odyssee im Weltraum«, den Stanley Kubrick 1967 drehte, präsentierte ein Modell der möglichen Zukunft. In Wirklichkeit hat sich aber die nahe Zukunft ganz anders entwickelt. Sie ist exzentrischer und bizarrer als es die damalige Science-Fiction vorausgesehen hatte. Die fiktive Vorstellung von zukünftigen Computern entspricht so gar nicht dem, wie sich Computer bis zum Jahr 2001 tatsächlich entwickeln werden. Der Bordcomputer des Raumschiffs in »2001« war ein gigantisches Gerät. Heute verfügen winzige Mikrochips über ein enormes Leistungsvermögen. In dieser Hinsicht bewegt sich die Welt außerhalb des damaligen Vorstellungsvermögens. Unsere Zukunft wird zu einem leeren Begriff, von dem man keine konkrete Vorstellung hat, es sei denn die eines Horrorszenariums. Es steht nicht in unserer Macht, Zukunft vorherzusagen oder kontrollieren zu können. Im Gegenteil, wir haben nicht eine Zukunft, sondern verschiedene mögliche Zukünfte.

Interview

Wenn man durch die Straßen von London spazieren geht, spürt man eine kosmopolitische Atmosphäre. Man begegnet sehr unterschiedlichen Menschen. Einigen stehen Sorgen ins Gesicht geschrieben, andere verhüllen ihr Gesicht mit einer Schutzmaske gegen Abgase, und wieder andere steht der Reformstress ins Gesicht geschrieben, wenn sie aufgewühlt und hektisch umherirren. Sind dies die sichtbaren Phänomene eines wachsenden Unbehagens? Welchen Preis ist die Gesellschaft bereit zu zahlen, um das Wirtschaftswachstum geringfügig zu steigern?

Das Problem der Moderne besteht darin, dass sie äußerst positive, aber auch extrem negative Entwicklungen hervorgebracht hat. Positiv ist zweifellos, dass viele Menschen – historisch gesehen – freier, selbstbestimmter und wohlhabender leben. Unerwünschte negative Folgen sind Risiken und Gefahren im Zusammenhang mit den beschleunigten technischen Veränderungen, die sich unmittelbar auf das menschliche Leben auswirken. Die Situation, die Sie gerade beschrieben haben, verdeutlicht in meinen Augen etwas sehr Entscheidendes. Wenn wir durch die belebten Straßen unserer Städte gehen, begegnen uns im Laufe eines Tages vielleicht Tausende von Personen, die wir noch nie gesehen haben. Wir werfen prüfende Blicke auf die uns entgegenkommenden Passanten und kommen im Geschäft, im Restaurant, im Café, im Park oder anderen öffentlichen Orten mit Menschen ins Gespräch. Ständig knüpfen wir persönliche Bindungen mit Menschen, die wir vorher noch nie gesehen haben. Ebenso treten wir in Kontakt mit Leuten, denen wir niemals persönlich begegnen werden, deren Handlungen aber unmittelbar unser Leben beeinflussen. Das kann durch einen Anruf bei einer Versicherung, bei einer Bank oder bei öffentlichen Ämtern geschehen. Wir lassen uns beraten und vertrauen uns fremden Personen an. Banken und Versicherungen, aber auch Regierungen, setzen voraus, dass es für die Interaktion zwischen einander unbekannten Menschen berechenbare und zuverlässige Regeln gibt. Sie sind darauf angewiesen, dass wir ihnen vertrauen. Wachsendes Misstrauen kann zu ihrem Zusammenbruch führen.

Die moderne Gesellschaft kann also nur dann funktionieren, wenn die Menschen nicht in jedem Fremden einen Feind sehen. In vormodernen Umgebungen vertrauten die Menschen nur denen, die sie persönlich kannten. In der modernen Gesellschaft vertrauen wir uns Menschen an, die wir eigentlich gar nicht kennen.

Dieses Vertrauen erstreckt sich auf Bereiche, über die man üblicherweise keine Kontrolle hat. Beispielsweise glaube ich nicht, dass sich die große Mehrheit der Menschen ernsthaft über eine ökologische Katastrophe oder einen Atomkrieg Sorgen macht. Setzte man sich dennoch damit auseinander, würde das langfristig zu einer chronischen Beunruhigung führen. Also nimmt man lieber an, die Welt bringt ihre eigenen Angelegenheiten schon unter Kontrolle. Die Unterdrückung der Angst wird auf der Ebene des Unbewussten somit zu einer wesentlichen Voraussetzung für das Leben in der globalisierten Moderne.

Stichwort Globalisierung. Als Sie dieses Wort 1990 in Ihrem Buch »Konsequenzen der Moderne« benutzten, war es in der wissenschaftlichen und öffentlichen Diskussion kaum in Gebrauch. Heute existieren eine Reihe von Schreckensvisionen und eine Ansammlung nebulöser Begriffsbestimmungen, die das Wort unzureichend erklären und seine Bedeutung eher verschleiern. Was genau ist unter Globalisierung zu verstehen? Welche Auswirkungen hat sie?

Die moderne Gesellschaft ist in ihrem Wesen auf Globalisierung angelegt. Entgegen vieler Definitionen beschreibt Globalisierung jedoch nicht nur ein ökonomisches Phänomen, sondern bezieht sich, wie der Begriff schon sagt, weltweit auf die unterschiedlichsten Bereiche. Die Verbreitung elektronischer Massenmedien, das Ineinandergreifen von Satelliten- und Computertechnologie, das Aufkommen des Massenverkehrs, die Zunahme internationaler Abhängigkeiten und das Entstehen globaler Märkte haben weltweit Transformationsprozesse in Gang gesetzt, die sich nicht nur am Ausmaß der Finanzströme, sondern gerade im radikalen Wandel unserer Lebenswelt widerspiegeln. Globalisierung sollte als ein komplexes Zusammenspiel von teilweise recht widersprüchlichen Prozessen verstanden werden, deren Ausgang noch völlig offen ist.

Wenn Sie von widersprüchlichen Prozessen sprechen, denken Sie dann auch an den anachronistisch anmutenden Nationalismus, der in Europa, zum Beispiel auf dem Balkan, wieder um sich greift?

Eine der widersprüchlichen Folgen der Globalisierung besteht in der Tat im Wiederaufleben von Fundamentalismen und Nationalismen, in der Rückbesinnung auf verlorengegangene lokale Traditionen und in der Betonung eigenständiger kultureller Identität. Die Globalisierung beinhaltet zwar die Vorstellung einer Weltgesellschaft, doch das Resultat sieht in einer Welt des ständigen Wandels anders aus.

In seinem Buch »Der neue Weltmarkt: Das Ende des Nationalstaates und der Aufstieg der regionalen Wirtschaftszonen« bezeichnet der Wirtschaftswissenschaftler Kenichi Ohmae den Nationalstaat als »Fiktion«. Für ihn ist die nationale Politik nur noch von marginaler Bedeutung. Welchen Stellenwert wird der Nationalstaat Ihrer Meinung nach in einer zunehmend globalisierten Welt haben?

Einige Handlungsspielräume, über die der Nationalstaat verfügte, werden durch die weltweiten Tätigkeiten transnationaler Unternehmen und das zunehmende Ansehen nichtstaatlicher Organisationen eingeschränkt. Der Nationalstaat alter Prägung verliert dadurch an Gewicht, es wird ihn aber weiterhin geben. Trotz zurückgehender Einflussmöglichkeiten behält die nationale Politik ihre ganz spezifischen Aufgaben. Eine der Folgen von Globalisierung ist, dass der Nationalstaat an Substanz und Souveränität einbüßt. Seine finanziellen Ressourcen und seine politische Gestaltungsmacht schwinden im gleichen Maße wie die Identifikation der Bürger mit dem Staat. Im Gegenzug eröffnet diese Entwicklung den Menschen die Möglichkeit, sich aus den traditionellen Abhängigkeiten eines nationalstaatlichen Gehäuses zu befreien und mehr Autonomie zu erlangen.

Können Sie das konkretisieren? Welche Auswirkungen haben die weltumspannenden Entwicklungen auf die sozialen und individuellen Lebensbedingungen?

Der menschliche Alltag wird zusehends aus seiner lokalen Einbettung gelöst und von Vorgängen beeinflusst, die sich nicht mehr in unmittelbarer Nähe, sondern an entfernteren Orten abspielen. Die Welt kommt durch die verzögerungsfreie, globale Informationsübertragung über Kabel oder Satellit direkt zu den Menschen, durchdringt alle Lebensbereiche und sorgt nach und nach für eine tiefgreifende Umstrukturierung des Alltagslebens. Das direkte Umfeld verändert sich, lokale Identitäten verlieren an Bedeutung, statt dessen wächst der soziale Erfahrungshorizont mit Menschen in der ganzen Welt.

Das Zusammenleben erhält eine andere Dimension, über einst unüberwindbare Distanzen hinweg. Das Individuum reagiert auf die neuen Einflüsse der Außenwelt. Lebensstile werden bewusst an globalen Trends ausgerichtet, was sich anhand der einheitlichen Kleidung, an den Vorlieben für bestimmte Musikrichtungen oder Filme sowie der Entscheidung für oder gegen eine religiöse Lebensführung beobachten lässt. Umgekehrt tragen Alltagshandlungen eines jeden Individuums dazu bei, Veränderungen von enormer Reichweite hervorzurufen. Der Kauf beispielsweise eines bestimmten Kleidungsstückes oder individuelle Ernährungsgewohnheiten können Konsequenzen nach sich ziehen, die sich auf den Lebensunterhalt eines Menschen am anderen Ende der Welt auswirken oder die den ökologischen Zerstörungsprozess beschleunigen, der wiederum Folgen für die ganze Menschheit hat. Dieser außergewöhnliche und zunehmend enger werdende Zusammenhang zwischen Alltagsentscheidungen und globalen Folgen stellt zusammen mit seiner Kehrseite, dem Einfluss globaler Tendenzen auf das Individuum, das aktuelle Hauptthema dar.

Im gemeinsam mit Ulrich Beck und Scott Lash verfassten Buch »Reflexive Modernisierung« sprechen Sie von einer zunehmenden Aushöhlung traditioneller Handlungszusammenhänge. Welche Anzeichen lassen sich für die Entstehung einer posttraditionalen Gesellschaft erkennen?

Die Verlagerung der lokalen auf globale Handlungskontexte zieht Prozesse gesteigerter Enttraditionalisierung nach sich, die das Alltagslebens erheblich verändern. In vormodernen Gesellschaften war durch Traditionen ein verhältnismäßig klar umrissener Handlungshorizont vorgegeben. Wir dagegen gehören der ersten Generation an, die nach dem Ende der Tradition und nach dem Ende der Natur, das heißt ohne die Sicherheit überkommener Traditionen und ohne das Vorhandensein einer von der Natur dominierten Umwelt, an der Schwelle zum globalen Zeitalter steht. Mit dem Ende der Tradition meine ich nicht das völlige Verschwinden von traditionellen Handlungsmustern, denn wie ich bereits erwähnte, führen bestimmte Prozesse zum Fortbestehen bzw. zum Wiederaufblühen dieser Muster. Das Ende der Tradition beschreibt vielmehr den Tatbestand, bei dem bestimmte Rituale zwar weiterhin existieren, aber nur noch eine untergeordnete Rolle spielen, keine zentrale oder beherrschende Position innehaben und keine bindende moralische und emotionale Kraft ausüben. Im Kontext der reflexiven Modernisierung werden lokale Gepflogenheiten und Sitten gründlich überdacht und eventuell erst nach Abwägung im globalen Diskurs angewandt. Jeder kann entscheiden, ob und in welche Tradition er sich stellt. Allgemein überleben heutige Traditionen nur dann, wenn sie sich diskursiv zu rechtfertigen vermögen und in der Lage sind, mit anderen Formen der Lebensbewältigung in einen offenen Dialog zu treten. Mit der posttraditionalen Gesellschaft beginnt eine Epoche eines gänzlich neuen Universums sozialen Handelns und gesellschaftlicher Erfahrung.

Was bedeutet das für Menschen, die in einer Gesellschaft leben, die weniger traditionell und mehr reflexiv strukturiert ist?

In einer immer weniger traditionellen Gesellschaft wird jeder angesichts eines Überangebots von Informationen, Konsumgütern und Dienstleistungen dazu gezwungen sein, alle möglichen, für die eigene Lebenssituation wichtigen Informationen zu filtern und sie für die individuelle Lebensführung nutzbar zu machen. In einer Gesellschaft, die eher reflexiv strukturiert ist, werden Traditionen nicht mehr nach überkommenen Gesichtspunkten beurteilt, sondern sind Gegenstand sorgfältiger Überlegungen. Man entscheidet darüber, was erhaltenswert ist, und was es nicht ist.

Diese Entscheidungen werden auf der Grundlage ununterbrochener Reflexionen über die Bedingungen des eigenen Handelns getroffen. Wer beispielsweise eine Ehe schließen will, muss berücksichtigen, dass sich die Beziehungen zwischen Mann und Frau während der vergangenen Jahre grundlegend verändert haben. Mit dem Ende der Tradition, die eine relativ feststehende Landmarke zur Strukturierung des Familienlebens darstellte, haben sich die Geschlechterrollen nachhaltig gewandelt. Die Emanzipation der Frau, gekennzeichnet durch die Abwendung von der vormals vorgeschriebenen Hausfrauen- und Mutterrolle und den Einstieg in den Erwerbsprozess, führte unter anderem zum Ende der traditionellen Familienstruktur. Eine Vielfalt neuer Familienformen ist die Folge. Weitere Veränderungen brachten die kolossalen medizinischen Errungenschaften, die es der Frau nunmehr ermöglichen, sich durch künstliche Befruchtung, das heißt ohne Geschlechtsverkehr, einen Kinderwunsch zu erfüllen.

Festzuhalten ist, dass eine Gesellschaft der gesteigerten Reflexivität höhere Selbstständigkeit des Handelns und größere Verantwortung erfordert.

Auf welche Bereiche erstreckt sich diese Verantwortung?

Sie bezieht sich auf alle Bereiche des täglichen Lebens, beispielsweise auf die Entscheidung für oder gegen eine bewusste Ernährung: Kann ich weiterhin noch Rindfleisch essen oder nicht? Sind die Nahrungsmittel, die ich kaufe, mit Giftstoffen belastet oder verseucht? Welche Lebensmittel kaufe ich, um eine vollwertige und ausgewogene Ernährung zu haben? Andere Fragestellungen zur Gesundheit lauten: Wie halte ich meinen Körper fit? Wie kann ich mein Gewicht halten? Es gibt eine Reihe von Dingen, die früher einfach durch Tradition oder naturgegebene Tatsachen festgelegt waren, über die wir heute eigenständig Entscheidungen treffen müssen. Es ist notwendig, umfassende Informationen heranzuziehen, um die Bedingungen des eigenen Lebens auszuhandeln. Dies kann in Sozialhilfegruppen oder anderen sozialen Gruppen geschehen, die in der Lage sind, Aspekte des sozialen Verhaltens zu diskutieren. Alles in allem ist unter den neu geordneten Bedingungen eine aktivere Grundhaltung sich selbst gegenüber notwendig.

Beruht Ihre These von der »Politik der Lebensführung«, wie Sie die gerade angesprochene Art und Weise der Lebensbewältigung in Ihren Büchern überschreiben, womöglich auf der Forderung nach einer Reform des in mehr als 100 Jahren gewachsenen Wohlfahrts- und Sozialstaates?

Es ist nicht von der Hand zu weisen, dass der Sozialstaat oft nicht nur Lösung, sondern auch Ursache von Problemen war. Das liegt meines Erachtens daran, dass der Sozialstaat herkömmlicher Prägung eine passive Grundhaltung fördert. Der Wohlfahrtsstaat verfolgt zwei Ziele: Eine Gesellschaft von größerer Gleichheit zu schaffen und dort unterstützend einzugreifen, wo Menschen, aus welchen Gründen auch immer, nicht mehr für sich selbst sorgen können. Das Leben seiner Bürger ist deshalb häufig von der Wiege bis zur Bahre vorgezeichnet. Sozialmaßnahmen, die mit den besten Absichten getroffen werden, tragen aber auch dazu bei, den Menschen unselbstständig und von Sozialleistungen abhängig zu machen. Das Resultat ist ein Gefühl der Ohnmacht und Mutlosigkeit. Das gilt es zu überwinden.

Es muss eine viel aktivere Grundhaltung gefördert werden. Es ist notwendig, den Sozialstaat grundlegend zu überdenken und umzugestalten. Der Sozialstaat ist als Ausgleich zwischen den Klassen unter sozialen Bedingungen entstanden. Diese haben sich mittlerweile aber in hohem Maße geändert. Unbestreitbar war der Sozialstaat weder bei der Bekämpfung der Armut noch bei der allgemeinen Umverteilung der Einkommen und Vermögen erfolgreich. Das ist leicht zu beweisen, wenn man sich vor Augen führt, wie viele Bevölkerungsgruppen in letzter Zeit aus dem sozialen Netz gefallen sind.

Der Sozialstaat war außerdem implizit an ein Modell der traditionellen Geschlechterrollen gebunden. Die Zugehörigkeit des Mannes zur Lohnarbeiterschaft wurde vorausgesetzt, soziale Leistungen waren erst in zweiter Linie für Familien ohne männliche Ernährer vorgesehen. Trotz zahlreicher Veränderungen blieben die Bürokratien des Sozialstaates unflexibel und wurden immer unpersönlicher.

Vorbild für die Neugestaltung des Sozialstaates könnten nun die Modelle der positiven Wohlfahrt sein, deren Akzent sehr viel stärker auf dem Einsatz lebenspolitischer Maßnahmen liegt, mit dem Ziel, Autonomie und persönliche wie kollektive Verpflichtungen miteinander zu verbinden. Die Unzulänglichkeiten der liberalen Demokratie in einer globaler werdenden, reflexiven Gesellschaftsordnung deuten darauf hin, dass die Demokratisierung radikalere Formen annehmen muss. Eine erfinderische Politik der Lebensführung ist das wichtigste Mittel, um heute sozialer Ausgrenzung und der absoluten wie auch der relativen Armut wirksam begegnen zu können.

Wie sieht diese erfinderische Politik aus und worum geht es in Ihrem Buch »Jenseits von links und rechts«?

Kurz gesagt geht es um die Veränderungen der politischen Landschaft und um den Bedeutungsschwund klassisch-formaler Kategorien. Wir sind in politischen Schlüsselfragen jenseits von links und rechts angekommen. Die Gestaltungskraft der Politik ist erschöpft, und die politischen Ideologien sind entleert. Mit herkömmlichen Mitteln ist den Herausforderungen, die durch die Globalisierung und ihren Folgen für die menschliche Existenz entstanden sind, nicht beizukommen. Die gesellschaftlichen Verhältnisse sind heute weitestgehend bewusst organisiert, und die Natur ist nach menschlichen Maßstäben umgestaltet. Doch gerade diese Umstände haben, zumindest auf einigen Gebieten, zu größeren und weitreichenden Unsicherheiten geführt.

Links-Rechts-Schemata, partielle Ideen sozialistischer und konservativer Parteien haben deshalb keine Geltung mehr. Forderungen nach politischer Neugestaltung und Beseitigung der Korruption sind genau wie die weitverbreitete Verdrossenheit über eingespielte politische Mechanismen Ausdruck einer gesteigerten sozialen Reflexivität, die sich in der Abwendung von der klassischen Parteipolitik und ihren Machterhaltungsritualen äußert.

Den gängigen Stereotypen rechter wie linker Politik werden also individuelle Lebensführung und soziales Engagement gegenübergestellt?

Weltweit folgenreiche Umwälzungen und umfangreiche Risiken erfordern eine Politik der Lebensführung, die zu bestimmen sucht, welche Lebensweisen für den Einzelnen wie für die Gesellschaft zuträglich ist. Individuell und kollektiv müssen deshalb Lebensstile gefunden werden, die den Ausbau aktiver Vertrauensbeziehungen fördern, die sich dem gegenseitigen Dialog verschreiben, um flexibel und kompetent den globalen Problemen und Themenbereichen Rechnung tragen zu können. Erstmals in der Menschheitsgeschichte haben allgemeingültige Vorstellungen die Chance, sich durchzusetzen. Es geht um gemeinsame Interessen, alle Menschen sind den gleichen Risiken ausgesetzt. Und die Probleme können mit den herkömmlichen Konzepten nicht mehr bewältigt werden. Bei der Politik der Lebensführung geht es um grundlegende Entscheidungen, die wir für uns alle fällen müssen. Wie sollen wir auf die zunehmende Erderwärmung reagieren? Was sollen wir angesichts der Risiken der Atomenergie unternehmen? Wie sollen wir auf die veränderte Situation des Arbeitsmarktes reagieren? Wie sollen wir auf den technologischen Wandel reagieren?

Das wollte ich eigentlich von Ihnen wissen. Sie schlagen eine Erneuerung der Sozialdemokratie vor. Ihr Kollege und einer Ihrer Vorgänger als Leiter der London School of Economics, Ralf Dahrendorf, hat Anfang der 80er Jahre vom Ende des sozialdemokratischen Jahrhunderts gesprochen. Nach den Wahlsiegen der sozialdemokratischen Parteien scheint diese Prognose verfehlt. Dennoch stellt sich die Frage, ob die Sozialdemokratie auch langfristig überleben wird. Für den deutschen Bundeskanzler Gerhard Schröder ist das von Ihnen gewählte Etikett »Dritter Weg« zumindest nicht elektrisierend genug. Was verspricht Ihr zukunftsorientierter sozialdemokratischer Programmansatz?

Das übergreifende Ziel der Politik des dritten Weges, also jenseits der überkommenen Handlungsweisen linker und rechter Politik, liegt darin, den Menschen dabei zu helfen, ihren eigenen Weg innerhalb der großen Transforma-

tionen unserer Zeit zu finden. Das oberste Prinzip dabei ist die Gewährung von individueller Lebensentfaltung und Förderung menschlicher Kreativität, also die Möglichkeit, das Leben nach eigenen Entscheidungen und Vorstellungen einzurichten, wobei jedoch Verpflichtung gegenüber anderen bestehen. Besondere Aufmerksamkeit gilt der sozial gerechten Umverteilung von Reichtümern und dem Schutz der Schwächeren und Bedürftigen – ein für die Sozialdemokratie weiterhin wichtiges Ziel. Es darf allerdings nicht der Fehler gemacht werden, jede Art von Selbsthilfe zu verhindern. Wir müssen ärmeren Gruppen Mittel zur aktiven Verbesserung ihrer Lebensverhältnisse geben.

Allgemein geht es um die Steigerung der Autonomie des Handelns. Nachdem Traditionen und Gewohnheiten an Einfluss verloren haben, müssen auf dem Weg freier und demokratischer Entscheidungsprozesse Möglichkeiten gefunden werden, die Solidarität zwischen den Menschen zu stärken und das ökologische Bewusstsein zu fördern.

Warum wählten Sie den Begriff des »Dritten Weges«? In der Vergangenheit war der Dritte Weg in der Regel mit antidemokratischen Vorstellungen verknüpft. Was den Begriff des Dritten Weges ebenfalls problematisch macht, ist der Umstand, dass er kein Ziel definiert, aber auch jede Alternative ausschließt. Können Sie die Idee des »Dritten Weges« näher erläutern?

Ich will gar nicht auf diesem Begriff beharren. Es geht mir nicht um einen marktwirtschaftlichen Sozialismus, sondern um die radikale Revision und grundlegende Erneuerung der Sozialdemokratie und um die Vertiefung und Ausweitung der Demokratie. Die Demokratie ist in der Krise, weil sie nicht demokratisch genug ist. Umfragen haben ergeben, dass 90 Prozent der Bevölkerung in den USA und in elf europäischen Staaten sehr wohl das demokratische Regierungssystem bejahen, gleichfalls aber der Meinung sind, dass nach Wegen gesucht werden sollte, die Demokratie weiterzuentwickeln. Das Vertrauen in die Politik schwindet, aber es werden immer mehr Bürgerinitiativen gegründet. Es geht also darum, die Demokratie demokratischer zu machen und die staatliche Legitimität auf eine neue Grundlage zu stellen – nämlich unter Beteiligung aller. Das Ziel ist eine politische Ordnung, die weder einem starken Staatsapparat noch unkontrollierten Marktkräften gehorcht, sondern individuelle und gesellschaftliche Interessen in ein ausgewogenes Verhältnis zueinander bringt.

Das erinnert an die kommunitaristischen Konzepten von Amitai Etzioni und anderen. Vielleicht sollten wir Regenzeremonien einführen, die in traditionellen Gesellschaften die latente Funktion erfüllten, die Gruppenidentität zu festigen, indem sie, wie es Robert K. Merton einmal formulierten, »den zerstreut lebenden Gruppenmitgliedern eine Gelegenheit dazu verschaffen, sich zu gemeinsamen Tun zu versammeln«. Oder wie soll eine neue Form der Solidarität in der Gesellschaft entstehen?

Das Konzept des Kommunitarismus greift zu kurz, da sich dieser darauf beschränkt, die Wiederbelebung der Gemeinschaft zu fördern. Die Gemeinschaft ist aber, wie es Emile Durkheim und Ferdinand Tönnies um 1900 herausgefunden haben, von Verbänden verdrängt worden, also von unpersönlichen Bindungen, die durch die ökonomische Arbeitsteilung strukturiert werden. Es ist nicht möglich, auf Traditionen zurückzugreifen, um soziale Probleme der Gegenwart zu lösen. Der Schlüssel zur Herstellung und Aufrechterhaltung sozialer Solidaritätsbeziehungen liegt in der Aktivierung und Intensivierung von Demokratisierungsprozessen.

Wir müssen ernsthaft darüber diskutieren, wie wir mit dem doppelten Zerfall von Tradition und Natur zurechtkommen sollen. Tradition und Natur sind Gegenstand unserer Entscheidungen geworden. Alles, was wir tun, beruht auf eigenständigen Entscheidungen, und diese wiederum sind ohne die Interaktion mit anderen Menschen nicht zu treffen. Auf diese Weise entstehen neue Solidaritätsbeziehungen. Demokratie ist einerseits ein Mittel der Interessenvertretung, andererseits ein Verfahren zur Schaffung eines öffentlichen Forums, in dem Probleme im Dialog und nicht auf der Grundlage unveränderbarer Machtverhältnisse gelöst werden. Der Austausch verschiedener Ansichten muss auf den Weg gebracht und aufrechterhalten werden, nur so können wir uns vor Willkür und Machtmissbrauch schützen.

Die dialogische Demokratisierung, wie ich sie hier nennen möchte, kann sich beträchtlich, vielleicht sogar entscheidend, bei der Neugestaltung der sozialen Solidarität auswirken und gleichfalls politische Maßnahmen und Tätigkeiten prägen. Es gibt beispielsweise auf der ganzen Welt keine Regierung, die ökologische Probleme leugnen kann. Im Grunde stehen diese Probleme heute im Mittelpunkt weltweiter Dialoge, an denen eine Vielzahl kollektiver Akteure beteiligt ist. Durch Dialog werden nicht alle Divergenzen und Konflikte überwunden, aber es kann jenes aktive Vertrauen und Chancenmanagement erzeugt werden, das für unser Zusammenleben im Rahmen einer reflexiven Gesellschaftsordnung von entscheidender Bedeutung ist.

In einem Zeitungsartikel mit der Überschrift »Der dritte Weg ist das Ziel« schreibt Ihr Freund und Kollege Ulrich Beck: »Es gibt kein Zurück ins Jahrhundert der abgeschotteten Nationalstaaten, kein Zurück in die sozialstaatliche Idylle der Nachkriegszeit.« Wie sieht der Modernisierungsprozess der modernen Gesellschaft Ihrer Meinung nach aus?

Mit dem Entstehen einer globalen kosmopolitischen Ordnung müssen festgefahrene Handlungsweisen aufgebrochen, die Probleme neu angegangen werden. Wie die Modernisierung der Gesellschaft erreicht wird, sollte in einem demokratischen Meinungsprozess diskutiert werden. Eine bewusste Auseinandersetzung ist dabei eine wichtige Voraussetzung für das gesellschaftliche und wirtschaftliche Handeln.

Als außerordentlich wichtig erachte ich die Einbeziehung aller Menschen in die gesellschaftlichen Handlungsfelder. Es ist deshalb notwendig, Staatsbürgerschaften und Identitäten neu zu definieren und kulturelle Verschiedenheiten angemessen zu berücksichtigen. Auch die kulturelle Identität muss im Dialog mit anderen Identitäten geformt werden. Ferner müssen die Institutionen des Wohlfahrtsstaates von Grund auf umgestaltet werden, damit sie den Herausforderungen der Zeit gewachsen sind. Ein reformierter Wohlfahrtsstaat hat auch weiterhin die Aufgabe, die soziale Gerechtigkeit zu fördern, er muss aber auch Talente, Fähigkeiten und Ideen unterstützen und fördern. Die meisten Sozialdemokraten wollen die hohen Wohlfahrtsausgaben beibehalten, während sich die Neoliberalen für ein minimales soziales Sicherheitsnetz aussprechen. Ich bevorzuge einen Mittelweg. Die Politik des dritten Weges will ein neues Verhältnis von Individuum und Gesellschaft herbeiführen, Rechte und Pflichten neu bestimmen. Das Individuum sollte genau wie die Gesellschaft angehalten sein, Verpflichtungen zu übernehmen. Keine Rechte ohne Verpflichtungen, lautet die Formel.

Eine wichtige Aufgabe politischer Regierungen ist die Ausarbeitung und Durchsetzung von Gesetzen, die den wissenschaftlichen und technologischen Wandel und die damit entstehenden ethischen Fragen regeln. Der Staat muss in dieser Hinsicht regulierend eingreifen.

Welche Vorschläge haben Sie in bezug auf den Arbeitsmarkt?

Die Wahrheit ist, dass niemand weiß, wie sich der Arbeitsmarkt entwickeln wird. Da niemand sagen kann, ob der globale Kapitalismus genug Arbeit schaffen wird oder nicht, wäre es töricht, so zu verfahren, als ob er es könnte. Wir müssen deshalb vorbereitet sein auf eine Gesellschaft, in der nicht genügend Arbeit für alle vorhanden ist. Wir dürfen aber nicht den Fehler machen, die Menschen zu zwingen, ab einem bestimmten Alter in Pension zu gehen. Und wenn wir das Rentenalter weiter senken, entsteht bloß ein Ghetto der Alten, denen verboten wird, zu arbeiten. Jeder sollte frei wählen können, wie lange er arbeitet. Die Probleme des Arbeitsmarktes sind nicht durch die Herabsetzung des Pensionsalters zu lösen.

Wir benötigen ein besseres Erziehungs- und Bildungssystem. Wir benötigen einen Sozialstaat, der in Humankapital investiert. Menschen müssen durch Bildung dazu befähigt werden, etwas aus sich zu machen. Bildung ist von enormer Wichtigkeit in einer Gesellschaft, die vor allem auf Wissen und Information basiert. Es wäre unverantwortlich, wenn dem Bildungssektor nicht zentral Aufmerksamkeit geschenkt werden würde.

Die Moderne kann also weiterhin im Sinne von Jürgen Habermas als ein »unvollendetes Projekt« betrachtet werden. Sind wir wirklich »ausweglos auf uns selbst verwiesen«, wie es Niklas Luhmann behauptet?

Die Moderne ist zu einem weltweiten Experiment geworden. Es handelt sich nicht um ein Experiment unter Laborbedingungen, denn wir können die Resultate nicht anhand feststehender Parameter vorhersagen. Vielmehr stecken wir bereits mitten in einem gefährlichen Abenteuer, an dem jeder teilnehmen muss, ob es ihm gefällt oder nicht.

Was in der Welt passiert, ist eine Generalisierung des Kapitalismus. Der Kapitalismus verursacht große Ungleichheiten. Er legt die Gesellschaft in Fesseln, er verändert den Alltag, er tendiert dazu, öffentlichen Raum zu zerstören. Alle Vorteile des globalen Kapitalismus gehen zwangsläufig einher mit diesen enormen Problemen. Man muss es darauf ankommen lassen und versuchen, Lösungen zu finden, die die vorhergehenden Generationen nicht gefunden haben. Heute herrschen natürlich andere Voraussetzungen, wir leben in einem viel globaleren Kontext.

Es geht um eine neue Rollenverteilung zwischen Wirtschaft, Gesellschaft und Staat. Wir müssen nach einer Neubestimmung staatlicher Kompetenzen suchen, womit nicht ausgeschlossen ist, staatliche Macht auf internationale Institutionen zu verlagern. Der Wohlfahrtsstaat muss neu verankert, mit der globalen Wirtschaft muss anders umgegangen, fluktuierende Kapitalströme müssen reguliert und gesteuert werden. Die wachsenden Ungleichheiten müssen bekämpft und einmal begonnene Entwicklungen, z.B. der Wandel in den Geschlechterbeziehungen, müssen abgeschlossen werden.

Meiner Meinung nach wird zumindest in den westlichen Kulturen die Periode des Pessimismus von einer positiven Sichtweise abgelöst. Die pessimistische Periode war geprägt von den zahlreichen negativen Einflüssen dieses Jahrhunderts, wahrscheinlich auch vom Einfluss des Neoliberalismus, der Postmoderne und des Millenniumendes. Dies alles wird sich sicher ändern.

▶ Kampf um
Anerkennung ◀

Vita

Axel Honneth, geboren 1949, ist Professor für Sozialphilosophie an der Johann Wolfgang Goethe-Universität in Frankfurt/M.. Mit Nancy Frazer führt er zur Zeit eine theoretische Auseinandersetzung um den kategorialen Rahmen einer kritischen Gesellschaftstheorie. Neben diesem Projekt befasst er sich mit Fragen der Sozialphilosophie, der Moralphilosophie und der philosophischen Anthropologie.

Die Herausbildung einer normativ gehaltvollen Gesellschaftstheorie, die die unterschiedlichsten Sphären des gesellschaftlichen Lebens berücksichtigt, ist das Ziel von Axel Honneth. Der Sozialphilosoph, der einmal als »Testamentsvollstrecker der Frankfurter Schule« bezeichnet wurde, trat 1996 die Nachfolge von Jürgen Habermas in Frankfurt an. Seither rückt er normative Gesichtspunkte ins Zentrum einer Erneuerung der kritischen Gesellschaftstheorie.

Die Aufgabe der Sozialphilosophie sieht Honneth darin, »unbeeinflusst von instrumentellen Erwägungen politischer Art Analysen vorzubereiten, die uns hinweisen auf mögliche Störungen oder Pathologien in unserer sozialen Lebensform.« Seine Überlegungen über den Zustand der Gesellschaft sieht er als Deutungsangebot: »Es ist immer nur das vorletzte Wort, weil in letzter Instanz immer diejenigen entscheiden müssen, über die Aussagen gemacht werden.«

Der Kampf um Anerkennung ist für Honneth das Grundmuster sozialer Prozesse. Es ist dem Leser jederzeit möglich, anhand der dezidierten Ausführungen Honneths theoretisches Konzept zu überprüfen und es auf der Grundlage eigener Erfahrungen zu korrigieren.

Ausgewählte Buchveröffentlichungen:

Axel Honneth: Kritik der Macht.
Reflexionsstufen einer kritischen Gesellschaftstheorie.
Suhrkamp Verlag, Frankfurt/M. 1985

Axel Honneth: Kampf um Anerkennung.
Zur moralischen Grammatik sozialer Konflikte.
Suhrkamp Verlag, Frankfurt/M. 1992

Axel Honneth: Desintegration.
Bruchstücke einer soziologischen Zeitdiagnose.
Fischer Verlag, Frankfurt/M. 1994

Der Kampf um Anerkennung

Konzept

Den Motor gesellschaftlicher Entwicklungen sieht Axel Honneth im Kampf der Individuen um ihren rechtlichen und sozialen Status, den sie durch gegenseitige Anerkennung erlangen. Honneth, der sich in seiner Analyse auf die Ausarbeitungen des Philosophen Georg Wilhelm Friedrich Hegel und des Sozialpsychologen Georg Herbert Mead stützt, fasste seine konzeptuelle Ergänzung der Hegelschen Anerkennungslehre im Buch »Kampf um Anerkennung« zusammen.

Die Grundprämisse des 1992 erschienenen Textes lautet, dass sich die Gesellschaft durch den Prozess der wechselseitigen Anerkennung ihrer Mitglieder konstituiert. Das Selbstverständnis der Gesellschaft entsteht durch die besondere Art und Weise, wie die wechselseitige Gewährung von Anerkennung institutionalisiert ist. Ohne Rückversicherung im anderen gelangt das Individuum nicht zu seiner unverwechselbaren Identität. Nur unter dem Imperativ einer reziproken Anerkennung kann das Individuum ein »stabiles Selbstwertgefühl« erwerben und sich reflexiv der eigenen Kompetenzen und Rechte vergewissern. Die Identitätsbildung der Subjekte und die Integrationskraft der Gesellschaft sind deshalb an die Erfahrung intersubjektiver Anerkennung gebunden.

Den Prozess der menschlichen Vergesellschaftung sieht Honneth in drei grundlegenden Anerkennungssphären angelegt: in einer emotionalen, einer rechtlichen und einer sozialen Ebene.

Die elementarste Form der Anerkennung ist nach Honneth das Prinzip der wechselseitigen Liebe, Zuneigung und Fürsorge. Die Anerkennung, die in der Liebesbeziehung zwischen Mutter und Kind und durch wechselseitige emotionale Zuwendung in Partnerschaften erfahren wird, ist die »einer liebevollen Sorge um das Wohlergehen des anderen im Lichte seiner oder ihrer individuellen Bedürfnislage«.

Die zweite Stufe der Anerkennung umfasst die rechtliche Anerkennung der einzelnen Gesellschaftsmitglieder, die durch das Prinzip der Rechtsgleichheit gegenüber allen anderen gestützt wird. Das einzelne Individuum kann sich »als Rechtsperson mit gleichen Ansprüchen wie alle anderen Gesellschaftsmitglieder geachtet wissen«.

Die dritte Anerkennungssphäre formt sich aus dem Prinzip der Leistung. Durch die individuell erbrachte Leistung im Gefüge eines arbeitsteilig organisierten Sozialverbandes erfahren die Subjekte soziale Wertschätzung, die es ihnen erlaubt, »sich auf ihre konkreten Eigenschaften und Fähigkeiten positiv zu beziehen«.

Die Unterteilung des gesellschaftlichen Lebens in Intim-, Rechts- und Sozialbeziehungen ist, wie Honneth weiter ausführt, in der sozialen Wirklichkeit verschränkt aufzufinden. Zusammen bilden sie das charakteristische Strukturprinzip der Gesellschaft.

Honneth macht unmissverständlich deutlich, dass nur alle drei Anerkennungsformen zusammengenommen die sozialen Bedingungen gewährleisten können, »unter denen menschliche Subjekte zu einer positiven Einstellung gegenüber sich selbst gelangen können«. Nur wenn das Individuum über die Erfahrung aller Anerkennungsebenen zu Selbstvertrauen, Selbstachtung und Selbstschätzung gelangt ist, wird es sich als zugleich autonome und individuierte, als gleichgestellte und doch besondere Person begreifen. Die Anerkennungsformen der Liebe, des Rechts und der sozialen Wertschätzung bilden intersubjektive Schutzvorrichtungen, die jene Bedingungen äußerer und innerer Freiheit sichern, »auf die der Prozess einer ungezwungenen Artikulation und Realisierung von individuellen Lebenszielen angewiesen ist«.

Es stellt sich allerdings die Frage, welche Auswirkungen auf die einzelnen Subjekte zu erwarten sind, wenn die Anerkennung vorenthalten wird. Wie hoch ist die Motivation, in einen Kampf um Anerkennung einzutreten, wenn die intersubjektive Anerkennung auf irgendeiner Stufe versagt bleibt oder verwehrt wird?

Jeder Form der Anerkennung ist, so Honneth, ein Typus der Missachtung entgegengesetzt. Soziales Unrecht wird dann erfahren, wenn die Subjekte Aspekte ihrer Persönlichkeit missachtet sehen, auf deren Anerkennung sie ein Anrecht zu haben glauben. Gerade aber in dieser Unrechtserfahrung sieht Honneth die eigentliche Antriebsquelle des gesellschaftlichen Wandels. Die Vorenthaltung von Anerkennung hat in historischer Perspektive immer zu sozialen Konflikten geführt. Dieser Prozess verläuft aber nur dann positiv, wenn das in seinen Erwartungshaltungen von Seiten der Gesellschaft enttäuschte Individuum Leidensgenossen findet, die die gleichen Enttäuschungen erfahren haben. Wenn die Vorenthaltung von rechtlicher oder sozialer Anerkennung in einem Kreis von Gleichgesinnten aufgefangen werden kann, ist die Entstehung einer sozialen Bewegung, die als Solidaritätsverband Einfluss auf die Gesellschaft nimmt, möglich.

Der Kampf um Anerkennung stellt für Axel Honneth ein Strukturmerkmal unserer Gesellschaft dar. Die legitime Forderung nach Anerkennung von Wertüberzeugungen und Lebensstilen, wie sie beispielsweise von Frauen, ethnischen oder sexuellen Minderheiten vorgebracht wird, wird auch in Zukunft die gesellschaftlichen Entwicklungsprozesse bestimmen. Die schrittweise Erweiterung der Anerkennungsbeziehungen folgt dem Ziel, größere Handlungsspielräume für immer mehr Menschen zu schaffen.

Fragebogen

1. Sehen Sie sich selbst als Gesellschaftstheoretiker, Gesellschaftskritiker, Gesellschaftsarchitekt oder lediglich als geselliger Zeitgenosse?

Irgend etwas zwischen Gesellschaftstheoretiker und Gesellschaftskritiker. Ich sehe mich nicht in der Lage, Prinzipien einer ganzen Gesellschaftstheorie zu entwickeln. Das verlangt enorm viel an soziologischer Grundlagenforschung, außerdem gibt es beeindruckende Vorbilder, von den Klassikern bis zu Jürgen Habermas. Ich glaube nicht, dass man heute ohne weiteres noch einmal eine eigene Gesellschaftstheorie aus dem Boden stampfen kann. An den Konzeptionen solcher Theorien sieht man immer, was alles mit der Erklärung grundbegrifflicher Fragen verknüpft ist.

Gesellschaftskritiker bin ich dagegen schon eher. Ich nutze bestimmte normative Potenziale der Philosophie, um sie mit einer gesellschaftstheoretischen Grundannahme zu verknüpfen, so dass sich daraus begründete Annahmen der Kritik unserer gegenwärtigen Gesellschaften ergeben. Insofern befinde ich mich irgendwo in dem Kontinuum zwischen Gesellschaftstheorie und Gesellschaftskritik.

Gesellschaftsarchitekt würde ich nicht sagen. Ich habe weder Aspirationen dieser Art noch das Maß an institutioneller Fantasie, das nötig ist, um tatsächlich architektonisch denken zu können.

Als jemand, der im Ruhrgebiet geboren ist, vereine ich wohl die geselligen Züge des Rheinländers mit den störrischen, trotzköpfigen Eigenschaften des Westfalen.

2. In welcher Gesellschaft leben wir eigentlich?

Weiterhin in einer kapitalistischen. Ich glaube auch, dass es sinnvoll ist, weiterhin diese zentrale Charakterisierung, die eigentlich von den großen Gesellschaftstheoretikern des 19. Jahrhunderts geprägt wurde, zu verwenden. Es kommt heute eher darauf an, die besondere Form des Kapitalismus in der Gegenwart zu kennzeichnen. Diese besondere Form ist durch einige wesentliche Prozesse gekennzeichnet, für die auch schon Begriffe, wenn auch häufig sehr unklare, bereitstehen. Einer dieser Begriffe ist »Globalisierung«, womit ja eigentlich eine ganze Vielzahl von Prozessen gemeint ist, sowohl im ökonomischen als auch im sozialen und kulturellen Bereich. Prozesse, die vielleicht ein bisschen vorschnell als Desintegration bezeichnet werden. Häufig handelt es sich dabei lediglich um Umbrüche und sozialstrukturelle Wandlungen, die wir noch nicht richtig beschreiben können.

Im Einzelnen scheint mir die Lage der westlichen kapitalistischen Gesellschaften, wenn man sie von der Seite einer normativ interessierten Gesellschaftstheorie betrachtet, gekennzeichnet zu sein durch eine Reihe von Transformationen, die sich auf die Anerkennungskultur dieser Gesellschaften beziehen.

3. Worin sehen Sie die Stärken und Schwächen dieser Gesellschaft?

Die Stärke zweifellos in dem relativ soliden Fundament einer, wenn auch noch nicht hinreichend entwickelten so mehr oder weniger gut funktionierenden demokratischen Verfassung. Eine Stärke ist das hohe Maß der inzwischen eingeräumten Bürgerrechte, die von einiger Stabilität sind – wenn auch immer wieder durch politische Konjunkturen gefährdet –; außerdem die ausgeprägte Liberalität.

Die Unfähigkeit unserer Gesellschaft, einem Großteil ihrer Mitglieder eine gesicherte Basis für ein zufriedenstellendes Leben in der Sozialität zu geben, ist sicherlich eine Schwäche. Unsere Gesellschaft verwehrt vielen eine Chance der Partizipation durch Arbeit. Auch staatsbürgerliche Rechte, etwa für bestimmte Ausländergruppen, werden vorenthalten. Eine eklatante Schwäche ist jedoch die durch eine krasse Form der »ökonomischen Gewalt« verursachte Unfähigkeit unserer Gesellschaft, dem Druckpotenzial großflächig global verknüpfter Kapitalunternehmen zu widerstehen.

4. Welche Rolle spielen Sie in der Gesellschaft?

Zunächst einmal die eines Hochschullehrers, das heißt, ich bin in einem ganz bestimmten Sektor dieser Gesellschaft zuständig für die Ausbildung von Studierenden, die das Ziel haben, irgend etwas mit der Philosophie anzufangen. Im Übrigen sollte nicht nur der Philosoph in seiner spezifischen Rolle, sondern je der Hochschullehrer die besondere Verantwortung wahrnehmen, die mit einer Position verknüpft ist, die für die kulturelle Reproduktion der Gesellschaft verantwortlich ist. Das bedeutet nicht nur ein waches Auge zu haben auf gesellschaftliche Entwicklungsprozesse, sondern auch als Staatsbürger, nicht unbedingt nur als Hochschullehrer, die eigenen Wahrnehmungen zu artikulieren, und sich kritisch zu Wort zu melden. Insofern repräsentiere ich die klassische Kombination von Hochschullehrer und – zumindest versuchsweise – Intellektuellem.

5. Welche Gesellschaftsromane haben Sie fasziniert?

Darauf muss ich biografisch antworten. Schon sehr früh haben mich Romane fasziniert, die als klassische Gesellschaftsromane gelten können, Honoré de Balzac, Leo N. Tolstoi oder Emile Zola zum Beispiel, also hauptsächlich die französischen und russischen Realisten. Durch mein Germanistikstudium hatte ich bald auch ein spezifisches Interesse an Bertolt Brecht, der zwar weniger Romane geschrieben hat als Theaterstücke, der mich aber als Gesellschaftsdiagnostiker über alle Maße interessiert hat. Später kamen dann Romane hinzu, in denen ich in zum Teil ganz anderen Stilrichtungen als der des Realismus Themen vorfand, die mich faszinierten, so etwa das Thema »soziale Missachtung«. August Strindberg ist zum Beispiel ein Autor, der mich sehr beeinflusst hat, aber auch neuere französische Autoren wie Claude Simon, den ich für ganz außerordentlich halte, und der gerade kein realistischer Autor ist. Fasziniert hat mich auch Marcel Prousts »Auf der Suche nach der verlorenen Zeit«, vor allem als Gesellschaftspanorama. Proust hat eine unglaubliche Sensibilität für latente Formen der kulturellen Missachtung, auch des Ausschlusses und der Hierarchisierung. Kurz, was das gesellschaftsdiagnostische Potenzial anbelangt, so ist es nicht konzentriert allein in der Tradition des Realismus anzutreffen, sondern in den verschiedensten Stilrichtungen der modernen Romankunst.

6. Welchem Gesellschaftsspiel gehen Sie gerne nach?

Die Frage ist, so glaube ich, bewusst oder provokativ offen gehalten und gibt einem die Chance, einmal zu sagen, dass Fußball ein Gesellschaftsspiel ist. Ich habe immer sehr gerne Fußball gespielt. In meiner Studentenzeit war ich außerdem eine Zeitlang ein begeisterter Monopolyspieler. Monopoly fand ich deswegen so überzeugend, weil es anschaulich demonstriert, wie wenig auszurichten ist, wenn einmal ein hinreichendes Stück Eigentum vorhanden ist, selbst dann, wenn man die Spielregeln zugunsten einer sehr progressiven Besteuerung ändert, wie wir das früher immer gemacht haben. Das hatte einen sehr anschaulichen, beinahe pädagogischen Charakter.

7. In wessen Gesellschaft halten Sie sich bevorzugt auf?

Diese Frage beantworte ich zunächst negativ. Sehr unwohl fühle ich mich meistens in Professionsrunden, in Runden also, die bei Tagungen zustande kommen. Während solcher Tagungen trifft man Vertreter der eigenen Profession und man findet sich dann meist bei Tisch wieder, um die Höhen und Tiefen der eigenen Karriere zu diskutieren. Dabei fühle ich mich ausgesprochen unwohl. Ansonsten fällt es mir eigentlich nicht schwer, mich in den unterschiedlichsten Kreisen wohl zu fühlen. Das gilt insbesondere dann, wenn sehr divergierende Gesichtspunkte und Erfahrungen zusammenkommen und eine Atmosphäre der wechselseitigen Bereicherung vorherrscht.

8. Welcher Gesellschaftsgruppe fühlen Sie sich zugehörig?

Soziologisch gesehen gehöre ich einer ökonomisch gut ausgestatteten Mittelschicht mit kulturellem Kapital an, einer Schicht, die früher Bildungsbürgertum genannt wurde. Darüber hinaus fühle ich mich milieumäßig eher im linksliberalen Kulturzusammenhang unserer Gesellschaft verankert.

9. Welche Person(en) von gesellschaftlicher Größe schätzen Sie?

Es gibt einerseits Politiker, die mich tief beeindrucken, etwa durch Mut und eine besondere Begabung, politische Entwicklungen gewissermaßen physiognomisch zu repräsentieren. Das reicht von Willy Brandt bis Nelson Mandela. Und es gibt Künstlerfiguren, die bei allem Narzissmus die Fähigkeit haben, gesellschaftliche Erfahrungen zu artikulieren; diesen gilt ebenfalls meine Bewunderung. Das geht von Bert Brecht bis Bob Dylan. Ich bin leicht begeisterungsfähig, und insofern gibt es eine große Zahl von Persönlichkeiten, die ich für bedeutsam halte.

Allen gemeinsam ist eine bestimmte Artikulationskraft im künstlerischen Bereich, also die Fähigkeit, gesellschaftliche Erfahrungen zugespitzt zu artikulieren, so dass sie für eine große Zahl von Mitgliedern unserer Gesellschaften erfahrbar und reflexiv verarbeitbar werden.

Bei Politikern schätze ich eine Art von sensibler und enorm wacher Fähigkeit, politische Lagen in ihrer gesamten Person zu repräsentieren und solcherart Entwicklungstendenzen überzeugend darstellen zu können. Zum Beispiel Nelson Mandela: Sein Befreiungswille zusammen mit einem sehr beein-

druckenden persönlichen Mut hat eine die gesamte südafrikanische Gesellschaft integrierende Persönlichkeit herauszubilden geholfen.

Auch Willy Brandt besaß die Fähigkeit, in bestimmten Situationen beinahe ungewollt genau die richtige Ausdrucksgestalt zu repräsentieren. Auf fast nonverbalem Wege gelang es ihm, politische Einstellungen der Gerechtigkeit, der moralischen Verantwortung gegenüber der Vergangenheit zu repräsentieren.

10. Wie sieht für Sie die ideale Gesellschaft aus?

Am liebsten würde ich eine Formel benutzen, die, wenn ich mich recht erinnere, von Adam Smith verwendet worden ist. Das wäre eine Gesellschaft, in der jedes einzelne Mitglied genügend Selbstachtung, Freiheit und Unabhängigkeit genießt, um ohne jede Scham öffentlich auftreten zu können. Wenn wir alle uns gleichberechtigt in die Augen schauen können, niemand soziale Scham empfände und eigene Überzeugungen frei artikuliert werden könnten – das wäre schon eine ideale Gesellschaft. Eine solche Gesellschaft würde ohne das Maß an sozialer Hierarchie auskommen, das wir heutzutage kennen. Es gäbe gewissermaßen gute sozialisatorische Voraussetzungen für jeden einzelnen, Selbstvertrauen und Selbstwertgefühl zu entwickeln.

11. Wollen Sie die Gesellschaft verändern?

Ich glaube ja. In gewisser Weise war dieser Wunsch sogar der Impuls, der mich zu meinem Studium gebracht hat. Ich habe mit der Soziologie begonnen, und wahrscheinlich war ein gewisses Maß an Veränderungswillen dabei, eine stark motivierende Kraft. Inzwischen ist mir klar, dass es zunächst einmal der sorgfältigen Analyse einer Gesellschaft bedarf, bevor man auch nur daran denken kann, sich vorsichtige Schritte zu ihrer Veränderungen auszumalen.

12. Wie sieht die Gesellschaft von morgen aus?

Es ist in jedem Fall nicht die Gesellschaft, die ich mir wünsche. Die schwärzeste Vision ist die einer in den Kernbereichen des hochentwickelten westlichen Kapitalismus tief gespaltenen Gesellschaft, die ohne ein Drittel oder die Hälfte der Bevölkerung auszukommen versucht, indem – mehr oder weniger – erfolgreich mit Mitteln der kulturellen Kompensation und Repression die ausgeschlossenen Sozialgruppen integriert werden. Dieser Kern an reichen, aber tief gespaltenen Ländern ist umgeben von einer Peripherie, die von ethnischen Konflikten gekennzeichnet ist, und von einer durch Hunger und Ausbeutung gekennzeichneten Barbarei. Das ist wie gesagt die düsterste Vision, und natürlich gibt es auch genügend Gegentendenzen.

Interview

Die zentrale Aufgabe der Sozialphilosophie, so schreiben Sie, ist die Diagnose sozialer Fehlentwicklungen. Welche Fehlentwicklungen sind momentan in der Gesellschaft auszumachen? Welche Spaltungstendenzen zwischen welchen Gruppen gibt es?

Man muss in diesem Punkt stark unterscheiden, von welcher Gesellschaft wir mit Blick auf die Gegenwart sprechen, von den hochentwickelten und, was das Bruttosozialeinkommen anbelangt, reichen Gesellschaften – damit sind im wesentlichen die westlichen kapitalistischen Gesellschaften gemeint, die USA, England, Frankreich, Deutschland, vielleicht aber auch Japan – oder von den peripheren Gesellschaften. Was unsere Gesellschaften anbelangt, ist die zentrale Herausforderung und die zentrale Gefahr sicherlich mit der Entwicklung des Arbeitsmarktes verbunden. Tendenzen der Globalisierung und der Technologisierung laufen darauf hinaus, dass in immer größerem Maße soziale Gruppen mit oder ohne Qualifikation vom Arbeitsmarkt ausgeschlossen werden. Ihnen wird weder die ökonomische Chance einer angemessenen Reproduktion gegeben, noch können sie die sozialen Voraussetzungen entwickeln, sich überhaupt als Teilnehmer und Mitglieder demokratischer Gesellschaften zu fühlen. Das sind die Spaltungstendenzen, die in westlichen Gesellschaften sicherlich eine große Rolle spielen werden, sie sind unter dem Stichwort der wachsenden Exklusion zusammengefasst.

In peripheren Gesellschaften, also in Gesellschaften, in denen das Netz an institutionellen Voraussetzungen, unter denen sich Kapitalismus und rechtsstaatliche Demokratie überhaupt erst entwickeln konnten, bislang nicht aufgebaut wurde, gibt es noch ganz andere Probleme. Das reicht von noch vor zehn Jahren ungeahnten ethnischen Spannungen, nicht nur im ehemaligen Jugoslawien, sondern auch beispielsweise in Indonesien, bis hin zu enormen Verarmungstendenzen und Stammesfehden in afrikanischen Gesellschaften. Auch die Herausbildung von Lösungsstrukturen in Ländern, die lange Zeit durch den Staatssozialismus diktatorisch regiert waren, ist nicht unproblematisch. Das heißt, wir haben heute gewissermaßen eine Unzahl von ethnischen, politischen, ökonomischen Spaltungstendenzen, die außer Kontrolle zu geraten drohen.

Das Hauptproblem kapitalistischer Gesellschaften, sagten Sie, liegt im Arbeitsmarkt. Karl Marx hat Arbeit als ein zentrales Medium der Aner-

kennung zwischen Menschen gesehen, gleichfalls aber auch als ein Feld möglicher Missachtung. Wie ist das Problem zu lösen, dass immer mehr Menschen vom Arbeitsmarkt ausgeschlossen werden und damit die Chance verlieren, in ihren Fähigkeiten sozial wertgeschätzt zu werden?

Solange diese Gesellschaften nicht in der Lage sind, entweder durch eine sozialstaatliche Regulierung des Arbeitsmarktes oder durch eine vollkommene Umstrukturierung des Arbeitsmarktes dafür Sorge zu tragen, dass nicht nur die Mehrheit, sondern im Prinzip alle Gesellschaftsmitglieder die Chance der Partizipation durch sozialen Beitrag, durch soziale Tätigkeit haben, scheint mir das der Hauptgrund des Ausschlusses zu sein. Denn der Arbeitsmarkt ist nicht nur ein ökonomischer Mechanismus der Akkumulation von Arbeitskräften, sondern in unseren Gesellschaften auch ein wesentlicher Mechanismus der Sicherung von sozialem Status und sozialer Identität. Diejenigen, die keine Chance haben, eine sozial anerkannte Tätigkeit auszuüben, verlieren nicht nur die ökonomischen Voraussetzungen der Existenzsicherung – wobei durch die Mittel des Sozialstaates gegengesteuert werden kann –, sondern sie verlieren auch das Maß an sozialer Identität, das nötig ist, um – wie ich das mit Verweis auf Adam Smith gesagt habe – ohne Scham an der gesellschaftlichen Wirklichkeit teilzunehmen.

Wie können diese Handlungsspielräume im Zuge eines, wie Sie sagen, »neoliberal enthemmten Kapitalismus« aufrechterhalten werden?

Hier würde ich auf zwei Ebenen antworten: Von Seiten des Sozialtheoretikers besteht die Chance, dadurch einen gewissen, freilich nur geringen Druck auszuüben, dass die normativen Implikationen des Legitimationssystems unserer gegenwärtigen Gesellschaften reaktualisiert, ja neu artikuliert werden. Darin ist nämlich das Versprechen angelegt, nicht nur allen Gesellschaftsmitgliedern durch soziale Rechte ein minimales Wohlergehen zu sichern, sondern jedem einzelnen die Chance der Partizipation an der sozialen Kooperation, kurz: der Arbeit, zu gewährleisten. Von wesentlicher Bedeutung dürfte es heute sein, auf eine radikale Erweiterung des traditionell industrialistisch gefassten Arbeitsbegriffs zu drängen, so dass eine Vielzahl bislang verkannter Tätigkeiten als Arbeit Berücksichtigung finden und dementsprechend soziale Wertschätzung erfahren.

Von Seiten der Betroffenen selbst besteht die Chance, die Erfahrung des Ausgeschlossenseins kollektiv zu artikulieren und öffentlich zum Ausdruck zu bringen, inwiefern mit der Vorenthaltung nützlicher Tätigkeiten auch die Möglichkeit der sozialen Partizipation und der sozialen Wertschätzung verstellt wird. Die ersten, noch tastenden Versuche der Initiierung von Arbeitslosenbewegungen, wie wir sie aus Frankreich oder Belgien kennen, weisen genau in diese Richtung, weil sie nicht nur auf ökonomische Mindestsicherung, sondern auch auf soziale Inklusion drängen.

Sie nennen in dem Aufsatz »Umverteilung oder Anerkennung« zwei Begriffe, die auf zwei Ebenen Spaltungstendenzen entgegenwirken sollen. Zum einen die Anerkennung im sozial-rechtlichen Bereich, und zum anderen die Umverteilung im materiellen Bereich. Spielt sich das gesellschaftliche Leben nach wie vor auf diesen Ebenen ab? Stehen beide nebeneinander oder hat eines Vorrang?

Ich bin davon überzeugt – und das versuche ich auch in dem eben erwähnten Aufsatz zu zeigen –, dass die Gegenüberstellung von Anerkennung und Umverteilung irrelevant ist. Es bedarf der Erläuterung, wie ich mir die moralische Infrastruktur moderner Gesellschaften vorstelle, bevor ich erklären kann, warum ich diese Entgegensetzung problematisch finde.

Ich stehe bei diesen Überlegungen sehr stark in der Tradition der Hegelschen Diagnose moderner Gesellschaften. Unsere modernen Gesellschaften sind, was ihre moralische Stabilität anbelangt, gekennzeichnet durch das, was ich Anerkennungssphäre nenne. Genauer gesagt durch drei Anerkennungssphären, die dafür Sorge tragen sollen, dass sich unter Geltung eines jeweiligen Prinzips die Subjekte untereinander in wesentlichen Aspekten anerkennen können. Das erste Prinzip, darin folge ich der Analyse von Niklas Luhmann, trägt den Titel »Liebe«. Es handelt sich um eine Art normativer Idee: In Intimbeziehungen bringen wir uns wechselseitig emotionale Anerkennung entgegen, die den individuellen Bedürfnissen des Einzelnen entsprechen. Die ganze soziale Praxis, die damit verknüpft ist, und die wir in privaten Beziehungen, in Familien, auch in Freundschaften, am Werk sehen, ist gekennzeichnet durch den Bezug auf die Idee der Liebe.

Ich sehe zweitens ein Anerkennungsprinzip am Werk, das Hegel eher zu unterschätzen neigte. Im modernen Recht ist verankert, dass alle Gesellschaftsmitglieder als gleichberechtigte Subjekte anerkannt sein sollen. Dies ist eine ganz wesentliche Voraussetzung unserer modernen kapitalistischen Gesellschaften.

Das dritte Anerkennungsprinzip verdankt seine Existenz der Tatsache, dass moderne Gesellschaften Arbeitsgesellschaften sind, Gesellschaften also, in denen die Erwerbsarbeit die zentrale Basis sozialer Identität darstellt. Man könnte dieses Prinzip vielleicht mit der Idee der Leistung umschreiben. Wir erkennen uns gegenseitig als Bürger an, wenn wir durch unsere Tätigkeit zur gesellschaftlichen Reproduktion beitragen.

Durch diese drei Anerkennungssphären sind unsere Gesellschaften nach meiner Auffassung gekennzeichnet. Es sind Interaktionsformen, die systematisch zu unseren Gesellschaften gehören und jeweils Prinzipien gehorchen, die normative Geltung haben. Interessant ist nun zu verfolgen, wie sich diese Anerkennungsprinzipien und die Dynamik der Sphären von Sozialität herausgebildet haben, aber vor allen Dingen auch, wie sie sich heute verändern.

Wir haben es heute mit enormen Umbrüchen in der Anerkennungskultur dieser Gesellschaften zu tun, wenn man so will, mit Umbrüchen innerhalb der »moralischen Infrastruktur« dieser Gesellschaften. Das betrifft den gesamten Bereich der Privatsphäre, in der eine weitgehende Enttraditionalisierung die Freisetzung von Individualität, vor allem auf Frauen bezogen, ermöglichte. Es ist zu Veränderungen des klassischen institutionellen Repertoires gekommen, das für die Wirksamkeit des Anerkennungsprinzips »Liebe« gesorgt hat. Die Transformationen, die wir heute in Familien beobachten, laufen hinaus auf eine Deinstitutionalisierung der Kleinfamilie. Und es ist noch überhaupt nicht abzusehen, wie in Zukunft das notwendige Maß an emotionaler Anerkennung gewährleistet werden kann.

Wohin die Entwicklungsprozesse führen werden, ist ungewiss. Die sich abzeichnenden Tendenzen neuer Familienstrukturen, die man postfamiliale Familien nennt, können tatsächlich dazu führen, dass sich die Menschen im privaten Bereich in einem höheren Maße autonom verwirklichen können. Vor allem Frauen ist es dadurch möglich, ein höheres Maß an Selbstbestimmung zu erlangen. Es kann aber auch dazu kommen, dass sich der Kernbestand an Institutionen, die für unser emotionales Wohlbefinden gesorgt haben, auflöst. Empirisch ist vollkommen unklar, welche emotionalen und psychischen Folgen die Auflösung der Kleinfamilie haben wird. Es ist ein historischer Prozess mit offenem Ausgang.

Im Bereich der zweiten Anerkennungssphäre, die die Rechtsbeziehungen innerhalb einer Gesellschaft beinhaltet, gibt es in unserer Gesellschaft große Defizite. Man denke nur an das brisante Thema des Staats-

bürgerschaftsrechts, wo es doch darum geht, Individuen und Gruppen, denen rechtliche Anerkennung verweigert wird, als Träger gleicher Rechte und Freiheiten anzuerkennen. Nur so sei die Chance gegeben, wie Sie einmal sagten, »in vollständiger Autonomie an der gemeinsamen Willensbildung teilzunehmen«.

Zunächst einmal muss ich sagen, dass es in der Anerkennungssphäre des modernen Rechts in der Nachkriegszeit in den westlichen Gesellschaften zu enormen Fortschritten gekommen ist, vor allem mit Blick auf die bislang benachteiligten Gruppen, etwa die der Frauen. Gleiches gilt in ersten Ansätzen auch für kulturelle Minderheiten. Wir haben, soweit ich mich erinnern kann, zum ersten Mal eine Diskussion darüber, durch welche individuellen oder kollektiven Rechte die kulturellen Eigenarten von Minderheiten in einer Gesellschaft gesichert werden können. Dies vollzieht sich zwar lediglich auf der Ebene von rechtlichen Diskussionen, vor allen Dingen in den USA oder in Kanada, bedeutet aber schon eine erhebliche Erweiterung der Reziprozitätsbedingungen der Anerkennungssphäre des Rechts.

Die rechtlichen Auseinandersetzungen in der Bundesrepublik haben ihre Wurzeln in einer kulturellen Erbschaft, die in europäischem Maßstab ein Sonderweg ist. Nur wenige Staaten in Westeuropa kennen das Prinzip, staatsbürgerliche Rechte an die ethnische Zugehörigkeit zu binden. Dieses politisch unglückliche Erbe müssen wir hinter uns lassen. Die politisch sehr leicht zu mobilisierende Abwehr gegen ein verändertes Staatsbürgerschaftsrecht hat wahrscheinlich ihre Ursache in einer nur sozialpsychologisch zu analysierenden Form der Fremdenangst. Ängste, die darauf hinauslaufen, dass »wir Deutschen« unsere eigenen kulturellen Traditionen, Praktiken, Erbschaften riskieren, wenn wir zu vielen Mitgliedern anderer ethnischer oder kultureller Gruppen erlauben, in Deutschland staatsbürgerliche Rechte in Anspruch zu nehmen. Wer nur einen kurzen Blick auf die USA wirft, wird feststellen, dass diese Angst vollkommen unbegründet ist. Ein kulturelles Erbe überlebt nicht dadurch, dass wir Rechte anderen vorenthalten und es durch irgendwelche Selektionen oder Exklusionen sichern, kulturelles Erbe überlebt dann, wenn es aktiv weitergegeben und praktiziert wird.

Diese Themen werden meist auf der Ebene von Ethnie, Kultur und Nation bearbeitet. Wäre eine Diskussion nicht auf der Ebene des Individuums anzusetzen? Geht es nicht in erster Linie um die Würde- und Integritätsansprüche des Individuums?

Ich meine, die Würdebestimmung in der Verfassung der Bundesrepublik Deutschland ist extrem unklar und deutungsoffen formuliert. Diese für eine Reform des Staatsbürgerrechts zu benutzen, scheint mir sehr schwierig zu sein. Es gibt sicherlich gute legale Möglichkeiten, den Würdeparagrafen oder die Würdebestimmung zu benutzen, um andere Entwicklungen reflexiver oder genauer zu betrachten, etwa die Ausweitung der Pornografie. Was die Ausweitung von Staatsbürgerrechten auf sogenannte Nicht-Deutsche anbelangt, scheinen mir die Würdebestimmungen nicht der richtige Weg zu sein.

Welchen Weg schlagen Sie vor, damit auch die Individuen, deren Würde verletzt ist oder deren Rechte vorenthalten werden, das Maß an Anerkennung erhalten, das ihnen als Mensch einer freien Gesellschaft zusteht? Oder sind diese aufgefordert, um ihre rechtliche Anerkennung zu kämpfen?

Natürlich. Rechtliche Reformen, seien es die Erweiterung individueller Rechte oder die soziale Generalisierung bereits bestehender Rechte, haben sich immer nur auf dem Weg eines Kampfes um rechtliche Anerkennung durchsetzen können. Denken Sie an die Arbeiterbewegung, die um die Gewährleistung sozialer und politischer Rechte gekämpft hat, denken Sie an die Frauenbewegung, die zunächst um rechtliche Gleichstellung gekämpft hat, heute für die Berücksichtigung von kulturspezifischen Unterschieden streitet, denken Sie an die amerikanische Bürgerrechtsbewegung. Und solche Kämpfe sind mühsam, erfordern häufig individuellen Mut und persönliches Engagement, aber sie besitzen auch den nicht zu unterschätzenden kulturellen oder sozialpsychischen Effekt, dass im Zuge der praktischen Auseinandersetzung die Betroffenen selbst schon ein höheres Maß an Selbstachtung gewinnen, weil sie sich gewissermaßen indirekt ihrer moralischen Integrität versichern.

Die rechtliche Gleichheit aller ist in einer Gesellschaft sicherlich grundsätzlich anzustreben. Ebenso die soziale Wertschätzung und die materielle Absicherung. Wie und auf welchem Niveau können diese Ziele erreicht werden?

Um zunächst auf die Frage nach der rechtlichen Gleichheit zu antworten: Ich denke, es wäre falsch, sich zu fragen, wie in Zukunft eine wünschenswerte

Rechtsordnung, die hinreichend rechtliche Gleichheit gewährt, aussehen könnte. Dabei kommen nur ziemlich radikale Vorstellungen von Rechtsgleichheit heraus. Man kann eigentlich nur die historischen Prozesse abwarten, um zu sehen, welche Gesichtspunkte durch soziale Bewegungen oder durch Gruppen, die von der jeweils etablierten Rechtsgleichheit noch nicht profitieren, artikuliert werden. Insofern haben wir es mit einem dialektischen Prozess zu tun, in dem die Betroffenen selbst die nötigen Verbesserungen des Rechts artikulieren können.

Ein ganz typisches Beispiel ist die feministische Bewegungen der letzten 30 Jahre. Es wurden zum Teil Überlegungen angestellt, die sich heutzutage im Hinblick auf die Rechtsgleichheit als relevant erweisen, und die vorher rechtlich überhaupt nicht wahrgenommen werden konnten. Es ist also unmöglich, ein Bild vollständiger Rechtsgleichheit zu entwerfen, weil wir nicht sicher sein können, welche Gesichtspunkte, die eine weitere Verbesserung unserer rechtlichen Institutionen verlangen, von zukünftig Betroffenen genannt werden.

Was die andere für mich ebenso bedeutsame Sphäre anbelangt – die Sphäre der sozialen Wertschätzung und damit verknüpft die der sozialen Verteilung – ist das Hauptproblem die Frage danach, was als Leistung angesehen und als sozialer Beitrag wahrgenommen wird. Das ist nämlich aufgrund einer Reihe von Entwicklungen extrem fragwürdig geworden. Wir leben weiterhin in einer durch industriekapitalistische Werte geprägten Gesellschaft, in der ganz bestimmte soziale Beiträge als Basis der sozialen Wertschätzung, als Anerkennung von Status und auch der ökonomischen Verteilung dienen, während andere Tätigkeiten und Beiträge aus diesem industriekapitalistischen Werthorizont vollkommen herausfallen und überhaupt keine soziale Wertschätzung erfahren. Ich bin davon überzeugt, dass es in Zukunft einer radikalen Überprüfung unserer Bewertungssysteme, Bewertungsschemata und auch Wertüberzeugungen bedarf. Dann wird sich neu herausstellen, was eigentlich sinnvollerweise in unserer Gesellschaft als sozialer Beitrag gelten und dementsprechend auch als Basis für Verteilungsmaßnahmen herangezogen werden soll. Wahrscheinlich wird diese Überprüfung darauf hinauslaufen, dass die hoch entwickelten kapitalistischen Gesellschaften ihren eigenen Arbeitsbegriff radikal hinterfragen müssen, um sowohl zu einer Neugestaltung sozialer Wertschätzung als auch zu anderen Formen der sozialen Verteilung zu gelangen. Symbolische und kulturelle Debatten werden sich darauf konzentrieren, was zukünftig als Arbeit und was als Sozialarbeit gelten soll. Wenn immer weniger Bürger die Chance haben, die wenigen formal organisierten und dauerhaft abgesicherten Arbeitsplätze einzunehmen, wird sich notwendigerweise die Frage stellen, wie wir die gleichwohl zu vollziehenden Tätigkeiten in unserer Gesellschaft, die durch den Arbeitsmarkt nicht geregelt werden, eigentlich bezeichnen, anerkennen, wertschätzen und damit zur Basis der Verteilung machen können.

Nancy Frazer wirft Ihnen vor, dass Sie Fragen der Umverteilung zu wenig berücksichtigen. Dabei rücken Tendenzen einer wachsenden Verarmung von großen Teilen der Bevölkerung immer mehr in den Vordergrund. Auf welcher Anerkennungsebene vollziehen sich die Verteilungskonflikte?

Verteilungskonflikte können sich, wenn man sie auf ihre normativen Implikationen hin untersucht, in zwei verschiedenen Anerkennungssphären vollziehen, je nachdem welches Prinzip zur Begründung von Forderungen nach Umverteilung in Anspruch genommen wird: Entweder lässt sich die Idee der rechtlichen Gleichstellung mobilisieren, um kollektiv zur Geltung zu bringen, dass die gegebene Verteilung materieller Ressourcen eine effektive Inanspruchnahme der liberalen und politischen Rechte nicht ermöglicht; auf diesem Weg haben sich in den meisten liberal-kapitalistischen Gesellschaften soziale Rechte herausgebildet, die jedem Gesellschaftsmitglied ein Mindestmaß an ökonomischer Grundsicherung verbürgen. Der andere Weg, Umverteilungsforderungen einzuklagen, besteht in der Mobilisierung der in unseren kapitalistischen Gesellschaften tief verankerten Leistungsidee, die das normative Versprechen enthält, jedem gemäß seines sozialen Beitrags oder seiner Arbeitsleistung auf gerechte Weise materiell zu belohnen. Bei der kollektiven Einklagung dieses zweiten Prinzips wird natürlich sofort deutlich, in welchem Maße die herrschende Ausdeutung dieses Leistungsprinzips von nur partikularen, selektiven Wertvorstellungen durchgesetzt ist – denken Sie nur daran, dass lange Zeit die weitgehend von Frauen vollzogene Hausarbeit aufgrund patriarchalischer Wertsetzungen erst gar nicht als Arbeit gewertet wurde. Insofern ist ein solcher Kampf um Umverteilung, der sich in seiner normativen Rhetorik und Symbolik auf das Prinzip der Leistung oder des Verdienstes bezieht, im Wesentlichen eine Auseinandersetzung um die Deutung und Praktizierung jenes Anerkennungsprinzips, das den Subjekten gegenseitig eine gerechte Wertschätzung ihrer Arbeitsleistung verspricht. Ich bin nun der Überzeugung, dass Verteilungskonflikte im Allgemeinen genau diese normative Form besitzen, auch wenn das auf den ersten Blick kaum zu erkennen ist. Die verschiedenen jeweils benachteiligten Gruppen kämpfen um eine Aufwertung des Beitrags, den sie im Rahmen der gesellschaftlichen Reproduktion leisten, kurz, es handelt sich um symbolische Kämpfe bei der Bedeutung dessen, was in unseren Gesellschaften in welchem Maße als Arbeit gelten kann.

Der zentrale Punkt wird wohl die Identitätsfrage sein. Sehen Sie eine Chance, jenseits von Arbeit eine identitätsstiftende Basis in unserer Gesellschaft zu etablieren?

Soziale Identität, also eine Identität als Bürger einer Gesellschaft, entwickelt sich nur dann, wenn in irgendeiner Weise Erfahrungen des sozialen Beitrags erlebt werden können. In diesem Sinne können wir tatsächlich eine Arbeitsidentität entwickeln, wobei Arbeit allerdings ein sehr problematischer Begriff ist, weil der klassische industriekapitalistische Begriff der Arbeit auf bestimmte Tätigkeiten zugeschnitten war und andere begrifflich ausschloss. Hausarbeit zum Beispiel galt nicht als Arbeit. Insofern gehe ich davon aus, dass wir unsere soziale Identität weiterhin nur durch die Erfahrungen der produktiven Teilnahme am gesellschaftlichen Leben entwickeln und zur Basis einer ökonomischen Stabilität machen können.

Gleichzeitig aber wird sich die persönliche Identität weiter diversifizieren. Traditionelle Rollenmuster und auch traditionelle Aufgabenfelder verlieren ihren Stellenwert. Durch diesen Verlust wird es gewissermaßen zu einem durchaus wünschenswerten Wildwuchs an Identitäten kommen. Wenn unsere Gesellschaft Rollenmuster nicht mehr vorschreibt und die Kultur nicht mehr so eindeutig auf solche Rollenerwartungen fixiert ist, entstehen neue Spielräume. Das ist genau das, was auch Ulrich Beck vor Augen hat, wenn er – ein wenig einseitig und manchmal auch blauäugig – von Individualisierung redet. Gegen den Beckschen Optimismus lässt sich allerdings einwenden, dass ohne die notwendige Verankerung in sozialer Identität und sozialem Status kein Gesellschaftsmitglied Freude und Nutzen von den möglichen neuen Identitäten haben wird. Beck hat dieses Problem zu wenig bedacht.

Sie sprechen von neuen Feldern, in denen sich Sozialität und auch Selbstwahrnehmung herausbilden.

Ich glaube, es ist schwer, jenseits von sozialem Status und sozialer Identität eine Identität zu entwickeln. Die Chancen könnten sich erhöhen, wenn eine sozial, ökonomisch und kulturell hinreichende Absicherung von sozialer Identität für jedes Mitglied unserer Gesellschaft gewährleistet wäre. Dann ergäben sich ganz neue Erfahrungsmöglichkeiten und Identitätskonstruktionen, dann wird sicherlich auch der Einfluss dessen, was wir »Gender-identity« nennen, also die Fixierung einer sozialkonstruierten Geschlechtsidentität, nachlassen. Davon bin ich überzeugt.

Noch einmal zurück zu den drei Anerkennungssphären: Intim-, Rechts- und Sozialbeziehung. Die Anerkennung ist selbst im nationalen Bereich noch nicht vollständig erreicht, wie sieht es dann erst außerhalb bestehender gesellschaftlicher Grenzen aus? Müssten in dieser Hinsicht nicht schon jetzt mögliche Schritte vorgedacht werden?

Mit Sicherheit. Nur sieht es mit Blick auf die unterschiedlichen Anerkennungssphären, durch die die moralische Infrastruktur dieser bürgerlich-kapitalistischen Gesellschaften gesichert ist, unterschiedlich aus. Die Anerkennungssphäre, die ich mit Hilfe des Bezugs auf das Prinzip der Liebe beschreibe, ist ja immer – wenn man so will – lokal. Sie ist meiner Ansicht nach überhaupt nur durch Face-to-Face-Interaktionen vorstellbar, entwickelt sich im Nahbereich von Liebesbeziehungen und Freundschaften, und ist schwer abzukoppeln von der körperlichen Präsenz. Natürlich werden Freundschafts- und Liebesbeziehungen nicht mehr so stark wie bisher lokal verankert sein müssen, sie werden grenzüberschreitend möglich sein. Aber sie sind nach wie vor angewiesen auf die Anwesenheit der Mitmenschen.

Das Rechtsmedium, überhaupt das Prinzip der rechtlichen Gleichheit, das zeigt sich schon in Europa, wird angesichts der allmählichen Aushöhlung staatlicher Souveränität natürlich die Grenzen des Nationalstaates überschreiten müssen. Die verschärfte Debatte über die internationale Geltung der Menschenrechte ist ja nur ein erster Anstoß. Die Frage, wie ein gewisses Maß an Rechtsgleichheit auch international durch die Herausbildung von überstaatlichen Instanzen gesichert werden kann, gewinnt immer mehr an Bedeutung. Auf Europa bezogen wird es früher oder später zu einer gemeinsamen, also übernationalen Gestaltung sozialer Rechte kommen.

Der Bereich der sozialen Wertschätzung schließlich, also das Prinzip, das sicherstellt, dass Beiträge oder Leistungen in der jeweiligen Gesellschaft anerkennt werden, ist sehr kompliziert. Einerseits zeichnet sich eine Art von Globalisierung auch der Arbeitsmärkte ab, so dass auch der Mechanismus der Statusbildung gewissermaßen die Grenzen des Nationalstaates verlässt. Andererseits bin ich davon überzeugt, dass der Arbeitsmarkt zumindest in den westlichen Gesellschaften über kurz oder lang nicht mehr der entscheidende Mechanismus der Verteilung von sozialem Status sein kann. Ein radikal transformierter, erweiterter und unter neuen Wertbezügen geöffneter Arbeitsbegriff wird künftig der Mechanismus sozialer Wertschätzung sein. Diese Transformation wird sich wahrscheinlich eher in regionalen Grenzen entwickeln. Ob in nationalstaatlich geprägten oder politischen Regionen, ist mir nicht ganz klar.

Unter Solidarität, sagten Sie in Ihrem Buch »Kampf um Anerkennung« lässt sich eine Art von Interaktionsverhältnis verstehen, in dem die Subjekte wechselseitig an ihren unterschiedlichen Lebenswegen Anteil nehmen, weil sie sich untereinander auf symmetrische Weise wertschätzen. Worin liegt der gegenseitige Werthorizont? Ist Solidarität eine Grundbedingung von Gesellschaft und wie kommt diese heute zustande?

Ich bin tatsächlich noch der etwas »alteuropäischen« Überzeugung, dass auch unsere hochkomplexen, sektoral differenzierten Gesellschaften weiterhin einer Sozialintegration bedürfen, für die der Begriff der Solidarität nicht vollkommen überzogen ist. Das ergibt sich schon aus meiner Analyse der legitimatorischen Bedeutung des Leistungsprinzips, das ja nur unter der kulturellen Voraussetzung gelten kann, dass ein gewisses Maß der Einigung auf die Werte besteht, gemäß derer unterschiedliche Tätigkeiten als sozial wertvolle Beiträge gewertet werden. Solange also unsere Gesellschaften einen Teil ihrer normativen Legitimation aus der Geltung des Leistungsprinzips beziehen, wird es einen Bedarf an sozialer Solidarität im Sinne der wechselseitigen Orientierung an gemeinsam geteilten Werten geben. Worin nun heute noch einmal die Chance der Reaktivierung solcher Solidaritäten bestehen kann, ist natürlich vollkommen offen; aber aufgrund des Drucks, den über kurz oder lang die generell vom Arbeitsmarkt Ausgeschlossenen werden machen müssen, werden sich Werte herausbilden müssen, die eine radikal erweiterte Definition von Arbeit oder sozialem Beitrag enthalten.

In einer früheren Publikation »Die zerrissene Welt des Sozialen« stellten Sie verschiedene »Zerrissenheitserfahrungen« in den Mittelpunkt der Betrachtung. Sehen Sie in der Auflösung sozialer Bindungen eine Chance oder eher eine Gefahr für die Gesellschaft?

Ich weiß nicht, ob man darauf eine spezifische Antwort mit Blick auf unseren gegenwärtigen Zustand geben kann. Alle neuen Formen des sozialen Konfliktes, und insofern alle neuen Formen der Zerrissenheit, haben ein Doppelgesicht. Einerseits besteht die Chance einer Neuerung und Transformation in Richtung einer Erweiterung von Anerkennungsverhältnissen und insofern eine Erweiterung der jeweiligen Chancen auf Individualitätsbildung. Auf der anderen Seite bergen Konflikte auch die Gefahr des Rückschrittes und der gesellschaftlichen Destruktion. Unsere Gegenwart ist gekennzeichnet durch einen solchen Spannungszustand. Wir wissen nicht genau, in welche Richtung die gegenwärtigen Prozesse tendieren. Entweder führen sie zu einer Erweiterung der Anerkennungsverhältnisse oder aber zu einem Rückfall in kapitalistische Barbarei. Ich glaube, es wird eine Frage zukünftiger politischer Kämpfe sein, welche der beiden Seiten tatsächlich die Oberhand gewinnt.

▶ Die Subjektivierung des Lebens ◀

Vita

Stefan Hradil, geboren 1946, ist Professor für Soziologie an der Johannes Gutenberg-Universität Mainz. Von 1995 bis 1998 war er Vorsitzender der »Deutschen Gesellschaft für Soziologie«. Außerdem gehörte er von 1991 bis 1996 der »Kommission für die Erforschung des sozialen und politischen Wandels in den neuen Bundesländern« (KSPW) an. Seine Arbeitsschwerpunkte sind die Sozialstrukturanalyse, die Milieu- und Lebensstilforschung und die Modernisierungstheorie.

»Der Trend, alleine zu leben, wird weiter anhalten.« Diese These stammt von einem Lebensstilforscher, der weder als Eremit oder Misantroph lebt noch für das Single-Dasein schwärmt. Bei der Erforschung des Phänomens der Single-Existenz ging der Vater zweier Töchter Fragen von allgemeinem Interesse nach: Was geschieht mit einer Gesellschaft, in der immer mehr Menschen den Mittelpunkt ihres Lebens außerhalb einer traditionellen Familie suchen? Werden sich die Menschen zwischen Freiheitsstreben und Bindungsangst immer mehr in Isolation und Selbstreflexion stürzen?

Um diese Fragen, die nicht nur das Schicksal der Einzelnen, sondern auch die wirtschaftliche und demografische Zukunft der Gesellschaft betreffen, zu beantworten, wertete Hradil unter anderem Datensätze der »Allbus«-Umfragen (1980-1992) und des Familiensurveys von 1988 aus. Auf diese Weise zeigte Hradil, dass das allgemein gewachsene Wohlstandsniveau, die gestiegene Zahl der hohen Bildungsabschlüsse, die gesunkene Arbeitszeit, die verlängerte Freizeit, das dichtere Netz sozialer Absicherung und die sexuelle Liberalisierung das Alleinleben begünstigten. Folge dieser Prozesse ist die erhöhte individuelle Freiheit, über Lebensstil und Lebensführung selbst zu entscheiden.

So positiv das klingt, Hradil weiß auch um die Gefahren in einer Gesellschaft, in der immer mehr Menschen den Lebensstil des Singles wählen: »Singles wirken wie Seismografen. Sie signalisieren neben den Chancen auch die Probleme einer Modernisierung, in der die Gesellschaft Gewissheit und kollektives Bewusstsein verliert.«

Ausgewählte Buchveröffentlichungen:

Stefan Hradil: Die Single-Gesellschaft.
Verlag C. H. Beck, München 1995

Stefan Hradil: Soziale Ungleichheit in Deutschland.
Verlag Leske & Budrich, Opladen 1999

Stefan Hradil

Singles: Die Speerspitze gesellschaftlicher Individualisierungsprozesse

Konzept

Eine steigende Zahl von Menschen lebt in der Gesellschaft der Bundesrepublik Deutschland alleine. Diesem sozialstrukturellen Phänomen geht Stefan Hradil in seinem 1995 erschienenen Buch »Die Single-Gesellschaft« nach. Das von ihm ausgewertete empirische Datenmaterial ließ nicht nur Rückschlüsse auf die bloße Zahl der alleine lebenden Menschen in Deutschland zu, sondern erlaubte es Hradil auch, Antworten auf die Fragen zu finden, warum so viele Menschen alleine leben, wie sie leben und welche Auswirkungen die steigenden Singlezahlen auf die Gesellschaft haben.

16 Prozent der Bevölkerung der Bundesrepublik leben laut Hradil alleine. Längst nicht alle diese Menschen gelten aber als Singles. Nach seiner Definition sind Singles im weiteren Sinne alle Alleinlebende mittleren Lebensalters (22 bis 55 Jahre), in engerem Sinne alle partnerlos Alleinlebende mittleren Lebensalters, die sich dafür entschieden haben, über einen längeren Zeitraum hinweg so zu leben. Dennoch – und das ist ein zentraler Punkt – lebten sie in der Regel nicht isoliert, sondern verfügten über ein umfangreiches Netzwerk an Bekannten und Freunden. Der Single, so Hradil weiter, besitzt die Freiheit, sein Leben nach eigenen Vorstellungen zu gestalten und an persönlichen Zielen auszurichten, ohne auf einen Partner Rücksicht nehmen zu müssen. Das mache ihn zur »Speerspitze« gesellschaftlicher Individualisierungsprozesse.

Historisch sei die »Single-Gesellschaft« ein neues Phänomen. In vorindustriellen Gesellschaften hätten die Menschen nicht die Möglichkeit gehabt, ihr Leben individuell zu gestalten, da sie »in das Korsett starrer gesellschaftlicher Normen gepresst« lebten und in einem »dicht geknüpften Netz ökonomischer, sozialer und kultureller Bindungen« gefangen waren. Alleine zu leben war verpönt oder einfach gesellschaftlich nicht vorgesehen. Verheiratet zu sein war bis auf wenige Ausnahmen die Norm, eine Familie zu gründen oftmals Verpflichtung.

In der industrialisierten Gesellschaft, führt Hradil aus, hatte nur der ökonomisch bessergestellte Mensch die Wahl, alleine zu leben. Erst das relativ hohe Wohlstandsniveau, Urbanisierung, Bildungsexpansion, Wohnungsbau und die Schaffung sozialstaatlicher Sicherungssysteme wie Kranken-, Unfall- und Rentenversicherungen erlaubten es breiteren Bevölkerungsschichten, wirtschaftlich abgesichert alleine zu leben. Damit einher ging die gesellschaftliche Akzeptanz der Singles. Dieser Prozess sei zudem durch die sinkende gesellschaftliche Bedeutung der Ehe und die zunehmend hohe Gewichtung postmaterieller Werte – vor allem persönlicher Autonomie und individueller Entfaltungsmöglichkeiten – begünstigt worden, schreibt Hradil. Es seien aber nicht nur Neigungen, es seien auch gesellschaftliche Gegebenheiten, die viele Menschen dazu veranlassen, als Singles zu leben. Dazu zählten neben vermehrten Scheidungen auch die deutlich gestiegenen Ansprüche an den Partner. Singles seien »Vorboten einer Gesellschaft, die auf soziale Bindungen unter Menschen immer weniger Rücksicht nimmt«.

Singles haben, wie Hradil betont, sehr unterschiedliche Motive, alleine zu leben, freiwillige wie unfreiwillige. Allgemeingültige Gründe könnten nicht bestimmt werden. Vielmehr müsse man die Situation des Einzelnen und seinen individuellen Lebensverlauf berücksichtigen. Während der eine beispielsweise das Alleinsein frei gewählt hat, ist ein anderer möglicherweise unzufrieden mit seinem Single-Dasein, schaltet Kontaktanzeigen und hofft auf eine Partnerschaft, die ein zufriedeneres und glückliches Leben verspricht. Nur die Hälfte der Single-Existenzen komme freiwillig zustande, analysiert Hradil.

Hradil kommt zu dem Schluss, dass das Single-Dasein ein Indiz für die Subjektivierung des Lebens ist. Die »subjektive« Bewertung und Gestaltung von Lebensumständen gewinne gegenüber »objektiven« Bedingungen und Ressourcen, wie den Einkommensverhältnissen, immer mehr an Bedeutung. Einstellungen, Meinungen und Werte der Singles orientierten sich vermehrt an der Lebensqualität, und das habe erhebliche Auswirkungen auf die Berufswahl, das Konsum- und Freizeitverhalten. Dieser Wandel hin zur subjektiven Gestaltung von Lebensumständen und Lebenswegen stelle eine neue Stufe der Modernisierung dar, die Hradil als »subjektive Modernisierung« bezeichnet. Der Einzelne wird zum Motor der Modernisierung. Dies sei das Hauptmerkmal einer Gesellschaft im Stadium der subjektiven Modernisierung. Die Menschen begännen, ihr Leben selbst in die Hand zu nehmen, und vertrauten nicht länger auf Marktmechanismen oder staatliche Wohlfahrtssysteme. Hradil konstatiert, dass immer häufiger »Berufsfindung, Berufswechsel und Ausgestaltung des Berufs nach Maßgabe oder wenigstens in Auseinandersetzung mit dem eigenen Streben nach Selbstverwirklichung vorgenommen werden«. Folge dieser Subjektivierung sei auch, dass sich die einzelnen Mitglieder einer wohlhabenden hochdifferenzierten Gesellschaft nicht mehr nur durch das Einkommen, sondern auch durch ihren Lebensstil unterscheiden. Dies gelte vor allem für Singles. Deren Lebensstil, häufig ausgerichtet an einer ästhetischen Lebensanschauung, sei zum Kennzeichen einer Lebensform geworden, die auch in Zukunft die Gesellschaft prägen werde.

Fragebogen

1. Sehen Sie sich selbst als Gesellschaftstheoretiker, Gesellschaftskritiker, Gesellschaftsarchitekt oder lediglich als geselliger Zeitgenosse?

Bis zu einem gewissen Grade sehe ich mich als Gesellschaftstheoretiker, vielleicht nicht im Sinne der klassischen »großen« Gesellschaftstheorie, wohl aber in dem Sinne, dass ich versuche, für bestimmte Zustände unserer Gesellschaft Diagnosen, Erklärungen und Kategorien zu finden sowie erkennbare Trends zu umreißen. Gesellschaftskritiker bin ich allenfalls in einem indirekten Sinne. Es gibt sehr wohl Dinge, die ich an unserer Gesellschaft persönlich kritisiere. Doch diese Form der Kritik dient mir eher dazu, herauszufinden, womit ich mich soziologisch befassen sollte und womit nicht. Meine Kritik soll Informationen zur Verfügung stellen, gerade auch der Politik und der Öffentlichkeit, damit bestimmte Dinge besser gemacht, andere vermieden werden können. Als Gesellschaftsarchitekt sehe ich mich ebenfalls nur indirekt, und zwar in dem Sinne, dass ich Informationen vermittle, die dem Aufbau einer Gesellschaft dienen können. Ich selbst betreibe den Aufbau nicht. Ein geselliger Zeitgenosse bin ich zuweilen, durchaus nicht immer.

2. In welcher Gesellschaft leben wir eigentlich?

Wir leben in einer Gesellschaft, die meines Erachtens nicht so problematisch und so krisenhaft ist, wie sie oft von Teilen der Soziologie und der Öffentlichkeit dargestellt wird. Wir leben in einer Gesellschaft, in der bestimmte Entwicklungen, zum Beispiel die Globalisierung oder technologische Revolutionen, beschleunigt ablaufen, ohne jedoch etwas völlig Neues hervorzubringen. Wir leben in einer Gesellschaft, in der sowohl aus aktuell historischen als auch aus systematisch längerfristigen Gründen sehr heterogene Entwicklungen nebeneinander ablaufen. Wir leben in einer Gesellschaft, die uns sowohl eine fortlaufende Individualisierung als auch deren genaue Gegenbewegungen offeriert. Wir leben in einer Gesellschaft, die gleichzeitig amoralischer und moralischer wird.

Diese Heterogenität ist eine Herausforderung an die Sozialwissenschaften. Gesellschaft lässt sich heute nicht einfach auf einen Begriff festlegen. Bezeichnenderweise verfügen wir ja nach dem Ende der Industriegesellschaft – dieses Konzept hat als letztes eine gewisse Monopolstellung erlangen können – nur über konkurrierende Versuche, die daran anschließende, heutige Gesellschaftsform auf den Begriff zu bringen. Diese Konzepte sind in der Regel Verlegenheitsformeln, oft Negativdefinitionen. Keiner dieser Vorschläge, ob das die »postindustrielle Gesellschaft«, die »Multioptionsgesellschaft«, die »Wissensgesellschaft«, die »Single-Gesellschaft« oder die »individualisierte Gesellschaft« ist, kann von sich behaupten, durchgängig akzeptiert zu sein. Wir leben in einer komplizierten Gesellschaft.

3. Worin sehen Sie die Stärken und Schwächen dieser Gesellschaft?

Es ist äußerst schwer, dies in der gebotenen Kürze auf eine Formel zu bringen. Spontan würde ich sagen: Eine gewisse Stärke dieser Gesellschaft sehe ich in einem – jedenfalls in bestimmten Bereichen – deutlich gesteigerten moralischen Bewusstsein. Damit meine ich nicht unbedingt den Einzelnen. Aber der intellektuelle Diskurs ist heute von universellen moralischen Prinzipien durchzogen. Nehmen Sie das Prinzip der Gewaltfreiheit in unserer Gesellschaft oder auch im internationalen Rahmen, oder die Bereitschaft, gegen Tendenzen der politischen Korruption anzutreten. Es gibt eine ganze Reihe von Bereichen, etwa beim Umweltschutz, wo in fast schon rigoroser Weise versucht wird, moralische Kriterien durchzusetzen. Das sehe ich als eine Stärke dieser Gesellschaft an.

Eine Schwäche dieser Gesellschaft sind bestimmte innere Polarisierungstendenzen. Ich bin nicht unbedingt der Meinung, dass im Zuge der Globalisierung und einer notwendigen Selbstbewegung von wirtschaftlichen und sozialen Kräften jedes Maß an gesellschaftlicher Polarisierung von Arm und Reich, von Ausgeschlossenen und in die Gesellschaft Integrierten hingenommen werden müsste. Ich bin der Meinung, dass es in vieler Hinsicht einen europäischen Weg geben kann und muss, der sich vom amerikanischen Weg unterscheidet. Eine Schwäche unserer Gesellschaft ist es, der Polarisierung tatenlos zuzusehen.

4. Welche Rolle spielen Sie in der Gesellschaft?

Im Beruf versuche ich, bestimmte Aufgaben zu erfüllen, zum Beispiel als Hochschullehrer oder als Wissenschaftsorganisator. Bestimmte Pflichten auch unter Zurücksetzung eigener Profilierungschancen zu erfüllen, halte ich für gut. Außerhalb des Berufs fasse ich unsere Gesellschaft als eine Chance auf, sehr unterschiedliche persönliche Erfahrungen zu sammeln und sich geradezu systematisch, oft aufgrund eigener Entscheidungen, in Felder hineinzubegeben, wo man Dinge lernen und Neues ausprobieren kann. In dieser Hinsicht bietet unsere Gesellschaft im Vergleich zu vielen vergangenen historischen Epochen und vielen anderen Regionen unserer Erde großartige Möglichkeiten.

5. Welche Gesellschaftsromane haben Sie fasziniert?

Ich schätze zum Beispiel die ironische, einfache, aber sehr intelligente Schreibweise von David Lodge. Er hat viele soziologische Themen, für deren Diskussion andere viele Worte und einen ernsten Gestus brauchen, auf humorvolle Art behandelt. »The British Museum is falling down« etwa ist so eine Geschichte. Es geht um den Katholizismus und dessen Versuche, in der modernen Welt zurechtzukommen. Oder David Lodges Roman »Nice work«, in dem das Universitätsmilieu gegen das Wirtschaftsmilieu ausgespielt wird. Eine Universitätsdozentin mit allen möglichen Vorurteilen gegenüber der Wirtschaft begegnet einem Wirtschaftsmanager, der wiederum mit Vorurteilen gegenüber der Universität behaftet ist. Das ist auf eine amüsante Art gesellschaftlich hoch relevant.

Ich bin ohnehin der Meinung, dass man als Soziologe von großen Teilen der Belletristik viel lernen kann, in dem Sinne, dass Literatur ein gutes Frühwarnsystem darstellt, das bestimmte Tendenzen eher aufdeckt als die meist langsamen soziologischen Instrumentarien. Romane wie »Die Entdeckung der Langsamkeit« von Sten Nadolny enthalten viel an Vorahnungen über Probleme, in die die Moderne mit ihrer Effizienzhypostasierung hineinläuft. Bestimmte Romanciers haben solche Bedenken früher auf Begriffe gebracht, als es viele Soziologen wahrhaben wollen.

6. Welchem Gesellschaftsspiel gehen Sie gerne nach?

Wenn Sie Gesellschaftsspiel wörtlich meinen, im Sinne von Karten-, Würfel- oder Brettspielen, dann gehe ich keinem dieser Spiele gerne nach. Schach ausgenommen, halte ich sie für Zeitverschwendung. Andere Arten von Gesellschaftsspielen spiele ich dagegen gerne. Mich bewusst in unterschiedliche Milieus zu begeben und darin unterschiedliche Rollen zu spielen, betreibe ich fast schon systematisch. Deswegen halte ich auch gar nichts von einem intimen langwährenden Freundeskreis, sondern pflege Bekanntschaften höchst unterschiedlicher Art. Wenn Sie so wollen, ist das ein Spiel: Ich verabscheue hermetische Milieus. Und das nicht nur im privaten Bereich. Ein Gesellschaftsspiel von mir ist, Vorträge in Kreisen zu halten, die wenig intellektuell sind, die aber ausgesprochen kundig über soziologisch relevante Dinge sprechen können. Ich höre mir dann an, was Handwerksmeister oder ältere Damen von bestimmten Dingen halten und welche Fragen sie stellen. Für mich ist das nicht nur wertvoll, zur Information oder zur Klärung meiner Gedanken, es ist ein regelrechtes Neugierdespiel.

7. In wessen Gesellschaft halten Sie sich bevorzugt auf?

Wie gesagt: Bewusst und mit großem Spaß in unterschiedlichen Kreisen. Und was ich noch hinzufügen sollte: Ich schätze Leute mit klaren Gedanken und klarer Sprache. Ich halte mich ungern in Gesellschaft von Intellektuellen auf, die Intellektualität für ein dunkles, raunendes Spiel mit schwer verständlichen Worten halten, die glauben, durch immer feinere Verästelungen und Verkomplizierungen zu einer Klärung von Dingen beitragen zu können. Ich bin sehr froh, dass man in Deutschland von dieser Art des Intellektualismus allmählich wegkommt und zu verständlicheren Gedanken und klarerer Sprache übergeht.

8. Welcher Gesellschaftsgruppe fühlen Sie sich zugehörig?

Das ist schwer zu beantworten, wohl auch in politischer Hinsicht. Ich habe Gutachten für das damals CDU-geführte Bundeskanzleramt geschrieben, aber auch ein Gutachten und einen Landesarmutsbericht für die SPD-Landesregierung von Schleswig-Holstein. Insofern sind die politischen Fremdeinschätzungen, die ich erfahren habe, durchaus uneindeutig. Ähnlich verhält es sich mit der Selbsteinschätzung, mit den politischen Gruppierungen, denen ich mich selbst zugehörig fühle.

Dass mir die Beantwortung dieser Frage schwerfällt, mag damit zusammenhängen, dass ich aus einer Arbeiterfamilie stamme, und in manchen Aspekten bis heute davon geprägt bin, mich in anderer Hinsicht aber weit davon entfernt habe. Ich könnte leichter beantworten, welchen gesellschaftlichen Gruppierungen ich mich nicht zugehörig fühle, zum Beispiel der in Mainz etablierten Bürgerschaft.

9. Welche Person(en) von gesellschaftlicher Größe schätzen Sie?

Es sind zum einen bestimmte Wissenschaftlerkollegen, die ich sehr schätze, vor allem jene, denen es gelingt, wissenschaftliche Professionalität, Solidität und Exaktheit mit allgemeinverständlicher Schreibweise, mit breiter Bildung und mit Fantasie zu verbinden. Ansonsten sind es Helden des Alltags, die für mich Personen von »gesellschaftlicher Größe« sind.

10. Wie sieht für Sie die ideale Gesellschaft aus?

Eine ideale Gesellschaft kann ich nicht in ihrem Strukturzustand skizzieren, weil ich der Meinung bin, dass eine Gesellschaft offen und von relativ vielen Kräften bestimmt sein sollte. Eine Gesellschaft wird um so positiver, je mehr sie liberal gegenüber Ethnien, Lebensstilen, Gruppierungen, Zielsetzungen ist und es ihr gleichzeitig gelingt, sich auf universalistische Spielregeln bestimmter Art zu einigen. Eine ideale Gesellschaft in ihrer Entwicklungstendenz ist eine Gesellschaft, die bestimmte Grundsätze von Humanität, Menschenrechten, aber auch Beziehungen zwischen Mensch und Natur universal festlegt und es jedoch auch fertig bringt, unterschiedlichen Ethnien persönliche Lebensgestaltungen und Freiheit in vielerlei Beziehung zu gewähren.

11. Wollen Sie die Gesellschaft verändern?

Ich will Gesellschaft im direkten Sinne nicht verändern, obwohl ich in meinen soziologischen Arbeiten nicht selten an den Grenzen des Popperianismus und der wissenschaftlichen Wertfreiheit entlangstreife. Es gibt Dinge, die man mit der reinen Lehre der Wertfreiheit nicht in den Griff bekommen kann. Man sollte den Werturteilsstreit heute heuristisch verstehen und vor diesem Hintergrund grundsätzliche wissenschaftstheoretische Lager auseinanderhalten können. Man muss den Werturteilsstreit nicht zur Richtlinie aller seiner Arbeiten machen.

Verändern will ich die Gesellschaft auf eine indirekte Weise, indem ich Informationen liefere zum Beispiel über bestimmte Milieus, über Armut und über die Frage, was ein Single-Dasein ausmacht. Ich fühle mich nur in sehr engen Grenzen dazu aufgerufen, aktiv die Gesellschaft zu kritisieren oder als Soziologe lenkend einzugreifen.

12. Wie sieht die Gesellschaft von morgen aus?

Wie die Gesellschaft von morgen aussieht, kann ich genauso wenig sagen wie andere. Ich glaube aber, dass das, was wir an Autonomie, eigenständiger Handlungsfähigkeit und an Individualität gewonnen haben, in Zukunft noch konsequenter gelebt werden kann – wenn auch nicht von allen. Große Teile unserer Gesellschaft sind relativ wohlhabend geworden, es hat eine Bildungsexpansion hohen Grades und eine relative Absicherung aller Lebensbereiche mit den damit einhergehenden psychologischen Sickereffekten stattgefunden. Das bedeutet, jeder Einzelne kann sein Leben mehr und mehr selbst in die Hand nehmen, weil bestimmte Rahmenbedingungen liberaler geworden sind. Die Menschen werden jedoch lernen müssen, bestimmte Kompromisse einzugehen, um bestimmte Lebensformen, die manchmal auch sehr traditionaler Art sein können, zu akzeptieren, ohne dadurch die gewonnene Eigenständigkeit aufzugeben. Die Individuen unserer zukünftigen Gesellschaft werden sich mehr als heute freiwillig in bestimmte Vergemeinschaftungen hineinbegeben. Sie bewahren sich dabei aber immer die Möglichkeit, diese Vergemeinschaftung aufzukündigen. Das ist der Unterschied zu früheren traditionalen Gemeinschaftsformen, aber auch zu der gängigen Vorstellung, jeder müsse seine neu gewonnene Individualität in jeder Spielart ausleben.

Interview

Was unterscheidet die »Single-Gesellschaft« von der »Gesellschaft der Individuen«, die Norbert Elias schon 1939 beschrieb?

Zunächst ist festzustellen, dass die Modernisierung im Ganzen, und da ist Norbert Elias einer der besten Kronzeugen, eine Entwicklung der Subjektivierung und Individualisierung ist – und das schon seit dem 17. Jahrhundert. Ich meine, und das ist ein Unterschied zu Elias, dass sich erst seit Ende der 60er Jahre unseres Jahrhunderts die Mittel, die Ziele und Normen einer massenhaften Individualisierung verbreitet haben. Leute, die in einem hohen Grad individualisiert leben, gibt es seit mindestens 100 Jahren, man betrachte nur die Bohème des ausgehenden 19. Jahrhunderts. Die massenhafte Individualisierung jedoch ist neu.

Wie wirkt sich diese aus?

Zum einen gehen mit der umfassenden Individualisierung euphorische Erwartungen, auf der anderen Seite aber auch tiefe Ängste einher. Diese Balance ist sehr prekär. Und Letzteres, also die Frage, ob wir der gerufenen Geister der Individualisierung Herr werden können, führte dazu, dass das Buch von der Single-Gesellschaft geschrieben worden ist. Konkret war es ein Auftrag des Bundeskanzleramtes aus dem Jahre 1994. Man hatte auch dort festgestellt, dass es in unserer Gesellschaft immer mehr Singles gibt. Ich sollte nun herausfinden, inwieweit Befürchtungen darüber berechtigt sind, dass dieser Zustand die Gesellschaft in Egoismus, Narzissmus oder Sozialschmarotzertum führt. Wer pflegt diese Singles, wenn sie alt sind? Gibt es bald nur noch Genusssucht? Diese und ähnliche Befürchtungen kennzeichnen die negative Seite der rapiden Durchsetzung von Individualisierungstendenzen. Meine Ergebnisse sind weniger dramatisch als viele vielleicht erwartet hatten. Eine Single-Gesellschaft in dem Sinne, dass die Mehrzahl oder gar alle als Single leben, werden wir in absehbarer Zeit nicht haben.

Sie sprechen in Ihrem Buch, in dem Sie sich auf die Bevölkerung der Bundesrepublik Deutschland beschränken, von einem Single-Anteil von 16 Prozent.

Das ist der Anteil derer, die in Deutschland alleine leben. Wobei natürlich auch bei großzügigster Auslegung des Begriffs »Single« diese 16 Prozent nicht alle Singles sind. Man kann 78jährige Witwen nicht als »Single« bezeichnen. Und man kann einen 22jährigen Studierenden, der zur Untermiete lebt, auch nicht ohne weiteres einen Single nennen. Als »Single« lässt sich vernünftigerweise nur jemand definieren, der im mittleren Lebensalter, in dem andere üblicherweise gemeinsam oder in Familien leben, alleine bleibt. Und auch das ist die sehr weite Fassung des Begriffs »Single«. Eine engere Begriffsbestimmung wäre, nur solche Personen als »Single« zu bezeichnen, die im mittleren Lebensalter ohne Partner alleine leben. Und eine noch engere Definition nennt nur jene im mittleren Lebensalter partnerlos Alleinlebende »Single«, die den Vorsatz haben, auf Dauer alleine zu bleiben. Das heißt natürlich nicht, dass sie jede Nacht alleine verbringen, wohl aber, dass sie sich nicht an einen einzigen Partner binden. Diese Definition kommt dem schon recht nahe, was in Zeitschriften und im Fernsehen häufig als »Single« bezeichnet wird.

Tritt der Lebensstil, den Sie Singles zuschreiben, zunehmender auf? Kann man eine Tendenz ausmachen?

An der rapiden Zunahme der Alleinlebenden haben die Alleinlebenden mittleren Alters, also Singles im weiteren Sinne, großen Anteil. Das Verhalten der Menschen wird sich möglicherweise weiter in diese Richtung entwickeln, so dass immer höhere Anteile der mittleren Altersjahrgänge alleine leben werden. Allerdings kommen derzeit die geburtenschwachen Jahrgänge ins mittlere Lebensalter. Die absolute Zahl der Singles wird daher nicht mehr so rapide wie in den letzten 20 Jahren weiterwachsen. Es wird einen handfesten Altersstruktureffekt geben, der den Zuwachs der Singles abbremsen wird. Außerdem wird die Zuwanderung anhalten und nach einiger Zeit noch anwachsen. Einwanderer sind aber typischerweise keine Singles. Die wenigsten von ihnen haben dieses ausgeprägte individualistische Bewusstsein, mit dem die Menschen im mitteleuropäischen und nordamerikanischen Raum aufwachsen.

Welche Lebensbedingungen sind Voraussetzung für ein Single-Dasein?

Die Bedingung ist eine moderne, reiche Gesellschaft. Das heißt nicht, dass in solchen Gesellschaften jeder zum Single wird. Wohlstand ist eine notwendige, nicht zureichende Bedingung des Single-Daseins. In diesem Sinne sind die Singles wirklich ein neues Phänomen. Wenn Sie einmal in die Geschichte zurückschauen, gab es zwar immer Leute, die alleine gelebt haben – der Hagestolz zum Beispiel oder die alte Jungfer –, aber ihre Zahl war immer gering, und die Alleinlebenden stammten aus gutgestellten Bevölkerungsgruppen. Dennoch hatten diese Leute, besonders Frauen, mit gewaltigen Vorurteilen zu kämpfen. Die Normalität sah ganz anders aus. Es war in aller Regel nicht möglich, alleine zu leben. Niemand konnte einen Bauernhof alleine bewirtschaften, niemand durfte einen Handwerksbetrieb alleine führen. Allein leben war und ist eine sehr teure Angelegenheit, für den Einzelnen und für die Gesellschaft. Man braucht Wohnraum, enorme finanzielle und sonstige Ressourcen. Selbst zu Zeiten, als die moralischen Bedenken gegen das Single-Dasein weitgehend aufgehoben waren, bei Männern schon Anfang des 20. Jahrhunderts, erhöhte sich die Zahl der Alleinlebenden nur ganz unwesentlich, weil weder das nötige Geld noch der Wohnraum gegeben waren.

Heute profitiert die Wirtschaft von Singles.

Das ist eine Tatsache, die ich auch in meinem Buch hervorgehoben habe. Sehr häufig wird nämlich unterschlagen, dass Alleinlebende in vielerlei Hinsicht, nicht nur was den Konsum und die Wirtschaftsförderung betrifft, Leistungen für die Gesellschaft erbringen. Die Angst vor zu vielen Single-Existenzen ist deshalb nur bedingt berechtigt. Singles sind nicht nur Konsumenten qualitativ hochwertiger, an der Spitze der ästhetischen Entwicklung stehender Güter. Sie sind auch berufliche Leistungsträger, sie zahlen sehr hohe Steuern und Sozialversicherungsbeiträge. Sie stehen außerdem für gesellschaftliche Mobilität, sowohl was geografische und berufliche, als auch was mentale Mobilität betrifft.

Das Single-Dasein ist in der Mehrzahl der Fälle eine Lebensphase, nicht die Lebensform fürs ganze Leben. Es ist häufig eine relativ lange Periode, aber typischerweise auch eine Zeit, in der Menschen ihre Orientierung verändern, oft sehr weitgehend, sei es freiwillig oder gezwungen. Eines der Grundprobleme moderner Gesellschaften besteht darin, dass sich viele Wandlungsvorgänge in schneller Zeit vollziehen und nicht jeder die Möglichkeit besitzt, sich auf diese Wandlungen einzulassen. Feste Einbindungen in Familienverbände und andere Gefüge stehen dem oft entgegen. Das Single-Dasein ist in dieser Hinsicht für den Einzelnen und für die Gesellschaft eine Chance. Denn viele Anpassungsvorgänge werden für die Menschen leichter, wenn sie eine Zeit lang alleine leben. Sie haben dann die Möglichkeit, dem technologischen, wirtschaftlichen, sozialen und privaten Wandel entsprechende mentale Veränderungen folgen zu lassen. So betrachtet stellen Singles eine Elastizitätsreserve der Gesellschaft dar. Man sollte in ihnen nicht immer nur die Gefahr des Narzissmus und des Egoismus sehen.

Sie sagten, das Single-Dasein können sich nur bestimmte Menschen leisten. Ist es aber nicht auch umgekehrt so, dass man als Single wirtschaftliche Vorteile hat, dass man weniger Gefahr läuft, sozial abzusteigen? Es sind ja gerade Familien mit vielen Kindern – vor allem auch Familien mit nicht-deutschem Pass –, oder auch alleinerziehende Mütter, die heute in Deutschland in Armut leben beziehungsweise akut gefährdet sind, in Armut zu geraten.

Es bedarf in aller Regel eines gewissen Wohlstandes, um als Single leben zu können, das ist richtig. Das Leben als Single ist aber auch ein Vehikel, um Wohlstand zu erlangen. Aus beiden Gründen, weil Wohlhabende öfter alleine leben und weil Alleinlebende eher wohlhabend werden, finden wir Singles in deutlich höheren beruflichen Stellungen, besseren Einkommensverhältnissen etc. als den Durchschnitt der Bevölkerung. Eine Ausnahme bildet nur ein gewisser Prozentsatz von alleinlebenden Männern. Dies sind Problemfälle, die weder mit anderen Menschen noch mit ihrem Berufsleben zurechtkommen.

Das Single-Dasein stellt vor allem für qualifizierte Frauen einen Weg in den Wohlstand dar. Sie wissen, dass sie – zumindest unter den Bedingungen hierzulande – ihre beruflichen Ambitionen nicht realisieren können, wenn sie heiraten und eine Familie gründen. Und weil Frauen das wissen, gibt es eine wachsende Zahl von ihnen, die sagt: »Okay, Kinder vielleicht später, aber zunächst einmal möchte ich das, was ich gelernt habe, auch praktizieren. Ich will bestimmte Erfolge sehen, und dazu kann ich jetzt keine Familie und vielleicht nicht einmal eine feste Partnerschaft gebrauchen.« So ist es nicht verwunderlich, dass im mittleren Lebensalter alleinlebende Frauen wirtschaftlich wesentlich besser gestellt sind als Frauen, die mit anderen Personen zusammenleben.

Singles stellen in ökonomischer und intellektueller Hinsicht eine relativ privilegierte Gruppe innerhalb der Gesellschaft dar. Der Sozialstaat braucht sich um die Singles keine Sorgen zu machen. Er muss sich erst dann Gedanken machen, wenn sie alt und pflegebedürftig werden.

Und was folgt dann?

Singles sind im Falle der Hilfsbedürftigkeit auf Bekannte und spätestens im Falle der Pflegebedürftigkeit auf stationäre Einrichtungen angewiesen. Die stationäre Unterbringung lässt sich oft hinauszögern, wenn Nachbarn oder Freunde Beistand leisten. Wir haben ausgerechnet, dass die verhältnismäßig kleine Bevölkerungsgruppe der Singles auch bei erheblichen Hilfeleistungen durch Netzwerke zu einer beträchtlichen Mehrbelastung der Alten- und Pflegeeinrichtungen führen wird. Im Übrigen wissen viele Singles selbst, dass sie im Alter von Netzwerken abhängig sein werden und recht schnell in die Anonymität eines Altenheims geraten können. Diese Entwicklung wird auch als Problem erkannt. Sozialstaatliche Instanzen tun meines Erachtens gut daran, Netzwerke und geeignete Strukturen zur Unterstützung älterer Menschen, auch und gerade der alleinlebenden, zu fördern.

Wagen wir einen Blick über den bundesrepublikanischen Horizont hinaus. Sie sagten, gehäuft tritt das Phänomen des Single-Daseins in reichen Ländern auf. Wie sieht es beispielsweise in Großbritannien und den Vereinigten Staaten aus?

Deutschland weist neben den skandinavischen Ländern die größte Zahl Alleinlebender auf. Das hat nicht nur mit Reichtum und Modernisierung zu tun, sondern vielleicht auch mit der Schnelligkeit, mit der hierzulande bestimmte Individualisierungsvorgänge aufgekommen sind. In der Bundesrepublik sind gut 35 Prozent aller Haushalte Einpersonenhaushalte. Davon ungefähr 40 Prozent Singles im Sinne des Alleinlebens im mittleren Lebensalter. Ähnlich sieht es in Schweden und Norwegen aus. Der Anteil der Singles ist in den USA etwas geringer, was unter anderem damit zusammenhängt, dass die ethnische Zusammensetzung in den USA eine ganz andere ist. Den chinesischen Single beispielsweise gibt es kaum. Auch lateinamerikanische Singles sind wegen der in der Regel recht starken Familienbande sehr selten. Das Single-Dasein ist ein Phänomen moderner Gesellschaften, aber im Einzelnen sind die Bedingungen doch recht unterschiedlich.

Ein weiteres Ergebnis Ihrer Untersuchung besagt, dass der Single verstärkt in Ballungsgebieten anzutreffen ist.

Ein Single kann fast nur in der Großstadt leben. Er ist angewiesen auf ein Bekanntennetz, das er regelmäßig pflegt, und in das er viel Arbeit und Mühe investiert. Dieses Netz fungiert als eine Art Versicherung, es umfasst Leute, die helfen können, Leute, mit denen man reden kann, Leute, mit denen man schlafen kann, und vieles andere mehr. Ein solches Beziehungsgeflecht ist in einem Dorf nur schwer herzustellen. Singles brauchen Kneipen, damit ihnen nicht die Decke auf den Kopf fällt. Umgekehrt ist aber auch die Akzeptanz von Singles in Großstädten sehr viel größer, hier gilt ihre Lebensform als normal. Ein überproportionaler Anteil der Singles lebt in Großstädten.

Was bringt Menschen dazu, als Single zu leben, abgesehen von den ökonomischen Gründen?

Es gibt sehr unterschiedliche Gründe, die Menschen dazu bewegen, als Single zu leben. Das reicht von den vorhin erwähnten Berufsambitionen einer gut ausgebildeten Frau bis zur biografischen Krise. Manche sagen: »Ich muss mich jetzt erst einmal selbst finden, bestimmte Dinge in meinem Leben ändern.« Es gibt viele andere Gründe, sehr emotionale, aber auch sehr nüchterne, sehr ichbezogene und auch sehr gemeinschaftsorientierte Gründe.

Vieles spricht dafür, dass auch in vergangenen Jahrzehnten und Jahrhunderten ein Teil der Bevölkerung ganz gerne alleine gelebt hätte, und sei es nur vorübergehend. Es war aber materiell, kulturell, wegen der Sicherheit und anderen Gründen nicht möglich. Der Historiker Imhof hat einmal die ketzerische Frage gestellt, ob der Mensch wirklich ein Zoon politikon ist, ein Wesen also, das nur in Gesellschaft mit anderen zusammenleben kann. Gibt es nicht vielmehr auch einen gewissen Anteil von Menschen, die zwar nicht völlig alleine, aber in ihrem Alltagsumfeld eher alleine als mit anderen leben wollen? Ich halte diese Frage nicht für abwegig. Es gibt und hat wahrscheinlich immer schon Menschen gegeben, die nicht jeden Tag eine bestimmte Person neben sich haben wollen. Und heute leben wir in einer Gesellschaft, die dazu Raum bietet.

Kann man denn von einem Massenphänomen sprechen?

Von den 25- bis 35-jährigen lebt mittlerweile mehr als jeder fünfte alleine. In bestimmten Altersgruppen kann man also durchaus von einem Massenphänomen reden. Aber das Single-Dasein ist nicht die überwiegende Lebensform. Und es wird sie auch zukünftig nicht sein. Es ist aber sehr wohl eine Lebensform, die so häufig ist und in Zukunft noch häufiger werden wird, dass man ihr soziologisch Aufmerksamkeit schenken muss. Zumal sie räumlich konzentriert ist. In Stuttgart, München oder Frankfurt findet man in der genannten Altersgruppe weitaus mehr als 20 Prozent Alleinlebende.

Sind Milieustrukturen in einer Gesellschaft, die durch Singles geprägt ist, noch erkennbar? Oder ist den Klassenstrukturen ein Ende gesetzt?

Wir haben in den 70er und 80er Jahren erlebt, dass sich die Klassen- und Schichtstrukturen in soziokultureller Hinsicht ausdifferenziert haben. Die Lebensweisen und -stile sind vielgestaltiger geworden. In den 90er Jahren spielt nun die Macht von Geld und Arbeit wieder eine sehr viel größere Rolle. Wir erlebten so etwas wie eine Re-Ökonomisierung. Die Singles sind keinesfalls auf alle Klassen, Schichten, Milieus und Lebensstile gleichermaßen verteilt. Nicht jeder kann ungeachtet seiner finanziellen Möglichkeiten, seines Bildungsgrades, seiner Herkunft und seines Milieus frei entscheiden, ob er als Familienmensch oder völlig alleine leben will. Singles konzentrieren sich hochgradig auf bestimmte Schichten, Berufsgruppen und Milieus.

Singles wählen beispielsweise überwiegend Grün, seltener, SPD. Nur wenige Singles geben konservativen Parteien ihre Stimme, rechtsextremen erst recht nicht. Wenn man in Kategorien des Wertewandels denkt, hat die überwiegende Anzahl der Singles eine »postmaterielle« Einstellung. Vergleicht man »alte« und »neue« Werte, also Pflichtwerte auf der einen und Selbstentfaltungswerte auf der anderen Seite, stehen für Singles ganz eindeutig die Selbstentfaltungswerte obenan. Was die Milieugliederungen betrifft: Man braucht im kleinbürgerlichen Milieu, im traditionellen Arbeitermilieu und im konservativ gehobenen Milieu eine Lupe, um Singles ausfindig zu machen. Umgekehrt findet man im hedonistischen und im liberal-technokratischen Milieu sehr viele Singles. Einige männliche Singles gibt es auch im traditionslosen Arbeitermilieu. Das sind zum Teil die »Problemsingles«, von denen ich vorhin gesprochen habe.

Man findet also eine eindeutige Konzentration der Singles innerhalb der Milieulandschaft. Ähnlich ist es mit den Lebensstilen der Singles. Sie verbringen ihre Freizeit kaum mit populärer Unterhaltungslektüre oder mit volkstümlichen Rundfunksendungen. Für Singles zählen entweder ästhetische Kategorien der akzeptierten »Hochkultur« – Pierre Bourdieu würde sagen der Orthodoxie nahestehende – oder aber avantgardistische Kategorien. Es mag Singles mit »Ikea-

Konventionen« geben, aber man wird bei ihnen weder einen Wohnzimmerschrank in »Gelsenkirchener Barock« noch CDs mit Volksliedern finden.

Wird diese klare Abgrenzung Bestand haben oder können Sie sich auch vorstellen, dass sich die Milieus und Lebensstile von Singles in Zukunft ändern beziehungsweise ausweiten?

Ich bin der Meinung, dass die hohe Konzentration der Singles auf bestimmte soziale Gruppierungen keinen Bestand haben wird. Ähnlich wie wir erlebt haben, dass sich die ökologiebewussten Milieus anfänglich nur aus jungen, hochgebildeten Großstadtkreisen der oberen Mittelschicht zusammensetzten und dann in große Teile der Sozialstruktur hinein verbreiteten, wird die Diffusion des Single-Daseins nur eine Frage der Zeit sein.

Die Soziologen Ulrich Beck und Elisabeth Beck-Gernsheim behaupteten 1990, dass der Alleinstehende die »Grundfigur der Moderne« ist. Single-Dasein und Single-Gesellschaft als Konsequenz der reflexiven Modernisierung?

Die »Single-Gesellschaft« ist eindeutig eine Konsequenz von Modernisierung, und das Single-Dasein wird ein bedeutsames Strukturelement moderner Gesellschaften bleiben. Die »Grundfigur der Moderne« ist der Single vielleicht im qualitativen, aber nicht im quantitativen Sinne: Der Single bringt, wie ein Seismograf, einige der Chancen und Probleme zum Ausdruck, die den meisten Mitgliedern moderner Gesellschaften erst bevorstehen, die sie im Moment allenfalls befürchten. Insbesondere wird in der Existenz von Singles das prekäre Verhältnis sichtbar, das in der Moderne zwischen dem individuellen Streben nach Autonomie und der Sehnsucht nach Gemeinschaft besteht. Daraus erklärt sich viel von der heftigen Zuneigung und Ablehnung, die Singles von Seiten der nicht Alleinlebenden erfahren: Für die einen sind Singles Projektionsfläche ihrer Hoffnungen, für die anderen Richtpunkt ihrer Ängste. Daher sollte man die Singles eher als Konsequenz der »subjektiven« als der »reflexiven« Modernisierung bezeichnen.

Anfang des 20. Jahrhunderts sah der Soziologe Georg Simmel einerseits einen unüberbrückbaren Gegensatz, andererseits eine untrennbare Ver-

bindung zwischen Individuum und Gesellschaft. Karl Martin Bolte hob 1980 hervor, dass man immer berücksichtigen müsse, dass erstens die Gesellschaft aus Individuen besteht und zweitens, dass Individuen in ihrem Denken und Handeln zu einem nicht unerheblichen Teil Produkte der Gesellschaft sind. Wie lässt sich das Verhältnis zwischen Single und Gesellschaft definieren?

Es gibt bis heute die altehrwürdige, immer wieder thematisierte Antinomie von Individuum und Gesellschaft. Das Interessante ist, dass in unserer Gesellschaft immer mehr auch das Gegenteil wahr ist: Aufgrund ihrer rasanten Entwicklung tut es beiden Teilen durchaus gut, wenn viele Menschen als Singles leben. Also nicht nur individualisiert in bezug auf Lebensführung und Mentalität, wie es Ulrich Beck in vielen Publikationen beschrieben hat, sondern in viel konsequenterer Weise als Lebensform.

Ich habe schon erwähnt, dass die Gesellschaft Anpassungsmechanismen braucht, um den sozialen Wandel auch in den Köpfen der Menschen stattfinden zu lassen, und dass das Single-Dasein in dieser Hinsicht eine Elastizitätsreserve darstellt. Es kann also für den Einzelnen wie für die Gesellschaft ein Vorteil sein, wenn bestimmte Selbstverständlichkeiten und Sicherheiten entfallen, wenn man sich bei Problemen nicht in den Schoß der Familie oder der Dorfgemeinde zurückfallen lassen kann. Funktionale Phasen des Alleinlebens können in gewisser Weise helfen, mit den Turbulenzen der heutigen Zeit, mit Arbeitslosigkeit, neuen Jobs, Umlernen, der drastischen Zunahme der Lernanforderungen und veränderten privaten Verhältnissen zurechtzukommen. Jeder Einzelne sieht sich Umbrüchen in nie gekannter Zahl gegenüber. Diese kann man nicht in allen Lebensformen gleich gut bewältigen.

Dies bedeutet eine Umkehrung herkömmlichen soziologischen Denkens. Wenn Sie zum Beispiel an Schriften von Ralf Dahrendorf denken, in denen er aus der Sicht des Individuums von der ärgerlichen Tatsache einer Gesellschaft geschrieben hat, so war das aus der Situation der späten 50er und frühen 60er Jahre begreiflich. Zu jener Zeit war Deutschland in sozialer und kultureller Hinsicht eine relativ statische, fast starre Gesellschaft. Dieses Gegeneinander von Gesellschaft und Individuum ist in vieler Hinsicht aufgehoben. Die Gesellschaft braucht ihre individualisierten Singles, obwohl diese manchmal auch ein Problem sind. Insofern ist aus der Abgrenzung zwischen dem trotzigen Individuum in der »ärgerlichen« Gesellschaft vielfach ein Aufeinanderangewiesensein geworden.

Es gibt starke Tendenzen zur Ausdifferenzierung von Lebensformen. Vereinfacht gesagt werden diejenigen, deren Lebensziel es ist, Kinder zu haben, eine Familie gründen. Sie werden sich also ganz im Sinne der zweckrationalen Gestaltung der Lebensform Familie bedienen. Wer eine Paar-Beziehung als oberste Priorität ansieht, wird eine Paar-Beziehung führen, ohne Kinder. Und wer schließlich seine eigene Person obenan stellt, wird Single sein.

Das Single-Dasein ist auch eine Reflektions- und Probierphase, in der man sich klar darüber werden kann, was man eigentlich im Leben will. Insofern wird sich nur ein kleiner Prozentsatz dauerhaft für das Single-Dasein entscheiden, obwohl es viele zeitweise ausprobieren werden. Unsere Gesellschaft ist insofern eine Multioptionsgesellschaft, als verschiedene private Rationalitäten erfahrbar geworden sind. Die Single-Existenz ist einerseits eine dieser Lebensformen, andererseits auch eine vorübergehende Lebensform, während der eine individuelle Entscheidung über die geeignete Lebensform getroffen werden kann. Unter anderem deshalb braucht die Gesellschaft ihre Singles. Und in diesem eingeschränkten Sinne sind wir auf dem Weg zur »Single-Gesellschaft«.

Die Gesellschaft wird also in absehbarer Zeit nicht nur aus unverbesserlichen, selbstsüchtigen Freiheitsaspiranten bestehen. Auf welcher Basis sollte dennoch ein Gesellschaftsvertrag anvisiert werden, der sowohl der wachsenden Individualisierung als auch der fortdauernden Vergesellschaftung gerecht wird? Welche Maßnahmen schweben Ihnen vor?

Von Maßnahmen und einem Gesellschaftsvertrag will ich nicht sprechen. Dazu wäre zu viel zu sagen. Sicher scheint mir aber, dass das Pendel im Begriff ist, zurückzuschlagen: Während viele seit den späten 60er Jahren von den neugewonnenen individuellen Möglichkeiten fasziniert waren und diese auch auskosteten, scheuen in letzter Zeit immer mehr Menschen, besonders der jüngeren Generation, die damit verbundenen Anomie- und Konfliktgefahren. Sie nehmen Zuflucht in Moralisierung oder in konventionellen Lebensführungen und damit in De-Individualisierung. Noch bleibt eine Balance zu finden zwischen den weiterhin wachsenden individuellen Möglichkeiten und dem souveränen, daher auch aufkündbaren Verzicht dieser Chancen zugunsten persönlicher Gemeinschaften, zweckhafter Vergesellschaftung, dem Verhältnis zur Umwelt und vielem mehr.

▶ Die Verschiebung der Wertprioritäten ◀

Vita

Ronald Inglehart, geboren 1934, ist Professor für Politische Wissenschaften und Programm-Direktor am Institut für Sozialforschung der »University of Michigan«. Seit vielen Jahren ist er an der Koordination und Durchführung mehrerer langfristig angelegter internationaler Untersuchungen wie dem »World-Value-Survey« und dem »Eurobarometer« beteiligt. Seine Arbeitsschwerpunkte sind Wertewandel, politischer Wandel und vergleichende Politikwissenschaft.

Eine der zentralen Fragen in der vergleichenden Politikwissenschaft beschäftigt sich mit dem Ursache-Wirkungs-Zusammenhang von kulturellen Faktoren einerseits und wirtschaftlichem Wandel andererseits. Verursachen kulturelle Faktoren wirtschaftlichen Wandel, oder führen wirtschaftliche Faktoren zu kulturellem Wandel? Ingleharts Forschung zeigt, dass solch eine vereinfachte Fragestellung weder in Sinne Webers noch im Sinne von Marx beantwortet werden kann. Seine Daten belegen vielmehr in beeindruckender Weise, dass eine Wechselwirkung von ökonomischen und kulturellen Faktoren die Wertprioritäten der Menschen verändern und gesellschaftlichen Wandel hervorrufen.

Seit 30 Jahren erforscht Ronald Inglehart die Veränderung von Werteprioritäten. Seine Bekanntheit verdankt er der These des Wertewandels, die er erstmals 1971, später dann in seinem 1977 nicht auf deutsch erschienenen Buch »The Silent Revolution: Changing Values and Political Styles« empirisch und theoretisch darlegte. Seine Theorie vom Postmaterialismus, der Gewichtsverlagerung von materialistischen zu postmaterialistischen Werten, entwickelte er in den Folgejahren systematisch weiter. Im Gegensatz zu vielen seiner Kollegen »versucht er nicht nur seine Thesen ästhetisch zu begründen«, wie es sein Kollege Hans-Dieter Klingemann einmal formulierte, sondern testet sie in empirischen Untersuchungen. Die Daten belegen, dass sich die grundlegenden Werthaltungen in allen Ländern der Welt in den letzten Jahrzehnten gravierend veränderten, und dass dieser Wertewandel in einem klaren Zusammenhang sowohl mit der ökonomischen Entwicklung wie auch dem politischen Geschehen in diesen Gesellschaften steht.

Ausgewählte Buchveröffentlichungen:

Ronald Inglehart: Modernisierung und Postmodernisierung.
Kultureller, wirtschaftlicher und politischer Wandel in 43 Gesellschaften.
Campus Verlag, Frankfurt/M. 1998
Originalausgabe: Modernization and Postmodernization.
Princeton University Press, Princeton 1997

Ronald Inglehart

Verschiebung der Wertprioritäten:
Von materialistischen Werten
(Wirtschaftswachstum, Profitdenken, Autoritätshörigkeit)
zu postmaterialistischen Werten
(subjektives Wohlbefinden, Selbstverwirklichung, politische Partizipation)

Konzept

Hochtechnisierte Gesellschaften verfügen über ein historisch einzigartiges Wohlstandsniveau. Sie erleben gleichzeitig einen umfassenden kulturellen Wandel, in dem die bisher vorherrschenden materialistischen Werte zurückgedrängt werden. Während ein Großteil der Bevölkerung in diesen Gesellschaften noch traditionelle materialistische Werteprioritäten hat, wendet sich ein immer größer werdender Anteil der Bevölkerungen anderen, postmaterialistischen Werten zu. Diese Entwicklung ist insbesondere in den Gesellschaften zu beobachten, die eine erfolgreiche Modernisierung hinter sich gebracht haben und nun den Prozess der Postmodernisierung durchlaufen. Ronald Inglehart beschreibt diese Veränderungen in seinem jüngsten Buch »Modernisierung und Postmodernisierung«. Er belegt diese bereits früher geltend gemachten Thesen mit zwischenzeitlich erhobenen Daten aus 43 verschiedenen Ländern. Er zeigt, dass während der Modernisierungsphasen existentielle Sicherheit und wirtschaftliches Wachstum im Vordergrund stehen. Diese materialistischen Werte sind zwar in postmodernen Gesellschaften weiterhin anzutreffen, aber ein wachsender Prozentsatz der Bevölkerung wendet sich dann postmaterialistischen Werten zu. Subjektives Wohlbefinden, Selbstverwirklichung und politische Partizipation rücken dabei in den Mittelpunkt des Lebens. Um diese Veränderungen von materialistischen zu postmaterialistischen Werten zu belegen, verglich Inglehart die Werte älterer und jüngerer Alterskohorten der Bevölkerung. Er zeigte in beeindruckender Weise, dass es aufgrund der verschiedenen wirtschaftlichen Bedingungen, unter denen beide Gruppen aufgewachsen sind, zu erheblichen Unterschieden in ihren Wertehaltungen kommt. Ältere Personen, die in ihrer Jugend wirtschaftlich unsichere Zeiten erlebten, sind mehr materiellen Werten verbunden. Jüngere Personen, die in ihrer Kindheit wirtschaftliche Prosperität erlebten, betonen dagegen deutlich mehr solche Werte, die Selbstverwirklichung in den Vordergrund stellen. Inglehart konnte anhand seiner umfangreichen Umfrageergebnisse aufzeigen, dass ein solcher Wandel in den vorherrschenden Werteprioritäten in einer Gesellschaft eintritt, sobald eine Generation von der nächsten abgelöst wird. Der Wertewandel vollzieht sich allmählich und im Sinne einer »stillen Revolution«. Die Daten des World-Values-Surveys zeigen zum Beispiel, dass der Prozentsatz der Bevölkerung mit materialistischen Werteprioritäten im Jahr 1970 noch viermal höher war als der Prozentsatz der Bevölkerung mit einer postmaterialistischen Werteorientierung. 20 Jahre später, also im Jahr 1990, war das Verhältnis von Materialisten zu Postmaterialisten nur noch 4:3. Ingleharts Hochrechnungen sagen vorher, dass sich im Jahr 2000 beide Gruppen die Waage halten.

Damit kein Missverständnis entsteht: Postmaterialisten bewerten existenzielle Sicherheit keineswegs negativ. Sie betonen lediglich – im Gegensatz zu Materialisten – die Bedeutung von Selbstverwirklichung und Lebensqualität stärker. Der Schwerpunkt verschiebt sich, so Inglehart, vom Kampf ums Überleben auf eine Maximierung des subjektiven Wohlbefindens. Postmaterialisten scheinen Wohlstand für selbstverständlich zu halten und verwenden deshalb mehr Zeit und Energie auf andere Lebensaspekte.

Das Entstehen einer grundlegenden postmaterialistischen Wertepriorität als Folge der Erfahrung stabiler wirtschaftlicher Verhältnisse steht auch im Zusammenhang mit der Veränderung von spezifischen Werthaltungen. Werte in den Bereichen Politik, Arbeit, Religion, Familie und Sexualverhalten durchlaufen folglich ebenfalls einen Wandlungsprozess. Daten aus dem politischen Bereich spiegeln diese Veränderungen wider. Sie zeigen beispielsweise, dass neue Themen an Bedeutung gewinnen und dass traditionelle Formen politischer Autorität deutlich weniger Akzeptanz finden. Traditionelle Parteibindungen werden ersetzt durch aktive, themenbezogene Formen politischer Partizipation. Schichtspezifisches Wahlverhalten verliert an Bedeutung gegenüber wertorientiertem Wahlverhalten. Auf dem ökonomischen Sektor verlagert sich das Interesse an Einkommenssteigerung und Arbeitsplatzsicherheit nach Ansicht Ingleharts dahingehend, dass immer mehr Menschen eine sinnvolle und zufriedenstellende Tätigkeit bevorzugen. Auf dem familiären Sektor drückt sich das gesteigerte Bedürfnis nach sinnvoller Arbeit dadurch aus, dass berufliche Selbstverwirklichung wichtiger wird als die Gründung einer Familie. Die abnehmenden Geburtenraten in postmodernen Gesellschaften sind dafür ein deutliches Indiz. Im religiösen Bereich ist festzustellen, dass die Menschen mehr Zeit damit verbringen, über Sinn und Ziel des Lebens nachzudenken. Das Vertrauen in traditionelle religiöse Institutionen sinkt dagegen, was sich beispielsweise mit gestiegenen Kirchenaustritten belegen lässt. Im Zusammenhang mit diesem Wertewandel verändern sich auch die Einstellungen zu den gesellschaftlichen Rollen von Frauen und Männern sowie die Einstellungen gegenüber Homosexuellen. Die wachsende Toleranz und Offenheit ist für Inglehart eine bedeutende Konsequenz des Wertewandels.

Diese Daten zu Veränderungen in den verschiedenen Lebensbereichen interpretiert Inglehart als klare Unterstützung für seine Theorie eines grundlegenden Wertewandels. Da das Wirtschaftswachstum in postmodernen Gesellschaften einen Punkt abfallender Profitraten erreicht hat, wird die Zukunft bestimmt sein von postmaterialistischen Werten, neuen politischen Bewegungen und einem gesellschaftlichen Bewusstsein, das sich von den bisherigen Vorstellungen deutlich unterscheidet.

Fragebogen

1. Sehen Sie sich selbst als Gesellschaftstheoretiker, Gesellschaftskritiker, Gesellschaftsarchitekt oder lediglich als geselliger Zeitgenosse?

Ich denke, dass ich mich, wie wahrscheinlich fast jeder Sozialwissenschaftler, in allen diesen Rollen zu einem gewissen Grade sehe. Theorie ist der vielleicht wichtigste Bereich, in dem ich arbeite. Aber Theorie lässt sich nur auf dem Boden überprüfbarer Tatsachen entwickeln. Eine empirische Untersuchung kann die Bedeutung einer bestimmten Situation besser aufhellen als eine ideologische Erklärung. Es ist enorm wichtig, die Dinge, die um uns herum passieren, zu beschreiben, zu analysieren, zu interpretieren und zu kritisieren. Ich wäre sicherlich nicht so motiviert, wenn ich nicht ein Interesse daran hätte, die Gesellschaft in eine wünschenswerte Richtung zu lenken. Außerdem spielt sicher auch eine persönliches Motivation eine Rolle. Ich wollte immer erfahren, was andere Menschen denken, und wie andere die Welt sehen. Mit den Meinungsumfragen und empirischen Untersuchungen, die ich betreibe, ist es mir möglich, die Ansichten von sehr vielen Menschen zu studieren. Eine interessante Theorie beinhaltet auch immer eine Kritik dessen, was in der Welt falsch läuft. Und mit Kritik hofft man in gewisser Weise auch etwas zu bewirken, auch wenn die Verbesserung noch so klein ist. Deshalb sehe ich mich als Theoretiker, Kritiker und Architekt.

2. In welcher Gesellschaft leben wir eigentlich?

Es ist sehr wichtig zu definieren, wer gemeint ist, wenn wir von »wir« sprechen. Die Menschen in Deutschland, in den Vereinigten Staaten oder in Japan, leben in postmodernen Gesellschaften, die durch einen nie zuvor erreichten Wohlstand, durch eine durchschnittlich hohe Lebenserwartung und durch einen Wandel der bisher geltenden Werte gekennzeichnet sind. Der Großteil der Weltbevölkerung lebt jedoch nicht unter diesen Bedingungen und demnach auch nicht in postmodernen Gesellschaften. Einige Gesellschaften befinden sich noch im vormodernen Stadium, andere durchlaufen gerade den Modernisierungsprozess. Die reichen Gesellschaften mit einem Pro-Kopf-Einkommen von bis zu 30 000 US-Dollar im Jahr, die den Modernisierungsprozess erfolgreich hinter sich gebracht haben, durchlaufen nun eine postmoderne Phase, die sich sehr stark von der Modernisierungsphase unterscheidet. In ihrer Folge bilden sich Werte heraus, die nicht mehr das Überleben, sondern das individuelle Wohlergehen betreffen.

3. Worin sehen Sie die Stärken und Schwächen dieser Gesellschaft?

Postmoderne Gesellschaften haben einige sehr positive Stärken. Erstens verfügen sie über einen historisch beispiellosen Wohlstand, der auf das Wirtschaftswunder nach dem Zweiten Weltkrieg und die Entstehung des Wohlfahrtsstaates zurückgeht. Der überwiegende Teil der Menschen in postmodernen Gesellschaften lebt ohne Existenzängste. Das Überleben stellt kein ernstes Problem dar. Sie brauchen sich keine Gedanken darüber machen, ob sie den nächsten Tag erleben. Deshalb können sie sich auf ganz andere Lebensaspekte konzentrieren und eine Lebensstrategie mit anderen Bedürfnissen und Zielen entwickeln. Eine weitere Stärke ist die schlichte Tatsache, dass die Menschen wesentlich länger leben. Die Lebenserwartung der Bevölkerung in diesen postmodernen Gesellschaften stieg im 20. Jahrhundert von 35 bis 40 Jahre auf 75 bis 80 Jahre an. Das entspricht fast einer Verdoppelung der Lebenserwartung innerhalb von einem Jahrhundert. Ein anderer positiver Aspekt postmoderner Gesellschaften ist der größere Wahrnehmungs-, Erfahrungs- und Aktionshorizont der Menschen. In vormodernen Agrargesellschaften verbrachten die meisten Menschen ihr ganzes Leben in unmittelbarer Nähe ihres Geburtsortes. Ihre Lebenserfahrungen waren entsprechend eher begrenzt. Sie hatten nicht die Möglichkeit zu reisen und Menschen aus anderen Kulturen kennenzulernen. Auch die modernen Industriegesellschaften kannten noch nicht die Variationsbreite an Erfahrungen, die die Menschen in postmodernen Gesellschaften machen können. Der erweitere Erfahrungshorizont bietet die Möglichkeit, über die Grenzen des eigenen Lebens hinwegzusehen und altvertraute Vorstellungen und überlieferte Wahrheiten zu überdenken. Ein weiterer Pluspunkt in postmodernen Gesellschaften ist die gewaltige Veränderung der Geschlechterrollen. Noch vor einer Generation waren die Rollen von Männern und Frauen sehr unterschiedlich. In postmodernen Gesellschaften werden die Rollen von Mann und Frau zunehmend ähnlicher.

Aber es gibt durchaus auch Probleme. Das größte Problem ist wahrscheinlich die Tatsache, dass uns die Technologie, die wir entwickeln, möglicherweise überfordert. Ich meine damit z.B. die Tatsache, dass die Technologie so weit fortgeschritten ist, dass wir in der Lage sind, mit einem Schlag jegliches Leben auf der Erde auszulöschen.

4. Welche Rolle spielen Sie in der Gesellschaft?

Eine meiner wichtigsten Rollen ist die als Vater. Ich habe vier Kinder. Diese Rolle ist sehr wichtig für mich. Bezüglich meiner beruflichen Rolle als Sozialwissenschaftler bin ich in erster Linie darum bemüht, Deutungsangebote zu liefern. Es ist wichtig für mich, dass die Ergebnisse meiner Forschung veröffentlicht werden. Denn ich glaube, dass sie gesellschaftliche Zusammenhänge deutlicher machen, Probleme aufzeigen und eine Sensibilität dafür entwickeln, wohin sich die Gesellschaft bewegt.

5. Welche Gesellschaftsromane haben Sie fasziniert?

Als ich vierzehn Jahre alt war habe ich »1984« von George Orwell und »Schöne neue Welt« von Aldous Huxley gelesen. Allgemein haben mich Science-Fiction-Romane fasziniert – wie die Zukunftsvisionen von Isaac Asimov oder das Buch »The Players of Null-A« von A. E. van Vogt. Das Buch, das mich am stärksten bewegt hat, war »1984«. Gerade lese ich mit Begeisterung die Romane von Jane Austen, die mir bewusst machen, wie sich die Rolle von Frauen im Laufe der Jahrhunderte verändert hat.

6. Welchem Gesellschaftsspiel gehen Sie gerne nach?

Der Zweite Weltkrieg spielte eine zentrale Rolle in meiner Kindheit. Deshalb spielte ich sehr gerne Strategiespiele. Heute spiele ich ein Spiel, eine Untersuchung, die »Welt-Werte-Studie« heißt. Es ist in der Tat ein Gesellschaftsspiel, an dem sehr viele Mitspieler beteiligt sind. Insgesamt führten für die zweite Umfragewelle 79 Personen in 43 Gesellschaften Untersuchungen durch. Die dritte Erhebungswelle umfasst noch wesentlich mehr Personen, die dann in 60 Ländern ihre Befragungen durchführen. In gewisser Weise ist es auch eine Art Geduldspiel. Es erfordert viel Koordination und die Fähigkeit, die verschiedenen Persönlichkeiten und Interessen der anderen Spieler unter einen Hut zu bringen. Darüber hinaus müssen Konferenzen und Veröffentlichungen organisiert werden. Insgesamt macht es mir wirklich sehr viel Spaß. In gewisser Weise hat es eine Ähnlichkeit mit den Spielen, denen ich in meiner Kindheit gerne nachging.

7. In wessen Gesellschaft halten Sie sich bevorzugt auf?

Früher zählten Leistung und Wettbewerb. Heute stehen andere Werte im Vordergrund wie Kooperation und das gegenseitige Verständnis füreinander. Deshalb halte ich mich bevorzugt in Gesellschaft von Menschen auf, die emotionell offen und intellektuell inspirierend sind, mit denen ich Ideen entwickeln und austauschen kann.

8. Welcher Gesellschaftsgruppe fühlen Sie sich zugehörig?

Es ist immer sehr wichtig, unter welchen Lebensbedingungen ein Mensch aufwächst. Menschen, die ökonomisch schwere Zeiten erlebt haben und viel entbehren mussten, stellen ganz andere Werte an die Spitze ihrer Wertehierarchie als die, die in Zeiten wirtschaftlicher Prosperität aufgewachsen sind.

Wenn ich meine eigenen Klassifikationen hinzuziehe, würde ich sagen, dass ich kein hundertprozentiger Postmaterialist bin, da ich in unsicheren Zeiten aufgewachsen bin. In meinen Entwicklungsjahren habe ich Werte verinnerlicht, die durchaus als materialistisch gelten können. Meine Freunde hingegen, die unter relativ gesicherten ökonomischen Bedingungen aufgewachsen sind, sind überwiegend Postmaterialisten.

9. Welche Person(en) von gesellschaftlicher Größe schätzen Sie?

Einen sehr großen Einfluss auf die Welt hatten sicherlich politische Figuren wie Mao Tsetung und Michail Gorbatschow. Auch wenn viele Gorbatschow vergessen haben, so hatte er doch einen enormen Anteil an der gesellschaftlichen Entwicklung Europas. Ohne ihn wären die notwendigen Reformen zu mehr individueller Selbstverwirklichung vielleicht heute noch nicht auf den Weg gebracht. Eine Tragödie besteht darin, dass es Russland im Gegensatz zu Ostdeutschland, Polen, Ungarn, der Tschechischen Republik und dem Rest des ehemaligen Ostblocks nicht geschafft hat, aus der wirtschaftlichen und sozialen Misere herauszufinden. Allgemein bin ich sehr optimistisch was China betrifft, dagegen sehr besorgt um Russland.

10. Wie sieht für Sie die ideale Gesellschaft aus?

Wir werden niemals dahin gelangen. Trotzdem sollten wir dahin aufbrechen. Ein wichtiger Aspekt ist sicherlich die Wahrung der Freiheit. Menschen sollten frei wählen können, wohin sie gehen, welche Ziele sie verfolgen und welche neuen Welten sie entdecken wollen. Es muss jedem selbst überlassen bleiben, was er für sein Leben entscheidet. Eine freiheitliche Gesellschaft mit reichen und gleichmäßig verteilten Ressourcen könnte einer idealen Gesellschaft entsprechen. Die postmoderne Gesellschaft ist durch eine sehr große Wahlfreiheit gekennzeichnet, aber sie ist keine ideale Gesellschaft. Sie entwickelt sich immer weiter und verändert sich unablässig. Bei aller Euphorie für die positiven Entwicklungen, müssen wir die negativen Implikationen immer im Auge behalten.

11. Wollen Sie die Gesellschaft verändern?

Ich trete für mehr Spontaneität und zwischenmenschliches Vertrauen ein. Aber es ist nicht mehr möglich, Menschen zu zwingen, einer Ideologie zu folgen. Der gesellschaftliche Umbruch von 1989 hat deutlich gemacht, dass der Wunsch, frei zu entscheiden und frei zu handeln größer ist als der Wunsch, sich einer Ideologie anzuschließen. Die Gesellschaft lässt sich nicht mehr durch eine Elite verändern, Gesellschaft wird von der Masse verändert.

12. Wie sieht die Gesellschaft von morgen aus?

Erfolgreiche Prognosen sind in den Sozialwissenschaften eine Seltenheit, da es unmöglich ist, den genauen Entwicklungsverlauf menschlicher Gesellschaften vorherzusagen. Menschliches Handeln ist derart komplex und wird von so vielen unterschiedlichen Faktoren beeinflusst, die sich auf viele Ebenen auswirken. Deshalb muss jeder Anspruch, präzise Vorhersagen zu treffen, letztendlich scheitern. Dennoch können wir einige Haupttendenzen aufzeigen, die begonnen haben und sich fortsetzen werden. Das Projekt der Moderne, das uns schnelles Wirtschaftswachstum und höhere Überlebenschancen ermöglichte, wird allmählich durch das Projekt der Postmoderne abgelöst, bei dem subjektives Wohlbefinden und Selbstverwirklichung im Vordergrund stehen. Dieser Entwicklungstrend gilt für alle Gesellschaften, die in den letzten Jahren eine Steigerung ihres Wohlstands erfahren haben. Für alle anderen Gesellschaften wird es keinen linearen Marsch in diese fundamental andere Richtung geben, aber ich wage die Prognose, dass die Gesellschaften, die zur Zeit noch immer den Modernisierungsprozess durchlaufen, auf lange Sicht den Pfad der Postmodernisierung betreten werden.

Interview

Um die Gegenwartsgesellschaft zu beschreiben, wird sehr häufig das Adjektiv »postmodern« herangezogen. Was aber »postmodern« konkret bedeutet, wird sehr unterschiedlich verstanden. Die Aussagekraft postmoderner Ideen ist mittlerweile sehr umstritten, was möglicherweise an den theoretischen Schwächen und am Mangel an begrifflicher Klarheit und analytischer Schärfe liegt, der vielen Verfechtern des postmodernen Genres vorgeworfen wird. Wie stehen Sie zu solchen Vorwürfen und inwiefern unterscheidet sich Ihr Konzept von den Vorstellungen und Interpretationen eines Jean-François Lyotard oder anderer postmoderner Denker wie Michel Foucault, Jacques Derrida, Gianni Vattimo oder Francis Fukuyama? Letzterer prophezeite das Ende der Geschichte.

Die postmoderne Gesellschaft ist sicherlich nicht das Endstadium der Geschichte. Der Prozess der kulturellen Evolution dauert noch an. Ich stimme aber anderen postmodernen Denkern zu, die erklären, dass die großen Ideologien und Glaubenssysteme an Bedeutung verloren haben. Das kann empirisch nachgewiesen werden. Es gibt viele verschiedene Versionen der Postmoderne und vielfältige Lesarten der genannten Autoren. Die Fachliteratur ist vielschichtig und widersprüchlich. Aber fast alle Autoren sehen die Moderne hinsichtlich einiger ihrer wesentlichen Aspekte als beendet. Dieser Sichtweise schließe ich mich an. In meinem Buch »Modernisierung und Postmodernisierung« habe ich versucht aufzuzeigen, welche kulturellen Veränderungen sowohl mit der Phase der Modernisierung als auch durch die Postmodernisierung ausgelöst wurden. Während früher materielles Wohlergehen und physische Sicherheit im Vordergrund standen, wird in den postmodernen Gesellschaften heute mehr Gewicht auf die Verbesserung der sozialen und natürlichen Umwelt gelegt. Es hat sich ein umfassender kultureller Wandel vollzogen, der sowohl die Einstellung zu Arbeit, Politik, Umwelt, Religion, die Bewertung von Ehe und Familie, Homosexualität, Scheidung, Abtreibung, die Rolle von Frauen und Männern und vieles mehr verändert hat.

Wenn im Zuge der Postmodernisierung ein kultureller Umbruch stattgefunden hat, ist damit aber noch nicht geklärt, weshalb die postmoderne Gesellschaft entstanden ist. Warum ist denn die heutige Gesellschaft so völlig anders als vor zwei oder drei Generationen?

Es ist schwierig, diese Frage schlüssig zu beantworten. Um die Veränderungen im Kontext der historischen Entwicklungen der letzten 100 Jahre zu verstehen, müssten wir über Umfragedaten aus diesem Zeitraum verfügen. Kultureller Wandel lässt sich nur in der Langzeitperspektive erfassen, da er sich dadurch vollzieht, dass eine Generation durch eine andere abgelöst wird. Die in einer Generation vorherrschenden Werte können in der darauf folgenden Generation schon nicht mehr oder zumindest weitaus weniger von Bedeutung sein. Wertehaltungen entwickeln sich früh im Leben, in der sogenannten Sozialisationsphase. Diese Phase steht im direkten Zusammenhang mit den Bedingungen, unter denen jemand aufwächst. Wir konnten mit unseren Untersuchungen den Beweis erbringen, dass wirtschaftlicher Wohlstand zu einem erheblichen Wertewandel führt. Das lässt sich insbesondere bei den Menschen beobachten, die in ihrer formativen Lebensphase in wirtschaftlicher Hinsicht unbeschwert aufgewachsen sind. Bis neue Werte an Einfluss gewinnen, vergehen viele Jahre. Die neue Generation muss zuerst heranwachsen und ihre Elterngeneration ablösen. Vor 100 Jahren war beispielsweise – wenn wir dazu die Untersuchungen von Max Weber heranziehen – eine Arbeitsethik vorherrschend, die insbesondere in protestantischen Gegenden calvinistischer Prägung zur Ankurbelung der Wirtschaft und zum Aufstieg des Kapitalismus führte. Überzeugt vom moralischen Wert der Arbeit schufen die Menschen einen in der Geschichte beispiellosen Wohlstand. Die Vermehrung von Reichtum wurde als Zeichen göttlicher Gnade gewertet. Überdies wurde eine asketische Selbstkontrolle gepflegt, die die Anhäufung von Reichtümern begünstigte. Die protestantische Ethik und die damit verbundene Einstellung zu Leben und Arbeit förderte Unternehmergeist und die Akkumulation von Kapital. In den Jahren zwischen 1870 und 1913 waren die Wachstumsraten in fast allen protestantischen Ländern höher als die Wachstumsraten in katholischen Ländern. Der Zusammenhang zwischen Protestantismus und Wirtschaftswachstum lässt sich heute jedoch nicht mehr empirisch nachweisen.

Worauf ist das zurückzuführen? Und welche Einstellung haben die Menschen heute zur Arbeit und zum Leben?

Die Theorie des Wertewandels spricht nicht von einem Werteverfall, sondern davon, dass sich die Wertvorstellungen geändert haben. Der Wertewandel, wie ich ihn verstehe, basiert auf zwei Schlüsselhypothesen. Die erste ist die sogenannte Mangelhypothese. Sie besagt, dass die Wertprioritäten eines Menschen sein sozioökonomisches Umfeld reflektieren. Dingen, die relativ knapp sind, wird der höchste Wert beigemessen. Die zweite Hypothese ist die sogenannte Sozialisationshypothese. Sie besagt, dass die grundlegenden Wertvorstellungen eines Menschen die Bedingungen widerspiegeln, unter denen man aufgewachsen ist. Mit dem Erreichen eines bislang nicht gekannten Maßes ökonomischer und physischer Sicherheit haben sich die Werte verschoben. Die zunehmende Wertschätzung postmaterialistischer Werte wie z.B. Selbstverwirklichung und Lebensqualität können wir in allen postmodernen Gesellschaften beobachten. Die Menschen, die in Wohlstand und wirtschaftlicher Sicherheit aufgewachsen sind, halten die ökonomische und physische Sicherheit für selbstverständlich. Auf der Suche nach einer Arbeit entscheiden sie sich deshalb für eine Tätigkeit, die ihnen eine Möglichkeit zur Selbstentfaltung bietet. Selbstverwirklichung rückt dabei in den Vordergrund und wird zu einem entscheidenden Kriterium bei der Berufswahl. Die jüngere Generation sucht nach Karrieren, die ihren Lebensidealen entspricht und die Möglichkeit bietet, die eigenen Lebensziele zu verfolgen. Unsere Daten zeigen, dass in dem Maße wie eine Generation die andere ablöst, Werte wie Lebensqualität und Selbstverwirklichung an Bedeutung gewinnen. Der Übergang von materialistischen zu postmaterialistischen Werten war das Hauptergebnis unserer Studie vor 30 Jahren. Dieser Wertewandel wurde in den Untersuchungen der letzten Jahre weiter bestätigt.

Was haben Sie sonst noch herausgefunden?

Mit dem Übergang zur postmodernen Gesellschaft hat sich die Alltagserfahrung der Menschen so grundsätzlich gewandelt, dass es nur natürlich ist, wenn sich auch die politischen Ansichten, die religiösen Einstellungen, die Geschlechterrollen und die Einstellungen zum Sexualverhalten der Menschen verändern. In den letzten Jahrzehnten ist eine Abnahme an traditionellen religiösen Wertvorstellungen zu beobachten. Postmaterialisten interessieren sich immer weniger für traditionelle Formen von Religiosität. Dies bedeutet aber nicht, dass sich Postmaterialisten keine Gedanken über den Sinn und Zweck des Lebens machen. Das Ausmaß, in dem jüngere Menschen religiöse Normen ablehnen und dem traditionellen Glauben den Rücken kehren, variiert von Gesellschaft zu Gesellschaft. So tritt dieses Phänomen viel häufiger in Westeuropa und Japan auf als in Nordamerika und Südafrika. In ausnahmslos jedem Land halten sich junge Menschen für weniger religiös als ältere Menschen. Obwohl

Postmaterialisten wenig Interesse an herkömmlichen religiösen Vorstellungen zeigen, sind sie in allen untersuchten Gesellschaften eher geneigt als Materialisten, über Sinn und Zweck des Lebens nachzudenken. Postmaterialisten sind ebenfalls toleranter gegenüber Abtreibung, Scheidung, außerehelichen Beziehungen und Homosexualität als Materialisten. Insgesamt sind die Normen hinsichtlich der Religion und der Unverletzlichkeit der Familie heute nicht mehr so streng wie früher. Und noch etwas ist interessant: Immer mehr Frauen bekommen ihre Kinder später oder verzichten ganz darauf, weil sie einer Berufstätigkeit außerhalb der heimischen vier Wände nachgehen wollen. Die Folgen zeigen sich in steigenden Scheidungs- und Abtreibungsraten und in den institutionellen Veränderungen, die Scheidung und Abtreibung erleichtern. Wenn es aber in naher Zukunft nicht gelingt, die Verbreitung des Aids-Virus aufzuhalten, können wir erwarten, dass sich die offenen Einstellungen gegenüber sexuellen Verhaltensweisen, die in den letzten Jahrzehnten so beträchtlich gewachsen waren, wieder verringern werden. Auf die anderen gesellschaftlichen Bereiche wird sich dies jedoch weniger auswirken. Verallgemeinernd lässt sich sagen, dass Materialisten eher traditionellen gesellschaftlichen Normen anhängen als Postmaterialisten, die tolerant gegenüber Verhaltensweisen sind, die von den traditionellen gesellschaftlichen Normen abweichen.

Wie lassen sich materialistische bzw. postmaterialistische Werte messen?

Es ist natürlich nicht einfach, Werte zu messen. Aber bestimmte Einstellungen erlauben Rückschlüsse auf die Wertprioritäten. Für unsere repräsentativen Untersuchungen haben wir einen Fragenkatalog konzipiert, der uns Aufschluss darüber gab, wer von den Befragten eher materialistische und wer eher postmaterialistische Werte präferiert. Wir fragten, welche Ziele die Menschen persönlich für besonders wichtig halten, und legten ihnen einige Antwortmöglichkeiten vor, die uns die Zuordnung in Materialisten und Postmaterialisten erleichterten.

Personen, für die die Aufrechterhaltung der Ordnung, die Verteidigung des Landes, die wirtschaftliche Stabilität und der Kampf gegen Inflation und Verbrechen wichtig war, räumten nach unseren Kriterien materialistischen Werten höchste Priorität ein. Wir fanden heraus, dass diese Ziele besonders von denen hoch eingestuft wurden, die in ihrer Kindheit in wirtschaftlich und physisch unsicheren Verhältnissen aufgewachsen waren.

Die anderen Antwortkategorien umfassten Werte wie Redefreiheit, Mitspracherechte am Arbeitsplatz und bei Regierungsentscheidungen sowie die Betonung einer sauberen Umwelt und einer Gesellschaft, in der Frieden, Freiheit und Ideen mehr zählen als Autorität, Macht und Geld. Diese Ziele wurden von denen bevorzugt, die in relativ sicheren Verhältnissen aufgewachsen waren. Die Untersuchungsergebnisse zeigten, dass die Personen, die einem materialistischen Ziel höchste Priorität einräumten, dazu neigten, dies auch bei anderen materialistischen Werten zu tun. Entsprechend wurden auch die postmaterialistischen Werte tendenziell zusammen gewählt.

Vor dem Hintergrund dieses Zwölf-Item-Katalogs sind diejenigen als Materialisten anzusehen, die von den zwölf Items zwei materialistische Ziele an die erste Stelle rücken. Zum rein postmaterialistischen Typ zählen all jene Menschen, die zwei postmaterialistischen Werten höchste Priorität einräumen. Entsprechend dieser Unterscheidung überwogen zur Zeit unserer ersten Umfragen in den Jahren 1970 und 1971 die Materialisten die Postmaterialisten im Verhältnis von fast vier zu eins, im Jahr 1988 nur noch im Verhältnis von knapp vier zu drei. Heute können wir davon ausgehen, dass Postmaterialisten fast überall so zahlreich sind wie Materialisten.

Gibt es aufgrund der verschiedenen Wertvorstellungen bestimmte Verhaltensweisen, durch die sich Postmaterialisten von Materialisten unterscheiden lassen?

Postmaterialisten besitzen im Vergleich zu Materialisten in der Regel eine bessere Ausbildung, üben einen Beruf mit einem höheren Status aus, sind politisch aktiver und können sich besser artikulieren. Für Menschen mit postmaterialistischen Wertvorstellungen spielt wirtschaftliche Leistung eine untergeordnete Rolle, weil für sie wirtschaftliche Sicherheit selbstverständlich ist. Eine interessante, sinnvolle Tätigkeit und sympathische Kollegen sind ihnen wichtiger als ein sicherer Arbeitsplatz und ein hohes Einkommen. Postmaterialisten streben eher danach, ihren Status zu maximieren als ihr Einkommen. Auch Freizeitaktivitäten spielen für sie eine viel wichtigere Rolle als für Materialisten. Postmaterialisten legen viel weniger Wert darauf, zu heiraten und Kinder zu haben. Die schwindende Bedeutung der Ehe sowie der dramatische Rückgang der Geburtenraten in ganz Westeuropa während der letzten 30 Jahre scheinen eindeutig mit dem Vordringen des Postmaterialismus verknüpft zu sein. Wie schon erwähnt, überwiegen bei den jüngeren Menschen die postmaterialistischen Einstellungen. Postmaterialisten sind demnach verstärkt unter jüngeren Alterskohorten zu finden. Bei den älteren trifft der umgekehrte Fall zu: Unter ihnen finden sich mehr Materialisten.

Vor mehr als einem halben Jahrhundert argumentierte Thorstein Veblen, dass die Gesetze der Ökonomie nicht konstant gelten und nicht unabhängig begriffen werden können, sondern gebunden sind an das Wertsystem der Gesellschaft. Das bedeutet: Wenn soziale Werte sich ändern, müssen ökonomische Prinzipien sich ebenfalls wandeln. Wie sieht das Verhältnis zwischen Wirtschaft und Kultur heute aus? Überwiegt der Einfluss der Wirtschaft oder der Kultur? Welcher Faktor bestimmt mehr das gesellschaftliche und politische Leben?

Wirtschaftliche Faktoren haben an Bedeutung verloren. Das trifft zumindest für die Gesellschaften zu, die über ein hohes Wohlstandsniveau verfügen. Kulturelle Faktoren werden dagegen wichtiger. Der Lebensstil spielt eine zunehmend wichtige Rolle. Die Menschen werden sich im wachsenden Maße bewusst, dass ein langes erfülltes Leben mehr davon abhängig ist, wie man lebt und weniger davon, wie viel man verdient. Umwelt-, Freizeit- und Gesundheitsthemen verdrängen Überlebenskampf und protestantische Ethik.

Wirtschaftliche Faktoren spielen in einer Mangelsituation eine entscheidende Rolle. Wenn sich die Wirtschaftslage wie in den postmodernen Gesellschaften dahin entwickelt, dass ein immer größerer Teil der Bevölkerung mehr als genug zu essen hat, prägen in zunehmendem Maße andere Faktoren das menschliche Verhalten. Karl Marx erfasste mit seinen ökonomischen Thesen einen wichtigen Bereich der Realität in der Frühzeit der Industriegesellschaft. Nach dem marxistischen Modell war ihr Kernkonflikt wirtschaftlicher Natur: Es ging um das Eigentum an den Produktionsmitteln und die Verteilung des Einkommens. Im Laufe der Entwicklung zu postmodernen Gesellschaften ist das wirtschaftliche Wachstum an seinen Höhepunkt gestoßen – höher geht es nicht mehr. Neue Konflikte und neue Weltanschauungen sind entstanden. Durch den wirtschaftlichen Aufschwung ist die Erfahrung wirtschaftlicher Not in der Bevölkerung immer weniger präsent und schürt folglich immer seltener politische Konflikte. Die von Marx hervorgehobenen Konflikte standen in der Vergangenheit auf der Tagesordnung, im gegenwärtigen politischen Leben haben sie fast keine Bedeutung mehr. Damit soll nicht gesagt werden, dass wirtschaftliche Faktoren politisch gar keine Rolle mehr spielen. Wirtschaftliche Konflikte werden aber in unserer Gesellschaft schrittweise von anderen Formen der Auseinandersetzung abgelöst.

Welche Formen der Auseinandersetzung gewinnen dabei an Bedeutung?

Seit den 70er Jahren können wir eine immer stärker werdende Priorität für den Umweltschutz beobachten. Seit der Energiekrise 1973 wird der Unmut gegen die allgemeine Ausbeutung der natürlichen Ressourcen und speziell gegen die Industriebetriebe, die auf Kosten von Natur und Mensch wirtschaftliche Profite erzielen, immer lauter. Wie in der Umweltschutzbewegung prallen auch in der Auseinandersetzung um die Atomkraft unterschiedliche Weltbilder aufeinander. Die Materialisten sind für die Entwicklung und Nutzung atomarer Energieerzeugung, weil dies Wirtschaftswachstum und Arbeitsplätze verspricht. Die Postmaterialisten dagegen lehnen die Atomkraft vor allem wegen ihrer potenziellen Gefahr ab.

Welche Auswirkungen hat das auf das Wahlverhalten?

Das schichtspezifische Wahlverhalten ist kontinuierlich schwächer geworden. Auch wenn das traditionelle Verhaltensmuster durch alte Parteibindungen tendenziell erhalten bleibt, ist die Zahl der Wechselwähler gestiegen. Die linken Parteien, die postmaterialistische Werte wie Umweltschutz, Menschenrechte, Abrüstung, Anti-Atomkraft etc. verstärkt in ihr Wahlprogramm aufgenommen haben, erfahren zunehmende Unterstützung aus einem großen Teil der oberen Mittelschicht. Und die rechten Parteien, die weiterhin wirtschaftliches Wachstum, innere Sicherheit und Ordnung in den Vordergrund stellen, erhalten immer mehr Zuspruch von einem großen Teil der Arbeiterschicht. Die Fronten des Klassenkampfes sind einer Polarisierung auf der Basis von Wertvorstellungen gewichen. Die Auseinandersetzung zwischen Materialisten und Postmaterialisten stellt die herausragende politische Konfliktdimension dar. Interessant ist beispielsweise, dass bei der Kontroverse um die Atomkraft sowohl gut informierte Laien als auch kompetente Experten auf der Basis von ein und denselben Informationen zu ganz unterschiedlichen Schlussfolgerungen kommen. Die Fakten werden selektiv aufgenommen und nach den Grundwerten des Einzelnen gewichtet. Für Materialisten steht das Wirtschaftswachstum an oberster Stelle. Auf diesen Faktor nehmen Sie auch Bezug, wenn sie die Kosten und Risiken der Atomenergie gegen die Kosten und Risiken alternativer Energiequellen abwiegen. Postmaterialisten dagegen, für die die wirtschaftliche Sicherheit nicht gefährdet ist, streiten für den sofortigen Ausstieg aus der Atomenergie und forcieren alternative Energiequellen. Festzuhalten ist: Befürworter und Gegner der Atomenergie argumentieren auf der Grundlage von Wertprioritäten, die sich deutlich voneinander unterscheiden. Schichtspezifische Kriterien sind kaum mehr aufzufinden.

Wenn das Wahlverhalten immer weniger auf den alten politischen Konfliktlinien basiert, schichtspezifische Verhaltensmuster demnach keine Rolle mehr spielen, wie erklären Sie sich dann die starke Stammwählerschaft bei den etablierten Parteien?

Es ist erstaunlich, wie sehr traditionelle Orientierungen das menschliche Verhalten auch dann noch prägen, wenn die Bedingungen, auf denen sie basieren, schon lange nicht mehr existieren. Das Festhalten an alten Strukturen spiegelt die institutionelle und kulturelle Trägheit unserer Gesellschaft wider. Wir müssen bedenken, dass die etablierten Parteienstrukturen in einer Zeit entstanden sind, die von sozialen Klassenkämpfen und wirtschaftlichen Fragen bestimmt war, und auf dieser Basis sind sie tendenziell immer noch polarisiert.

Ist die Arbeiterschicht nicht mehr länger die Bastion der politischen Linken?

Unzweifelhaft fühlen sich viele Arbeiter noch immer zu den linken Parteien hingezogen. Sie hoffen, dass diese für eine gerechtere Einkommensverteilung eintreten. Nach wie vor gibt es Stammwähler, die ihre Loyalität gegenüber einer Partei bekräftigen und pflegen. Das bestehende Parteiensystem ist aber seit dem Vorstoß des Postmaterialismus einem permanenten Druck ausgesetzt. Das führte dazu, dass die Postmaterialisten langsam auch in den Parlamenten an Boden gewannen. Trotz erheblicher institutioneller Barrieren wie der Fünf-Prozent-Klausel in der Bundesrepublik Deutschland und enormer finanzieller und organisatorischer Vorteile der etablierten Parteien haben es ökologisch orientierte Parteien in der Bundesrepublik Deutschland, Belgien, Luxemburg und Schweden geschafft, in die dortigen Parlamente einzuziehen. Es war nur eine Frage der Zeit, wann sie – wie Bündnis 90/ Die Grünen in der Bundesrepublik Deutschland – auch auf Bundesebene Regierungsverantwortung übernehmen.

Wie erklären Sie sich die zunehmende Annäherung von linken und rechten Parteien? Von extremen Positionen kann in der politischen Landschaft doch nicht mehr die Rede sein.

Das hat sehr viel damit zu tun, dass sich die Einstellung gegenüber staatlicher Kontrolle oder Regulierung der wirtschaftlichen Kräfte stark gewandelt hat. Bis in die 70er Jahre hinein wurde »links« und »rechts« danach eingestuft, wie weit man staatliche Interventionen in Wirtschaft und Gesellschaft guthieß. Linke Politik orientierte sich eher an staatlicher Regulierung, die Politik rechter Parteien ebnete den Weg zu mehr Marktorientierung.

Allgemein wird heute staatliche Planung und Kontrolle nicht mehr als wünschenswert und effektiv angesehen. Hoch im Kurs steht dagegen die Privatisierung ehemals staatlicher Hoheitsbereiche, die Betonung individueller Autonomie und der Respekt vor den Gesetzen des freien Marktes.

Auch wenn die Linksregierungen wie New Labour in England und die Sozialdemokraten in Deutschland nach wie vor Befürworter gewisser staatlicher Regelmechanismen sind, gibt es auch bei ihnen eine klare Tendenz zu weniger staatlicher Intervention. Die Rolle des Staates wird so seit Jahren kontinuierlich zurückgedrängt, die Bedeutung der Marktkräfte hat dagegen zugenommen.

Was spricht gegen ein staatlich gelenktes Wirtschaftssystem?

Ein wichtiger Faktor ist sicherlich, dass sich das Wesen der Arbeit grundlegend verändert hat. In der Anfangszeit der Industriegesellschaft waren für die meisten Arbeitsplätze nur geringe Fähigkeiten erforderlich. Die Produktion von relativ einfachen, standardisierten und sich langsam verändernden Produkten konnte wie an einem Fließband organisiert werden. Die Wirtschaft eines ganzen Landes konnte nach einem zentralen Plan ausgerichtet werden. Heute werden die Routinetätigkeiten von Computern erledigt. Und für die übrige Arbeit werden hochqualifizierte Arbeitnehmer benötigt. Die Arbeit ist vielschichtiger organisiert und lebt von Innovationen, die sich nicht durch eine zentrale Autorität vorschreiben und kontrollieren lassen. Sie basiert auf immer weiter spezialisierter Sachkenntnis, die sich dem Zugriff politischer Autoritäten entzieht. Die Arbeit richtet sich immer weniger auf die Herstellung materieller Produkte, sondern geht in Richtung Kommunikation und Informationsverarbeitung. Die hochtechnisierte Gesellschaft erfordert deshalb eine Organisation, die dem individuellen Urteil und der individuellen Kreativität großen Spielraum lässt. Staatliche Planung und autoritäre Entscheidungsstrukturen blockieren diesen Weg.

Nachdem über ein Jahrhundert hinweg der Einflussbereich des Staates kontinuierlich ausgeweitet wurde, verschiebt sich nun das Gewicht zu mehr individueller Autonomie. Wie wichtig wird dabei Bildung?

Bildung ist wahrscheinlich der wichtigste Einzelfaktor, der das Leben eines Menschen in den hochtechnisierten Gesellschaften bestimmt. Das in der frühen Lebensphase erreichte Bildungsniveau entscheidet über den Lebenslauf eines Menschen: Die Bildung steckt den Rahmen für die Berufswahl ab, entscheidet über Verdienst und Sozialprestige und prägt das Kommunikationsgefüge, in dem sich der Mensch ein Leben lang bewegt. Das Bildungsniveau eines Menschen ist ein weitaus stabilerer Faktor als das Einkommen oder der Familienstand einer Person. Das Einkommen kann sich von einem Tag auf den anderen nach oben oder nach unten entwickeln. Auch der Familienstand ist vergleichsweise instabil: Alleinstehende heiraten, Verheiratete lassen sich scheiden, werden verwitwet oder trennen sich. Auch das Alter eines Menschen verändert sich permanent, allerdings nur sehr allmählich. Die Bildung, die eine Person im heranwachsenden Alter erwirbt, bleibt dagegen relativ konstant. Das Bildungsniveau hat einen starken und umfassenden Einfluss auf die objektive Lebenssituation eines Menschen. Die heutigen Lernziele müssen deshalb darauf ausgerichtet sein, den Heranwachsenden eine möglichst breite Wissensbasis zu vermitteln, die ihn dazu befähigt, selbstständig weiterzulernen und sein Wissen und seine Fähigkeiten kontinuierlich auszubauen.

In Ihrem Buch »Kultureller Umbruch« stellten Sie die These auf, dass in den postmodernen Gesellschaften nicht mehr die Armen, sondern die Reichen protestieren. Wie ist das zu verstehen?

Schauen wir uns doch einmal an, wer heute politisch aktiv ist, und aus welchem Grund. In der Regel sind es Postmaterialisten, die aus ökonomisch gesicherten Verhältnissen kommen und über ein hohes Bildungsniveau verfügen. Unsere Daten zeigen: Mit dem Anstieg des Bildungsgrades steigt die Wahrscheinlichkeit, dass sich ein Mensch dazu befähigt fühlt, sich politisch zu engagieren. Postmaterialisten machen sich stark für den Umweltschutz, für Menschenrechte und für Frieden und protestieren gegen Krieg, Atomenergie, Atommülltransporte und dergleichen.

Aus unseren Ergebnissen geht hervor, dass der Generationenwechsel zu einer allmählichen Zunahme des politischen Engagements führen wird. Da immer mehr erwachsene Menschen der Gruppe der Postmaterialisten angehören, können wir davon ausgehen, dass auf der Ebene der breiten Öffentlichkeit die Bereitschaft zur politischen Partizipation allmählich wächst. Das Ausmaß des Interesses und der Aktivität kann zwar kurzfristig schwanken, doch die langfristigen Unterschiede bleiben über Jahre hinweg bestehen.

Die allgemeine Politikverdrossenheit spricht aber doch gegen diese Befunde. Wie erklären Sie sich die geringe Wahlbeteiligung?

Auch wenn der Gang zur Urne ein durchaus wichtiger politischer Akt in unseren Demokratien ist, so gibt die geringe Wahlbeteiligung nicht Auskunft darüber, wie stark das politische Partizipationspotenzial in der Gesellschaft ist.

Die politischen Parteien, Gewerkschaften und religiösen Institutionen haben unter anderem deshalb an Bedeutung verloren, weil sich durch die neuen Informations- und Kommunikationsmöglichkeiten neue Perspektiven der politischen Partizipation eröffnet haben. Die Menschen sind nicht mehr auf die Mitgliedschaft in Parteien, Gewerkschaften oder Kirchen angewiesen, um über politische Themen zu diskutieren oder politisch aktiv zu werden. Immer mehr Menschen gründen Bürgerinitiativen oder schließen sich einer der neuen sozialen Bewegungen an. Die neuen sozialen Bewegungen sind insofern neu, als sie sich in ihrer Motivation, in ihrem Stil und Ziel klar von den etablierten Formen politischen Engagements unterscheiden. Die Menschen folgen ganz speziellen Zielen, das Wertsystem motiviert zum Handeln. Die Tendenz geht dahin, dass die etablierten politischen Autoritäten zunehmend schwinden. Die Politik wird immer weniger in den Institutionen gemacht, immer mehr findet sie unter dem prüfenden Blick der Öffentlichkeit statt.

In Ihrem Buch »Modernisierung und Postmodernisierung« stellen Sie heraus, dass nahezu alle Gesellschaftstypen, die in der Geschichte der Menschheit existiert haben, irgendwann verschwunden sind. Wann hat sich der Postmaterialismus erschöpft? Was kommt nach der postmodernen Gesellschaft?

Das lässt sich so allgemein nicht beantworten. Zur Zeit erleben wir sehr unterschiedliche Entwicklungen. Ich sehe aber keine Anzeichen dafür, dass die postmaterialistischen Werte an Bedeutung verlieren. In den meisten Ländern wuchs die Zahl der Postmaterialisten, und in mehrfacher Hinsicht scheint der politische Einfluss postmaterialistischer Ideen heute größer zu sein als vor 20 oder 30 Jahren. Die Postmaterialisten sind durch einen hohen Grad an Lebenszufriedenheit und zwischenmenschlichem Vertrauen charakterisiert, sie zeigen weniger Interesse an einer revolutionären Veränderung ihrer Gesellschaft. Sie sind vielmehr damit zufrieden, wie die Demokratie in ihrem Land funktioniert und diskutieren oft über Politik.

Generell bringt der kulturelle Wandel die Gefahr mit sich, dass viele Menschen mit den neuen Gegebenheiten nicht zurecht kommen. Menschen, die eher traditionell denken und sich leicht verunsichern lassen, fühlen sich überfordert. Aufgeschlossene Menschen werden dagegen die postmaterialistischen Ziele weiter hochhalten und für mehr Freiheit und Frieden kämpfen sowie für den Schutz der Umwelt eintreten.

▶ Die Explosion von
Wissensprozessen ◀

Vita

Karin Knorr-Cetina, geboren 1944, ist Professorin für Soziologie an der Universität Bielefeld. Sie ist Mitbegründerin des »Instituts für Weltgesellschaft«, das unter anderem die Konstruktion globaler Finanzmärkte und moderne Wissensgesellschaften in ihren globalen Bezügen untersucht. Ihre Arbeitsgebiete sind neben Untersuchungen gesellschaftlicher Wissensprozesse, die Soziologische Theorie und die neuere Wirtschaftssoziologie.

»Die Gesellschaft als Gegenstand der soziologischen Wissenschaft ändert sich so rasch, dass wir mit unseren momentanen Wissens- und Erklärungsansätzen nicht Schritt halten können«, sagt die Wissenschaftsforscherin Karin Knorr-Cetina, die sich vielleicht aus diesem Grund der Erforschung der unterschiedlichen Mechanismen und Verfahrensweisen bei wissenschaftlicher Erkenntnisgewinnung verschrieben hat. Das Terrain ihrer Forschung sind die »heiligen Hallen« der Hochenergiephysik und Molekularbiologie, beides naturwissenschaftliche Felder, in denen unter Laborbedingungen Grundlagen der unbelebten und belebten Materie untersucht werden. Karin Knorr-Cetina ist darum bemüht, den Entstehungskontext und Produktionsprozess von Wissen empirisch zu erfassen, um aufzuzeigen, »wie wir wissen, was wir wissen«. Darüber hinaus ist sie fasziniert von der Welt globaler Finanzmärkte.

»Will man über den Rand eines Erfahrungsraums hinwegblicken, so muss man sich an dessen Rand begeben«, sagt sie mit Verweis auf ihre Untersuchungen, von denen sie sich die Erschließung neuer Entdeckungsräume verspricht. Sie versucht, »extreme Institutionen« zu erforschen, weil sie meint, dass in ihnen Gesellschaftsmechanismen getestet und vorexerziert werden, die uns die Diagnose gegenwärtiger Transformationen erleichtern.

Ausgewählte Buchveröffentlichungen:

Karin Knorr-Cetina: Die Fabrikation von Erkenntnis.
Zur Anthropologie der Naturwissenschaft.
Suhrkamp Verlag, Frankfurt/M. 1984
Originalausgabe: The Manufacture of Knowledge.
An Essay on the Constructivist and Contextual Nature of Science.
Pergamon Press, Oxford 1981

Karin Knorr-Cetina: Epistemic Cultures.
How the Sciences Make Knowledge.
Harvard University Press, Cambridge (Mass.) 1999

Wie wir wissen, was wir wissen

Konzept

Der Übergang von der Industriegesellschaft zur Wissensgesellschaft manifestiert sich nach Karin Knorr-Cetina vor allem dadurch, dass professionelles Wissen nicht länger Monopol der wissenschaftlichen Forschung ist. Entgegen dem traditionellen Wissenschaftsverständnis existiert die Wissenschaft nicht als Einheit, Wissen wird vielmehr an vielen Orten produziert. »In nahezu allen Bereichen der Gesellschaft sind Experten damit beschäftigt, Wissen zu produzieren«, so Knorr-Cetina. Sie bereiten systematisch die Welt auf, in der wir uns bewegen. Auch wenn man ihre Existenz nicht bemerkt, sind sie tatsächlich überall präsent. In jeder größeren Bank gibt es beispielsweise ganze Abteilungen von Analysten, die den Anlegern Tipps geben, welche Aktien sie gerade kaufen sollten, Wirtschaftsexperten, die die Entwicklungen auf den Finanzmärkten akribisch aufzeichnen und analysieren und Strategen, die an der Optimierung von Organisationsabläufen arbeiten. Durch ihre permanente Wissenserzeugung sind es Experten, die maßgeblich die Strukturen bestimmen, in denen wir handeln und kommunizieren.

Karin Knorr-Cetina interessiert sich für Untersuchungsresultate, die sich in immer mehr Bereichen der Gesellschaft zum zentralen Bezugspunkt herauskristallisieren. Um in Erfahrung zu bringen, wer über welches Wissen verfügt, wie dieses Wissen erzeugt wird und welche Auswirkungen es für die soziale Umgebung hat, vergleicht sie verschiedene Wissensfelder. Die Ergebnisse ihrer Untersuchungen, die aufzeigen, »wie wir wissen, was wir wissen«, hat Knorr-Cetina im 1999 erschienenen Buch »Epistemic Cultures« zusammengefasst, das bisher nur in englischer Sprache vorliegt.

Nach Knorr-Cetina hat die Wissensgesellschaft ihre Wurzeln in den Charakteristika der Erkenntnistätigkeit. Deshalb fordert sie, das Augenmerk darauf zu richten, wo und wie diese zur Entfaltung gelangt. Ein Schlüssel liegt nach ihrer Analyse in der Untersuchung epistemischer Kulturen, also jener wissensbasierten Kontexte, in denen Wissen systematisch generiert wird. Dabei gewinnt insbesondere das Labor als Ort der Verdichtung von Gesellschaft an Bedeutung. Denn im Labor und nicht im Kopf der Wissenschaftler entsteht die wissenschaftliche Erkenntnis.

Karin Knorr-Cetina bevorzugt gerade solche Wissenskulturen, die von der sozialwissenschaftlichen Analyse bisher nicht in den Blick genommen wurden, wie die Hochenergiephysik, die Molekularbiologie und die Finanzmärkte. Diese drei Wissensbereiche sind nach Knorr-Cetina für die Neubetrachtung der Gesellschaft und ihrer beschleunigten Transformationsprozesse aus dem Grund relevant, da in ihnen Mechanismen vorexerziert werden, die nicht unerhebliche Auswirkungen auf andere Wissensbereiche haben werden.

Man muss, so ihre Forderung, eine intensive Phase empirischer Beobachtung einlegen, aus der sich neue Fundamente von Wissen in Geschichte und Gesellschaft herausbilden können. Die neuen Vorgangsweisen müssen demnach ältere Formen der Wissenschaftsforschung ablösen, die Erkenntnisprozesse und somit das Hauptgeschehen in der Wissenschaft nicht öffnen, sondern als »Black Box« behandeln, und sich nur auf die Analyse wissenschaftlicher Institutionen beschränken. »Wenn wir weiterhin so verfahren wie bisher«, so Knorr-Cetina, »werden wir immer größere Gesellschaftsbereiche aus der Analyse ausschließen.«

Ein wichtiger Punkt ist für sie, dass sich die Wissensgesellschaft nicht in erster Linie durch das Vorhandensein wissenschaftlicher Produkte auszeichnet, sondern vor allem durch das Eindringen von Wissensstrukturen in gesellschaftliche Strukturen und dadurch, dass ein Teil der Textur der Gesellschaft durch diese Strukturen ersetzt wird. Dies kann zu Entwicklungen führen, in denen Objektbeziehungen – also solche zu nicht-menschlichen Objekten und insbesondere zu wissensbasierten Objekten – mit menschlichen Beziehungen in Konkurrenz treten. Zu verstehen gilt es deshalb, was innerhalb technologischer Informationsstrukturen an Kommunikation abläuft – in einem Raum schriftlicher Interaktion, die sich von der von Soziologen seit langem und mit großem Erfolg analysierten Face-to-face-Interaktion unterscheidet. Zu verstehen gilt es ferner, was an den Orten der Wissensproduktion vorgeht, weil diesen Orten als »fact factories« in einer Wissensgesellschaft ähnliche Bedeutung zukommt wie der Fabrik im Industriezeitalter. Ebenfalls muss den transnationalen »epistemischen Kulturen« der Erzeugung, Validierung und Umsetzung von Wissen und Technologien Beachtung geschenkt werden, weil diese Kulturen territorial existierende andere Kulturen überlagern. Bisher sind diese von der Soziologie kaum untersucht worden. Ein letzter Bereich, der mehr Aufmerksamkeit verlangt, sind die Transformationen in den Wissensregimes selbst, wie beispielsweise deren zunehmende Konstruktivität, die eine Deskriptivität allmählich verdrängt.

Die Gesellschaft wird nach Knorr-Cetina hinter dem Rücken der Akteure durch eine Kaskade solcher Veränderungen, die miteinander zusammenhängen und sich gegenseitig stützen, in eine Wissensgesellschaft transformiert. Dieser Vorgang verläuft wie bei einem Virus, der an den verschiedensten Stellen ansetzt. Der Virusbefall ist permanent. Vor allem aber setzt der Virus an den Grundstrukturen sozialer Ordnung an, die sich durch diesen Prozess von innen her verändern.

Fragebogen

1. Sehen Sie sich selbst als Gesellschaftstheoretikerin, Gesellschaftskritikerin, Gesellschaftsarchitektin oder lediglich als gesellige Zeitgenossin?

Ich sehe mich nicht als Theoretikerin, weil ich selbst eine Reihe von empirischen Forschungen betreibe und auch darauf bestehe, dass solche Forschungen betrieben werden. Als Gesellschaftskritikerin würde ich mich ebensowenig bezeichnen. Gesellschaftskritik ist in Deutschland eine ganz bestimmte soziologische Richtung, die vor allem nach dem Zweiten Weltkrieg verbunden war mit der Frankfurter Schule um Theodor Adorno, Max Horkheimer und anderen. Diese Tradition war immer mehr Politische Philosophie als Soziologie. Sagen wir es so: Ich beobachte vor allem. Wenn ich einen Begriff wählen soll, in dem der Terminus »Gesellschaft« vorkommt, so würde ich Gesellschaftsbeobachterin vorschlagen. Gesellschaftsbeobachtung ist nämlich genau das, was wir auf Mikro- und Makroebene machen können, und das interessiert mich.

2. In welcher Gesellschaft leben wir eigentlich?

Gesellschaften sind kein monolithischer Block. Man kann sie nicht mit einem Begriff überschreiben und glauben, man habe damit ihre Gesamtheit erfasst. Ich sehe Probleme mit dem Gesellschaftsbegriff im Allgemeinen. Dies war ein an Nationalstaaten gebundener Ausdruck, unter Globalisierungsbedingungen kann er nicht länger als »Gesellschaftsbehälter« fungieren. Dadurch stellt sich die Frage nach der Relevanz des Gesellschaftsbegriffs insgesamt. Heute transformiert sich die Gesellschaft, aber nicht als Ganzes, es gibt verschiedene Transformationsbereiche. Einige davon mögen überlappen, aber andere laufen auch auseinander. Daher gibt es auch so viele verschiedene Transformationsdiagnosen. Mich interessiert der Aspekt einer wissensgesellschaftlichen Transformation, aber auch die Veränderungen von Sozialität selbst. Wir erleben den Übergang zu einer postsozialen Gesellschaft.

3. Worin sehen Sie die Stärken und Schwächen dieser Gesellschaft?

In der Bundesrepublik Deutschland hat man im Moment den Eindruck, dass es mehr Schwächen als Stärken gibt. Unglücklicherweise schlagen die früheren

Stärken der deutschen Gesellschaft in Schwächen um. Die relativ starke interne Homogenität, das gute Bildungssystem, der breite Konsens zwischen den Sozialpartnern, all dies ist die Basis des deutschen Wirtschaftswunders. Aber diese Basis löst sich auf, und die deutsche Politik hat dem nichts entgegenzusetzen. Sie hätte in vielen Bereichen früher reagieren müssen und hat einiges versäumt – ich erinnere nur an die Rentenreform. Noch gibt es keine Strategien, etwa mit der Globalisierung angemessen umzugehen. Ich sehe außerdem eine Reihe spezifischer Schwächen der deutschen Gesellschaft. Das Bildungssystem, vor allem auch im Hochschulbereich, liegt besonders im Argen. Hier kann man eine Differenzierung gesellschaftlicher Institutionen beobachten in »unintelligente«, die sich nicht verändern und Langsamkeit zu ihrem Lebensstil machen, und in schnelle Dienstleistungsorganisationen, die wenigstens versuchen, intelligent zu handeln und zu lernen. Diese sind aber leider derzeit eher in Industrie und Handel zu finden.

4. Welche Rolle spielen Sie in der Gesellschaft?

Ich bin einerseits Forscherin, andererseits Lehrende an der Universität, an der ich Vorlesungen halte, aber auch selbst Neues lerne. Forscherin zu sein, ist für mich eine ganz wichtige Rolle, das ist die Suche nach etwas, was einen ärgert und reizt, weil man es nicht versteht. Ich stelle Dinge fest, versuche Diagnosen zu erstellen und baue auch Vorstellungen auf. Oder vielleicht eher Projektionen, mit denen man dann die Realität und die Kollegenwelt herausfordert.

5. Welche Gesellschaftsromane haben Sie fasziniert?

»Gesellschaftsroman« ist ein Begriff, der vor allem auf eine bestimmte deutsche Romantradition angewendet wird. In erster Linie lese ich englischsprachige Literatur. Eine Art Gesellschaftsroman, den ich mit großem Interesse gelesen habe, sind die vier »Rabbit«-Romane von John Updike, »Hasenherz«, »Unter dem Astronautenmond«, »Bessere Verhältnisse« und »Rabbit in Ruhe«. Updike dringt in diesen Romanen tief unter die Oberfläche der amerikanischen Gesellschaft ein.

6. Welchem Gesellschaftsspiel gehen Sie gerne nach?

Wir spielen natürlich Spiele im Wissenschaftsbereich. Konferenzen sind eine Art von Gesellschaftsspiel. Dabei geht es nicht nur um intellektuelle Inhalte, das Feld wird auch neu geordnet, es werden andere Wissenschaftler ausgelotet und beobachtet. Manchmal kommt mir die Situation vor wie im Wiener Theater. Es geht gar nicht so sehr um das Stück, sondern darum, wer mit wem da ist, wie man angezogen ist und so weiter.

7. In wessen Gesellschaft halten Sie sich bevorzugt auf?

Das sind in erster Linie Leute, die intellektuell interessant und emotional offen sind. Leider ist diese Kombination nicht sehr häufig anzutreffen. Die Gesellschaft von Kollegen unserer Zunft genieße ich sehr. Wissenschaftler sind ja eine internationale Gemeinde, deren Mitglieder sich über Jahre hinweg immer wieder treffen. Es ist spannend und stimulierend mit Leuten zu reden, die in den gleichen Bereichen arbeiten. Eigentlich ist es wie in einem Kriminalroman, man findet etwas Unentdecktes heraus. Natürlich sind aber auch das nicht alles lustige Leute.

8. Welcher Gesellschaftsgruppe fühlen Sie sich zugehörig?

Ich bin Professorin, sehe mich aber nicht zur Gruppe der Professoren zugehörig. Ich fühle mich nicht als Gelehrte im klassischen Sinne, sondern mache einen Unterschied zwischen Wissenschaftlern und Forschern auf der einen Seite und Professoren und Gelehrten, die um Status bemüht sind und denen die Verwaltung bestimmter Institute obliegt, auf der anderen. Wissenschaftler und Forscher sind einem Wissensmarkt unterworfen. Sie sind analog einer kapitalistischen Gesellschaftsordnung Konkurrenz ausgesetzt und müssen Produkte abliefern, das heißt, sie müssen veröffentlichen und Interesse wecken. Solch einem intellektuellen Markt bin auch ich unterworfen, und der reizt mich sogar.

9. Welche Person(en) von gesellschaftlicher Größe schätzen Sie?

Die Frage ist, was man mit »gesellschaftlicher Größe« meint. Meistens versteht man darunter Personen, die im Rampenlicht stehen. Die bewundern wir, obwohl wir sie nur aus einer gewissen Distanz betrachten können. Man schreibt ihnen Eigenschaften zu, weiß aber eigentlich nichts über die Person. Als Sozialwissenschaftlerin interessiert mich eher die Frage, wie Personenlegenden entstehen. Das ist in verschiedenen Gesellschaften ganz unterschiedlich.

10. Wie sieht für Sie die ideale Gesellschaft aus?

Ein Ideal wäre für mich, die Gesellschaft im Versuchslabor zu haben, um beobachten zu können, wie sie sich entwickelt. Eine Gesellschaft im Kleinformat wäre ein netter Bonus für eine Wissenschaftlerin. Man könnte analysieren, warum gut funktionierende Gesellschaften plötzlich aufgrund veränderter äußerer Bedingungen auseinander fallen.

11. Wollen Sie die Gesellschaft verändern?

Das will man natürlich immer. Als Mitglied einer Universität ist es mir wichtig, zu überlegen, wie man das deutsche Hochschulsystem verbessern kann. Die Gesellschaft im Ganzen lässt sich nur verändern, wenn man in die Politik geht, und selbst dann kann man immer noch nicht viel bewirken.

12. Wie sieht die Gesellschaft von morgen aus?

Ich glaube, dass die Globalisierung keine Fiktion, sondern ein realer Trend ist, der sich fortsetzen wird. In den nächsten 30 oder 40 Jahren werden wir sehen, wie sich die Globalisierung in ihrer vollen Dynamik auswirkt. Wir werden uns fragen müssen, ob es eine transnationale Gesellschaft geben kann, die nicht an den Nationalstaat gebunden ist und wie diese Gesellschaft organisiert wird. Ich sehe massive Probleme, lokale Mentalitäten in globale zu transformieren. Ich sehe aber auch spannende neue Möglichkeiten, beispielsweise eine schrittweise Ermächtigung von Individuen. Im sozialen Bereich ist die große Frage, wie sich die Bindungsformen verändern. Wenn Sozialität weiter von der Familie und der Gemeinschaft abrückt, müssen wir darauf achten, wo sie sich anlagert. Wahrscheinlich verschieben sich Bindungen zukünftig mehr zu Objekt-Relationen. Wenn das so wäre, würden wir in eine Phase »postsozialer« Gesellschaftsentwicklung eintreten.

Interview

Seit vielen Jahren beschäftigen Sie sich mit Wissensgesellschaften und haben selbst mehrere Bücher zum Verständnis von Wissensprozessen geschrieben. Ihr Buch über die »Manufaktur« von Erkenntnis hat 1981 eine Richtung der Wissenserforschung mitbegründet, deren Radikalität darin bestand, Wissensfragen zu empirisieren und zu anthropologisieren. Sie postulieren den Begriff der Wissensgesellschaft. Wie ist dieser Terminus angesichts globaler Vernetzung und transnationaler Handelsbeziehungen und auch angesichts des Verschwindens nationalstaatlich bestimmter Gesellschaften zu verstehen?

Zunächst ist der Begriff der Wissensgesellschaft nicht neu. Die Prognose einer durch Wissen bestimmten Gesellschaft stammt aus den 70er Jahren. Damals ging es noch nicht um Globalisierung, aber man begann Wissen als ökonomische Produktivkraft zu sehen. Und das gilt selbstverständlich noch heute. Nicht mehr nur Kapital und Arbeit, sondern auch Wissen und Technologie sind die treibenden Kräfte der Wirtschaft. Hinzu kommt, dass immer mehr Menschen im Dienstleistungssektor beschäftigt sind.

Heute schließt das Konzept der Wissensgesellschaft Informationsstrukturen und Informationstechnologien ein, die eine ebenso ökonomieverändernde wie antreibende Kraft haben. Es wäre allerdings verfehlt, den Begriff der Wissensgesellschaft auf diese Konzeption, die auf Daniel Bell zurückgeht, einzuschränken. Bei der Bellschen Konzeption, die in seinem 1973 erschienenen Buch »Die postindustrielle Gesellschaft« detailliert beschrieben wird, handelt es sich wie in den Nachfolgeversionen von Peter Drucker (z.B. »Die postkapitalistische Gesellschaft«, 1993), Nico Stehr (»Arbeit, Eigentum und Wissen: Zur Theorie von Wissensgesellschaften«, 1994) und auch von Helmut Willke (siehe u.a. Band 1 der Buchreihe »Gesellschaft X«) um den Versuch, ökonomiebasierte Veränderungen zu verstehen. Uns allen steckt ja noch die Marxsche Vermutung in den Knochen, dass die Ökonomie auch andere gesellschaftliche Bereiche erklärt. Es liegt also nahe, so zu denken.

Vielleicht müssen wir aber heute in ganzen Kaskaden von Veränderungen denken, die keinen gemeinsamen Nenner oder Ursprung mehr haben. Es ist meines Erachtens ein Charakteristikum der wissensgesellschaftlichen Transformation, dass sie sich nicht, wie möglicherweise die industrielle Revolution, im Kern auf den Sektor der Produktion beziehen lässt, der dann für alles andere die Verantwortung übernimmt. In vielen heute typischerweise wissensbasierten

Bereichen wie den Finanzmärkten wird nichts oder nicht in erster Linie produziert. Es handelt sich bei der Transformation in eine Wissensgesellschaft um eine Art Virusbefall, wobei es sich – wie bei manchen Infektionen – um eine ganze Gruppe von Viren handelt, die auch an verschiedenen Stellen ansetzen und sich dann je nach ihrem »Befallsort« auch verschieden entfalten.

Können Sie das noch etwas konkretisieren. Inwieweit reicht Ihr Verständnis der Wissensgesellschaft über die ökonomiebasierten Vorstellungen hinaus?

Soziologisch gesehen realisiert sich die Wissensgesellschaft durch institutionelle Transformationen, etwa durch den Übergang von autoritätsbasierten hierarchischen Managementstrukturen zu einem inhaltsorientierten, breit gefächertem Management, in dem Koordination und Teilnahme verknüpft sind. Koordination und Macht werden dabei über transparente Information ausgeübt statt über Informationsvorenthaltung und Monopolisierung. Wissensstrukturen zerstreuen und verdrängen traditionelle Organisationsstrukturen. Sie lösen sie aber nicht einfach ab, sondern drängen sie in eine Ecke, in der sich diese traditionellen Strukturen zwar weiter halten, gleichzeitig aber historisch werden. Sie bekommen den Zeitindex der Vergangenheit. Das wird sich dann so auswirken wie beim Hochadel, der heute auch nur noch als historisches Relikt zu bestaunen ist.

Ein anderer Angriffspunkt der Wissensgesellschaft sind soziale Bindungen. Ulrich Beck und viele andere haben immer wieder ganz richtig hervorgehoben, wie stark Modernisierung und Industrialisierung auch Individualisierung bedeuten. Das ist aber ein Modell, dass Bindungen zu nicht-menschlichen Objekten völlig ignoriert. Solche spielen aber gerade in Wissensprozessen eine große Rolle, fast könnte man sagen, sie definieren die Sozialität einer Wissensgesellschaft.

Mit der Entstehung von Objektwelten, so schreiben Sie in Ihrem Artikel »Sozialität mit Objekten«, nehmen die Beziehungen zu nicht-menschlichen Objekten zu. Wie sehen diese Objektbeziehungen aus? Können Sie ein Beispiel nennen?

Ein Beispiel ist etwa die Beziehung der Biologin Barbara McClintock zu den von ihr untersuchten Pflanzen und Pflanzenkomponenten. McClintock war in der Lage, sich in diese Pflanzen hineinzuversetzen, sie hat mit ihnen das getan, was wir bei Menschen »die Rolle des Anderen übernehmen« nennen – George Herbert Mead hat dies als Grundlage aller Sozialität beschrieben. Sie sprach auch von einer Art »Einheit« mit ihren Untersuchungsobjekten. Die Objekte lebten in ihr und sie versetzte sich in sie hinein. Das Ganze ist nicht unähnlich der Art von Solidaritätsbeziehung, die auch moralische Aspekte hat, und mit der der Soziologe Emile Durkheim menschliche Sozialität zu kennzeichnen versuchte. Wissenschaftliche Objekte haben die Eigenschaft, sich dem Subjekt ständig zu entziehen, aber auch der Entzug fordert zur weiteren Verfolgung heraus und wirkt beziehungsstiftend. Objektbeziehungen gibt es aber nicht nur in der Wissenschaft. Unser Alltag ist von Objekten übersät: technische Objekte und Konsumobjekte, Kunst- und Designerobjekte und vieles mehr. Die Natur ist zwar nicht umfangreicher geworden, aber sie hat für uns an Diskurs und Aufmerksamkeit gewonnen. Manche technologische Objekte werden von uns eher »bewohnt« als einfache und transparente Handlungsinstrumente wie etwa ein Hammer. Motorräder, Autos, vor allem auch Computer, wie wir von Sherry Turkles Beschreibung wissen, sind Objekte, mit denen viele von uns Beziehungen eingehen, und die auch Beziehungsanforderungen stellen. Wir verwirklichen uns zunehmend über Objektbeziehungen, mit Konsumgütern oder auch Mode. Objekte sind wahrscheinlich sogar die Gewinner der zunehmenden Risiken menschlicher Beziehungen. Es ist vielleicht zum ersten Mal in der Geschichte so, dass Personen nicht mehr die interessantesten Gegenüber für andere Personen darstellen. Im Übrigen kann es postsoziale Beziehungen auch im menschlichen Bereich geben, etwa durch neue Informations- und Kommunikationstechnologien im Internet. Interaktion, Raum und Kommunikation bedeuten dort etwas anderes, als das, was wir aus Face-to-face Beziehungen kennen, daher der Ausdruck postsozial.

Gibt der Begriff der Wissensgesellschaft Aufschluss darüber, wie Gesellschaft wirklich ist oder ist er nur Ergebnis eines empirischen Konstruktes?

Um auf meinen Grundgedanken zurückzukommen: Eine dritte Kaskade hängt mit dem Aufbau einer Wissensgesellschaft zusammen. Persönlich habe ich meinen eigenen Konstruktivismus und den der neueren Wissenschaftssoziologie nicht nur als einen methodologischen Ansatz gesehen, an den wir die Frage des Verständnisses von Wissenschaft herangetragen haben. Dieser Konstruktivismus hat seine Wurzeln in einem klar trennbaren und unabhängigen Aufbau vieler gesellschaftlicher Teilbereiche. Hier treffe ich mich auch mit den Thesen der reflexiven Modernisierung, die etwas Ähnliches behauptet. Die Transformation zu einer Wissensgesellschaft ist mit einer solchen intensivierten Konstruktivität verbunden. Um ein Beispiel zu nennen: Viele Traditionen müssen heute als erfunden gelten und sind nicht naturwüchsig entstanden. Aber es geht bei der wissensgesellschaftlichen Konstruktivität um mehr, um die Erzeugung ganzer Lebensformen, wie das etwa der Walt Disney-Konzern mit der vor kurzem errichteten Stadt »Celebration« in Florida versucht hat – auch wenn der Versuch zu scheitern scheint. Und es geht, besonders spannend, um den Entwurf neuer Realitätsbereiche, in denen operiert werden kann – wie in der virtuellen Realität des Internets. Diese Erschaffung von künstlichen Welten scheint mir ein wichtiger Bestandteil der wissensgesellschaftlichen Transformation zu sein, mit der wir es heute zu tun haben.

Wenn Sie vom Virusbefall der Gesellschaft sprechen, sehen Sie das Virus Wissen trotz der krankheitsbezogenen Konnotationen positiv?

Viele Krankheiten haben positive Funktionen, sie bewirken im Körper eine Art Reorganisation. Ich sehe eine wissensgesellschaftliche Transformation zumindest als konsequent an – als eine Art historischer Endpunkt einer seit langem angelegten Entwicklung und vor allem auch vieler Träume der Menschheit, wie dem nach mehr Verbindung mit Natur und Objektwelt oder auch dem nach mehr Kontrolle über das eigene Leben und die Naturkräfte. Man darf sich nur nicht vorstellen, dass die Kontrolle an einer Stelle zusammenlaufen kann, ein »Alles im Griff haben« bedeutet. Das wäre ein der Religion und ihren Vorstellungen von Gott nachempfundenes Modell. Die Kontrolle ist verteilt, sie ergibt sich im Spezifischen, an verschiedenen Punkten, dissoziiert und individualisiert. Gesamtwirkungen oder übergreifende Konsequenzen, falls diese Konzepte überhaupt Sinn machen, werden unübersichtlich und unkontrollierbar bleiben. Im Übrigen ist das Spannende an einer Wissensgesellschaft die Eröffnung neuer Möglichkeiten, was letztlich gleichbedeutend mit einer Öffnung der Geschichte ist. Entdeckungswelten vervielfältigen sich in einer Wissensgesellschaft. Ich würde hier im Gegensatz zu Francis Fukuyama und seiner These vom Ende der Geschichte eher von einer

Öffnung der Geschichte in neue Richtungen reden. Aber Fukuyama meinte ja auch das Ende der politischen und letztlich auch nationalstaatlichen Geschichte. Die könnte sich wirklich verausgabt haben.

Gesellschaft wurde von den Sozialwissenschaften immer nationalstaatlich verstanden. Welche Methoden hat die Soziologie anzubieten, um die Gesellschaft unter Globalisierungsbedingungen zu beschreiben und zu untersuchen?

Die Sozialwissenschaften haben mit der Globalisierung grundsätzliche methodische Probleme. Solange wir noch nationalstaatliche Gesellschaften haben, ist es relativ leicht, bestimmte Aspekte mit bestimmten Mitteln zu untersuchen. Bei globalisierten Gesellschaften fehlen uns die methodischen Mittel. Das Instrumentarium, das uns zur Verfügung steht, ist auf eine bestimmte Größe des Phänomenbereichs abgestimmt. Dieser wird durch die Globalisierung überschritten, er explodiert geradezu. Es ist einfach unmöglich, alle Kulturen gleichzeitig gut genug zu verstehen.

Die Lösung könnte sein, neue Kooperationsverfahren zu entwickeln. Die Kommunikation müsste von einer internen auf eine externe umgestellt werden, Wissenschaftler aus allen Bereichen der Sozialwissenschaft und aus allen Kulturen müssen mehr kooperieren und untereinander kommunizieren. Bisher haben wir jedoch ein Kommunikationsproblem, da Kommunikation nicht nur sprach-, sondern auch kulturgebunden ist. Wir müssen die Methoden auf transnationale Bereiche umstellen.

Überwiegt das Wissen oder das Nicht-Wissen über die Wissensgesellschaft?

Es überwiegt eindeutig das Nicht-Wissen. Wir machen es uns zu leicht, wenn wir Wissensgesellschaft einfach mit der Rolle von Wissen als Produktivkraft oder dem Vorhandensein von mehr Wissen oder Wissensprodukten in der Gesellschaft gleichsetzen. Eigentlich wird der Terminus »Wissensgesellschaft« überhaupt erst interessant, wenn er eben nicht nur Wissensökonomie bedeutet, denn dann könnte man es auch gleich bei dem Konzept »Wissensökonomie« bewenden lassen. Mit dem Terminus Wissensgesellschaft müssen tiefer gehende Veränderungen gesellschaftlicher Strukturen und Kulturen angesprochen werden, etwa die Ersetzung humaner Funktionen durch Informationsstrukturen. Wie diese genau aussehen könnten und wie wir sie in neue Konzepte übertragen können, darüber bestehen große Unklarheiten.

Was verstehen Sie unter Wissen und was ist in diesem Zusammenhang mit epistemischen Kulturen gemeint?

Den Wissensbegriff möchte ich vor allem nicht so einschränken, wie in den vorherrschenden Auffassungen, in denen mit Wissen meist wissenschaftliche Theorien – siehe Daniel Bell – oder Wissensprodukte im Sinne eines gesicherten Wissens gemeint sind, und in denen Wissen mit »kognitiv« gleichgesetzt wird. Im Gegensatz dazu stehen bei mir oft Wissensprozesse – wenn Sie wollen epistemische Praktiken – im Vordergrund, ohne Rücksicht darauf, ob das Ergebnis als wahr, falsch oder irgendetwas anderes bezeichnet wird. Diese Prozesse haben auch ihre lustbetonten und emotionalen Komponenten. Mit der Einschränkung auf »Denken« oder Kognition bekommt man weder die aktiven, welterzeugenden Aspekte von Wissen noch die Bindungs- und Beziehungsaspekte in den Griff. Wissen ist ein Prozess, bei dem ein Stück Welthorizont verschoben wird. Die Definition ist unklar genug, um zunächst einmal alles offen zu lassen. Wir stehen erst am Anfang dieser Entwicklung.

Epistemische Kulturen sind für mich einfach Kulturen der Erzeugung, der Durchsetzung, der »Validierung« von Wissen. Es sind die Kulturen, die sich im Zusammenhang mit Wissensprozessen herausbilden. Das Problem dabei ist, dass diese Kulturen bisher fast völlig ignoriert wurden. Wir haben den Kulturbegriff auf Ethnien, Gesellschaften, Subgruppen und Organisationen, selbst auf die Familie angewandt, aber nicht auf Wissensbereiche. Wir sind von einer Einheit der Wissenschaft ausgegangen und sprechen von »der Wissenschaft«, als handele es sich um einen monolithischen Block. Was der Kulturbegriff hier leistet, ist, dass er das Augenmerk auf die Differenzen und Variationen von Wissensstrategien verschiedenster Bereiche und deren Vergleich richtet. Es ist nach meiner Auffassung keineswegs selbstverständlich, dass sich zwei wissenschaftliche Disziplinen wie die Soziologie und die Hochenergiephysik besser vergleichen lassen und mehr miteinander zu tun haben sollen, als etwa die Soziologie und ein nicht-wissenschaftlicher Bereich wie die Politik. Hier wird durch den Wissenschaftsbegriff eine Homogenität und Zusammengehörigkeit suggeriert, die sich auflöst, wenn man sich die Sache genauer betrachtet. Der Kulturbegriff weist auch darauf hin, dass es in einer Wissensgesellschaft darum geht, eben nicht mehr nur Organisationskulturen zu untersuchen, sondern auch epistemische Kulturen und Wissenskulturen. Diese gewinnen an Stellenwert und müssen transparent gemacht werden.

Wie sehen solche epistemischen Kulturen aus?

Ich habe die epistemische Kultur der Hochenergiephysik untersucht und beschäftige mich gerade mit der Ökonomie, insbesondere im Bereich von Finanzmärkten. In der Hochenergiephysik macht man heute globale Experimente mit bis zu 2000 Physikern, dies ist schon allein deshalb eine hochinteressante Disziplin, weil solche Unterfangen, die ich mir in meiner eigenen Disziplin nicht vorstellen könnte, erfolgreich sind. In dieser Physik wird häufig mit »negativem Wissen« und »liminalen Wissen«, also dem Wissen von den Grenzen des Wissens, gearbeitet. Mit ihren Erkenntnisstrategien versuchen die Physiker immer mehr Wissen über ihr Nichtwissen, ihre Fehler und ihre Beschränkungen zu erarbeiten. Metaphorisch könnte man sagen, sie stellen ein Negativ ihrer Welt her, aus dem heraus sie auf die kaum direkt erkennbare Welt schließen. Die Negativwelt ist für sie real, die Welt physischer Dinge und Prozesse wird zum Schattenbild. Dabei ist es natürlich erstaunlich, wie weit entwickelt der Bereich liminaler und negativer epistemischer Strategien ist. Andere Wissenschaften wie die Molekularbiologie arbeiten mit ganz anderen Erkenntnisstrategien, das Nichtwissen steht kaum im Zentrum der Interessen, ähnlich wie es ja auch die Soziologie kaum bewegt. Hier versucht man mit einer positiven Objektwelt, die durchaus im Labor präsent ist, lange Berührungsketten zu schaffen, und man variiert die Strategie, wenn die Berührung nicht funktioniert. Durch das Objekt wird die Strategie bestimmt. Diese Variations- und Selektionsstrategie ist »blind« insofern, als sie in der Regel nicht auf einer Untersuchung der Ursachen für das Nicht-Funktionieren basiert wie es die Physiker versuchen würden. Die Molekularbiologie wählt hier eine Strategie, die ähnlich ist ihren eigenen biologischen Modellen. Solche »Selbstähnlichkeiten«, was heißt, ähnliche Modellvorstellungen finden sich in ganz verschiedenen Bereichen wissenschaftlichen Lebens wieder, etwa in experimentellen Strategien oder auch in der Forschungsorganisation, erklären auch die Kulturhaftigkeit wissenschaftlicher Gebiete. Ähnliche Konstruktionsprinzipien über verschiedene Teilaspekte hinweg machen das Ganze greifbarer und transparenter, erklärbarer für die Teilnehmer. Diese meinen, die Dinge können gar nicht anders sein als so, wie sie sie handhaben. Erst der Vergleich verschiedener Wissenschaftsgebiete zeigt uns dann, dass die Dinge auch anders gestaltet werden können. Die epistemischen Strategien von Analysten und anderen Experten in Finanzmärkten liegen wiederum anders. Hier ist die Kontinuität der Beobachtung auffallend. Man experimentiert nicht, man macht auch keine Ethnografie des Unternehmens, dessen Aktienwert man prognostizieren soll, sondern stellt gezielt auf Dauerbeobachtung ab und ist dann in der Lage, schnell Aussagen zu treffen, die man wiederum durch »Geschichten« interessant macht. Eigentlich überzeugen muss die »Geschichte«, die Zukunftsaussicht der Aktie, und nicht der Wert. Das epistemische Problem wird hier insgesamt verschoben – wegbewegt vom »context of discovery« und hin zu dem, was in der Naturwissenschaft der Bereich der Konsensbildung ist und im Markt der Bereich des Interesse- und Akzeptanzfindens bei den Kunden.

Welche Wissensstrategien wenden Sozialwissenschaftler an, wie können sie vorgehen, um Wissen über gesellschaftliche Zusammenhänge zu erlangen? Können sie, wie etwa Analysten einer Bank, eine Landkarte der Welt erstellen, in der sich die Gesellschaft künftig bewegen soll?

Die Wissensstrategien werden unter dem Gesichtspunkt der Globalisierung neu überdacht werden müssen. Ich gehe davon aus, dass die kulturvergleichende Perspektive wieder stärker in den Vordergrund tritt. Allerdings wird man dabei nicht unbedingt nationalstaatliche Kulturen vergleichen, sondern globale Felder mit anderen globalen Feldern oder auch mit lokalen Strukturen. Die Kultur globaler FOREX (foreign exchange) Märkte, die Märkte mit dem größten Geldvolumen überhaupt, wie sieht die aus? Unterscheidet sich diese von der ebenfalls global operierender Medienspezialisten oder von der lokaler Märkte, und wie? Am wichtigsten ist vielleicht, dass – nach meiner Hypothese – viele globale Bereiche durch Mikrostrukturen aufgespannt sind. Das Medium globaler Finanztransaktionen sind Konversationsstrukturen. Man wird sich also mikrosoziologischer Verfahren wie der Konversationsanalyse bedienen müssen, um transnationale und globale Handlungsfelder analysieren zu können. Diese tendieren auch dazu, aus »Zentren« heraus zu operieren. In den Finanzmärkten sind das die Handelsräume der Großbanken in ein paar Städten, London, New York, Tokio, Zürich. In diesen Zentren wird man Beobachtung und Ethnografie anwenden müssen. Die mikrosoziologischen Methoden müssen ihr inniges und komfortables Verhältnis zur Lokalität verlassen und sich selbst als Primärmethode globaler Analyse verstehen. Umgekehrt wird auch die Netzwerkanalyse nützlich sein.

Was kann die Sozialwissenschaft von der Naturwissenschaft lernen?

Die Lernmöglichkeiten der Sozialwissenschaft aus der Naturwissenschaft sind vielfältig. Wenn es die Hochenergiephysik fertig bringt, Großexperimente über lange Zeiträume erfolgreich durchzuführen, so ist dies ja kein automatischer Prozess, sondern eine organisatorische Leistung. Es ist eine Leistung, um die auch die Hochenergiephysik gerungen hat, sie hat die von ihr entwickelten Mechanismen entdeckt. Man kann sogar beobachten, wie sie solche Mechanismen entwickelt und ausprobiert. Es wird sich also die Frage stellen, mit welchen Mechanismen die Physik diese organisatorische Leistung vollbringt. Ich sehe überhaupt kein grundsätzliches Hindernis, einige dieser Mechanismen auch in den Sozialwissenschaften anzuwenden, wenn man in größerem Rahmen Projekte durchführen will, weil die Materie nicht von Einzelindividuen bearbeitbar ist. Ich sehe auch kein Hindernis, Erfahrungen globaler Koordination auch auf Bereiche außerhalb der Wissenschaft zu übertragen, denn solche Erfahrungen sind auch in Industrie und Handel gefragt. Manche Wissenschaftsbereiche spielen für bestimmte Gegebenheiten eine Vorreiterrolle, sie exerzieren Lösungsstrategien vor. Aber auch aus anderen naturwissenschaftlichen Bereichen, wie aus dem der Molekularbiologie, die ich mit meinem Kollegen Klaus Amann untersucht habe, könnte die Sozialwissenschaft etwas über Kooperation, Arbeitsstrategien, Präsentationstechnik, und die Wichtigkeit von Laboratorien – als wissenschaftlichen Arbeitszusammenhängen – lernen, ebenso wie über die Relevanz der Einbindung des wissenschaftlichen Nachwuchses in solche Zusammenhänge.

Leider haben wir noch mit den Nachwirkungen des Positivismusstreits der 60er Jahre und wohl auch der Kritischen Theorie zu ringen, die eine Zweiteilung in Naturwissenschaften einerseits und Humanwissenschaften andererseits angelegt haben. Das waren große und schöne theoretische Debatten, die ihre Grundlagen aber eben leider in der Philosophie und der politischen Kritik und nicht in empirischer Detailkenntnis der entsprechenden Wissenschaften hatten. Das Ergebnis ist eine Rhetorik der Differenz, die jederzeit mobilisiert werden kann, um wechselseitiges Lernen zu vermeiden. Vielleicht geht es in einer Wissensgesellschaft ja auch darum, immer wieder neu anfangen zu können. Dies ist in Hinblick auf die große Zweiteilung zwischen Natur- und Humanwissenschaften sicherlich unsere Aufgabe.

Wenn wir unsere Beobachtung auf die Wissensprozesse in der Gesellschaft konzentrieren, geraten dann nicht andere Aspekte der Gesellschaft aus dem Blick? Wie können wir zu einer besseren Abbildung der gesellschaftlichen Wirklichkeit gelangen, die uns die Frage, in welcher Gesellschaft leben wir eigentlich, beantwortet? Oder, wie es Immanuel Kant in bezug auf sein Erkenntnisprogramm so prägnant formulierte: Was können wir wissen? Was dürfen wir hoffen? Was sollen wir tun?

Ich glaube nicht so sehr daran, dass die gesellschaftliche Wirklichkeit unmittelbar abgebildet werden kann, aber ich denke, dass wir Rekonstruktionen geben können, die zentrale Dimensionen gegenwärtiger Veränderungen benennen, und diese genauer untersuchen. Eine wesentliche Rolle der Sozialwissenschaft könnte es sein, so etwas wie »intelligence« über die Gesellschaft herzustellen. Man könnte sie als eine Art zweiten Kopf sehen, durch den sich die Gesellschaft von außen selbst beobachtet. Allerdings muss man solche Metaphern gleich wieder zurücknehmen, denn die externe »Intelligenz« der Sozialwissenschaft ist verteilt und – nicht unter einem Dach versammelt – und sie ist selbst ein soziales System. Diese externe Intelligenz funktioniert wenn sie gut funktioniert – vielleicht wie ein neuronales Netz. Die Sozialwissenschaftler trainieren sich an der Gesellschaft dadurch, dass sie Informationen aus der Gesellschaft aufnehmen, und sind dann in der Lage, Diagnosen und Projektionen zu produzieren, die über die Gesellschaft hinausgehen und Entwicklungen aufzeigen. Die verschiedenen Einschätzungen der gegenwärtigen Trends halte ich sogar für recht gut, zu oft sind sie aber nicht detailliert genug. Wenn sie sich Globalisierungsanalysen ansehen, dann finden sich in ihnen eine Vielzahl interessanter Trends benannt. Uns interessiert an meiner Universität beispielsweise die Entstehung einer emergenten und aus dem Lokalen entkoppelte Ebene sozialer Formen. Wir wissen, dass es sie gibt und auch wie sie sich entkoppelt, aber wir wissen noch nicht viel darüber, wie sich globale soziale Felder, deren Teilnehmer weltweit verstreut sind und oft nicht durch gemeinsame Regelsysteme zusammengehalten werden, integrieren. Auf solche Detaillierungen können wir aber durchaus hoffen, und zwar innerhalb weniger Jahre. Dasselbe gilt bei Fragen, die die Wissensgesellschaft betreffen. Wir dürfen allerdings nicht weiter den Blick nur auf die eigene Nationalgesellschaft lenken, sondern müssen übergreifende Mechanismen ins Blickfeld nehmen. Auf der Ebene der Wissensgesellschaft müssen wir aufhören, Soziologie als Wissenschaft von menschlichen Beziehungen außerhalb von Technik und Objektwelten zu denken, denn eine solche Wissenschaft gibt es vielleicht gar nicht mehr. Die Soziologie müsste hier wieder eine Avantgardeposition, eine Vordenkerrolle einnehmen. Aber das widerspricht möglicherweise den heute als »traditionell« zu sehenden, nationalstaatsgebundenen, humanistischen Vorstellungen der 50er und 60er Jahre, daher tut man sich schwer damit.

▸ Kultur und Technik werden eins ◂

Vita

Scott Lash, geboren 1945, ist Direktor des »College of Cultural Studies« und Professor für Soziologie am »Goldsmiths College« der Universität von London. Seine Forschungsschwerpunkte sind Soziologische Theorie, Technik- und Kultursoziologie.

Immer mehr Menschen sind mit der Schaffung, Verteilung und Bewertung von Informationen beschäftigt und in informationsorientierten Berufen tätig. Er produziert Informationen im gleichen Maße wie er sie konsumiert, er lebt gewissermaßen in und von Informationen. Wie jeder ist er Teil der Informationsgesellschaft und wie jeder andere sucht auch er sich seinen Weg durch das Informationschaos unserer Zeit.

Als Soziologe und visierter Kenner der Kulturindustrie untersucht er in empirischen Studien die Entwicklung der Informationstechnologie und der aus ihr erwachsenen Informationskultur. Dabei interessieren ihn insbesondere die schöpferischen und zerstörerischen Kräfte und Mechanismen, die durch das Verschmelzen von Technik und Kultur entstehen. »Waren Kultur und Wirtschaft einmal völlig autonome Sphären, so sind diese beiden Sphären inzwischen eins geworden«, sagt er. Früher wurde die Technik dafür eingesetzt, Kulturgüter zu vermarkten. Heute steht nicht mehr die Kultur, sondern die Technik im Vordergrund. Die Technik wird mit Inhalt gefüllt, oder: »Die Kultur wird benutzt, um der Technik Inhalt zu geben.«

Im Gegensatz zu vielen seiner Kollegen konzentriert sich Scott Lash, der 1987 mit seinem Kollegen John Urry »das Ende des organisierten Kapitalismus« beschrieb, auf den Bereich der Ökonomie, die – wie er in seinen Untersuchungen feststellt – immer mehr Wert auf das Design legt, etwa bei der Produktion von Kleidern, Schuhen, Möbeln, Autokarrosserien, elektronischen Gütern und dergleichen. Die Ökonomie wird zusehends durch kulturelle und ästhetische Aspekte bestimmt, ebenso wie sich die Kultur zusehends ökonomisiert. Die Fertigungsindustrie folgt damit dem Beispiel der Kulturindustrie und wird zu einer »Ökonomie der Zeichen und des Raums«.

Ausgewählte Buchveröffentlichungen:

Scott Lash & John Urry: Die globale Kulturindustrie.
Die politische Ökonomie der Zeichen im Raum.
Suhrkamp Verlag, Frankfurt/M. 2000
Originalausgabe: Economies of Signs and Space.
TCS/ Sage, London 1994

Scott Lash

Der Informationsschock als konstitutives Element der Informationsgesellschaft

Konzept

Die neuen Kommunikations- und Informationstechnologien richten die Gesellschaft neu aus. Es gibt eine ins Unermessliche steigende Menge an frei verfügbaren Informationen. Aber nicht nur das. Alles um uns herum nimmt einen Informationscharakter an und wird danach beurteilt, welche Information transportiert wird. Dadurch werden wir einem permanenten Informationsschock ausgesetzt. Der Informationsfluss, der sich durch die Privatisierung der Medien und durch den Siegeszug des Internets ungehindert entfalten konnte, hat »zur Ausweitung globaler Informationsstrukturen und zur Auflösung national geprägter sozialer Strukturen geführt«. Zu diesem Schluss kommt Scott Lash in seinem 1994 erschienenen Buch »Economies of Signs and Space«. Seine Theorien und empirischen Studien zur Informationsgesellschaft und zur globalen Kulturindustrie hat er seither kontinuierlich weiterentwickelt.

Die Informationsgesellschaft beinhaltet, so Lash, mehr als nur eine Verschiebung von der industriellen Fertigung hin zu einer Wissensproduktion. Sie bedeutet auch, dass die Informationen, die produziert werden, eine symbolische Kultur begründen. Folglich wird Herrschaft nicht mehr durch Texte, Diskurse oder Ideologien ausgeübt. Statt dessen drückt sich Macht heute in Informationen aus. Symbolische Gewalt findet nicht mehr in der argumentativen Auseinandersetzung statt, auch nicht im regelmäßigen Literaturdiskurs. Schon gar nicht in der strukturellen Logik einer Ideologie. Sie äußert sich in der fast brutalen Unmittelbarkeit von Informationen. Die Informationsgesellschaft ist eine Gesellschaft der Geschwindigkeit. Es gibt keine Zeit mehr zur Kontrolle und keinen Raum für die Reflektion.

Die Informationsgesellschaft kam nach dem Postmodernismus auf. Moderne und postmoderne Kulturen waren vom Text geprägt. In beiden waren die klassischen Paradigmen von Produzent, Text und Konsument vorhanden. Der Unterschied bestand darin, dass moderne Texte von erzählenden Elementen geprägt waren: Sie hatten eine Einführung, ein Mittelteil und ein Ende. Sie folgten einer gewissen Wahrscheinlichkeit und einem argumentativen Aufbau der Ereignisse, alles gekennzeichnet von der Absicht eines Protagonisten. Postmoderne Texte setzten dagegen auf die Wirkung des Spektakels, der Bilder. Aber die Information ist nicht textgebunden. Sie erzielt ihre Wirkung durch einen beständigen Fluss von Zusammenhängen. Die Informationskultur beruht auf dem ständigen Fluss an Informationen und auf Maschinen, die sie verbreiten. Fernsehen und Kino haben die Funktion einer Visions-Maschinerie übernommen.

Die Informationsgesellschaft besteht aus einem Netzwerk, bestehend aus vielen Verbindungsstellen, über die Informationen übertragen werden. Durch die Interaktion Mensch-Maschine entwickelt sich Kommunikation. Sie erschafft Symbole, Technologien, Finanzmärkte und Handel. Es ist eine Gesellschaft in ständiger Bewegung, in einem Netzwerk mit unzähligen Verbindungen. Dadurch wird die Kommunikation wichtiger als die Information selbst. Die Informationsgesellschaft ist also in erste Linie eine Kommunikationsgesellschaft. Der erste Schritt in diesem Prozess eines neuen Ökonomieverständnisses war gekennzeichnet durch die Information selbst: Die Produktion von Halbleitern, Computern und passender Software. Der zweite Schritt war der Aufbau eines Kommunikationsnetzes durch Internet, Mobiltelefone und e-commerce. Cisco-Systeme, die den Weg für diese Kommunikationsmöglichkeiten bereiten, haben heute einen höheren Kapitalertrag als Microsoft. In unserer Informationsgesellschaft steht die Produktion nur noch an zweiter Stelle hinter der Kommunikation. Darunter fällt auch der Transport von Nachrichten über den Äther. Die Informationsgesellschaft ist ganz stark charakterisiert von einer Kultur der räumlichen Ferne, der Motor dieser Gesellschaft sind die modernen Kommunikationsmittel. Dadurch wird eine neue Infrastruktur erzeugt, die Produktionsmittel sind nur noch der Überbau dieser Gesellschaft.

Die Informationsgesellschaft hat ganz neue Zweige in den Sozialwissenschaften zur Folge. Die Menschen im Positivismus agieren normalerweise aufgrund ihres Urteilsvermögens, und ihr Handeln wird durch die Phänomenologie der eigenen Erfahrung geprägt. In der Informationsgesellschaft sind sie dagegen in eine ständige Kommunikation eingebunden. Nach Husserls Phänomenologie ist das menschliche Ego immer durch die eigene Erfahrung geprägt. Ganz im Gegensatz zu Niklas Luhmannns Phänomenologie einer Informationsgesellschaft, in der Systeme und Netzwerke das menschliche Ego bestimmen und nicht die Erfahrung. Die Kommunikationsfähigkeit wird in den Mittelpunkt der Betrachtung gerückt. Der Positivismus sieht die Beziehung zwischen A und B als eine Folge kausaler Zusammenhänge, die Hermeneutik als deren Interpretation. In der Informationsgesellschaft hat beides keine Gültigkeit mehr: Hier wird die Beziehung zwischen A und B als Verbindung, Zusammenschluss und Ergänzung betrachtet, als eine Ausweitung des Netzwerkes insgesamt.

Fragebogen

1. Sehen Sie sich selbst als Gesellschaftstheoretiker, Gesellschaftskritiker, Gesellschaftsarchitekt oder lediglich als geselliger Zeitgenosse?

In erster Linie bin ich wohl Gesellschaftstheoretiker. Zumindest sind meine Bücher in den Bibliotheken unter »Soziale Theorie« eingeordnet. Einige behaupten, ich wäre ein Zukunftstheoretiker, der die Vergangenheit ausblendet. Das stimmt allerdings nicht. Gemessen an den Reaktionen, die ich mit meinen Schriften hervorrufe, bin ich sicherlich auch ein Gesellschaftskritiker. Egal wo ich auftrete und egal was ich sage, ich bin immer sehr umstritten. Ich bin es manchmal leid, umstritten zu sein. Wenn ich Dinge vertreten würde, mit denen die Leute einverstanden wären, würde ich mich vielleicht auch anders betrachten. Auch wenn ich Direktor eines Instituts für kulturelle Studien bin, sehe ich mich nach wie vor als Soziologe. Und als Soziologe bin ich mehr Teil des allgemeinen Informationsprozesses, als ich es als Kritiker oder Architekt sein könnte. Ich habe nicht die nötige Distanz zu meinem Untersuchungsgegenstand, der Informationsgesellschaft, wie es der Architekt zu seinem Gebäude oder die Gesellschaftskritiker der Frankfurter Schule hatten. Als Soziologe bin ich heute mehr mitten im Geschehen, als dass ich von außen die Dinge beobachten, kritisieren oder eingreifen könnte.

2. In welcher Gesellschaft leben wir eigentlich?

Wir leben in einer Gesellschaft, in der eine Verschiebung von der industriellen Produktion zur Informationsproduktion vonstatten geht. Die Kultur, die daraus entsteht, ist mehr eine Informationskultur als eine Erzählkultur. Was produziert wird, sind Informationen mit einer sehr begrenzten Lebensdauer, oft sind sie nur für einen Tag relevant, für Börsenhändler sogar nur wenige Sekunden. Informationen sind heute in Zeit und Raum verdichtet. Wir haben keine Zeit, sie zu reflektieren. Wir lesen die Zeitung und werfen sie anschließend in den Papierkorb. Ein Fußballergebnis interessiert einfach nicht länger. Informationen sind Wegwerfprodukte. Sehr viel von dem, was in der gegenwärtigen Gesellschaft produziert wird, besteht aus Informationen, die heute relevant, morgen aber schon wieder völlig unbrauchbar sind. Das war früher anders. Die Geschichten, die man seinen Kindern erzählte, vermittelten Inhalte, die für ein ganzes Leben von Bedeutung waren. Sie wurden von einer Generation an die nächste weitergegeben und konnten die Menschen miteinander verbinden. Sie gaben ihnen Halt, Sicherheit und Identität. Heute müssen wir aus den kurzlebigen Informationen, die wir aufnehmen, immer wieder aufs Neue unsere eigene Identität entwickeln.

3. Worin sehen Sie die Stärken und Schwächen dieser Gesellschaft?

Ich denke, je mehr die verschiedenen Bereiche der Gesellschaft auf Informationen basieren oder darauf ausgerichtet sind, desto mehr wird sich auch das soziale Netz auflösen. An die Stelle des sozialen Netzes tritt ein Informationsnetz, das sich grundlegend von dem früherer Formen unterscheidet. Die Identität, die Menschen innerhalb des Nationalstaates oder am Arbeitsplatz ausbildeten, schwindet in der Informationsgesellschaft. Der Arbeitsplatz, an den Menschen fast lebenslang gebunden waren, sicherte eine lückenlos zusammenhängende Lebensbiografie. Das ist nicht mehr länger der Fall. Heutige Arbeitsverträge geben den Menschen eine Arbeit auf Zeit. Ist diese Zeit abgelaufen, ist man in der Regel gezwungen, sich ein neues Arbeitsverhältnis zu suchen. Das ist eine Schwäche und wiederum eine Stärke. Aber im Grunde will ich gar keine Bewertung vornehmen, denn Informationen machen das ohnehin von selbst.

4. Welche Rolle spielen Sie in der Gesellschaft?

Als Soziologe spiele ich einerseits eine sehr eingeschränkte Rolle, da ich Teil der Informationen bin, die ich andererseits aber auch selbst produziere. Ich habe keine privilegierte Rolle mehr im Sinne eines sozial freischwebenden Intellektuellen, was Karl Mannheim noch von sich behaupten konnte. Ich bin wie jeder andere auch in das alles umfassende Netz aus Informationen verwoben. Wenn es in der Informationsgesellschaft eine untypische Rolle gibt, dann ist es die des Soziologen. Wir sind Traditionshüter in dem Sinne, dass wir auf sehr traditionelle Art und Weise in langjährige Projekte eingebunden sind. Wir sind aber auch wie alle anderen darauf verwiesen, eine neue Form der Kommunikation zu lernen und mit den neuen Formen der Kommunikation umzugehen.

5. Welche Gesellschaftsromane haben Sie fasziniert?

Ich lese keine Gesellschaftsromane, die eine Geschichte erzählen, die einen Anfang und ein Ende haben. Ich lese eher Krimis zur Unterhaltung. Sie vermitteln eine Vorstellung, was in einer Informationsgesellschaft abläuft. Die Krimis, die im Sinne eines Gesellschaftsromans auch über den unmittelbaren Moment hinaus noch Faszination auf mich ausübten, waren »Der große Schlaf« von Raymond Chandler und »L.A. Confidential« von James Ellroy. Ganz allgemein inspirieren und begeistern mich Detektivgeschichten auf eine sonderbare Weise. Es interessiert mich, wie Detektive nach Informationen über geschäftliche und persönliche Angelegenheiten anderer suchen und wie sie diese dann verwenden, um jemanden zu überführen. Das spiegelt im Prinzip das wider, was ich mit den Daten mache, die ich in meinen empirischen Studien gewinne.

6. Welchem Gesellschaftsspiel gehen Sie gerne nach?

Gesellschaftsspiele waren früher Spiegelbilder der Gesellschaft. Heute sind sie nicht losgelöst von der Gesellschaft zu sehen, sie sind vielmehr in den allgemeinen Informationsfluss eingebunden. Jedes Fußballspiel ist eine Lehrstunde im Hinblick auf die grundlegende Veränderung unserer Gesellschaft. Es ist immer wieder interessant zu beobachten, wie im Laufe eines Spiels das Publikum selbst zu einem Teil des Spiels wird. Die Anhänger einer Mannschaft identifizieren sich mit »ihrer« Mannschaft so sehr, dass sie buchstäblich mit ihrer Mannschaft leiden, wenn es einmal nicht so gut läuft. Wenn ein Tor gefallen oder der Sieg errungen ist, führen sie hingegen Freudentänze auf. Sie sind nicht in erster Linie Zuschauer oder Konsument, sie sind Teil des Spiels, Teil der Mannschaft. Auch wenn ich nur 200 Meter vom Stadion Arsenal Londons entfernt lebe, schlägt mein Herz nach wie vor für die Black Burn Rovers. Aktiv habe ich Basketball, Tennis, Baseball und Eishockey gespielt. Heute spiele ich begeistert Golf.

7. In wessen Gesellschaft halten Sie sich bevorzugt auf?

Bevorzugt halte ich mich in Gesellschaft meiner Familie auf. Ich habe zwei erwachsene Söhne und eine zweijährige Tochter. Ich bin aber auch gerne mit zwei eng befreundeten Kollegen zusammen, mit denen ich Golf spiele. Einmal im

Monat treffe ich mich mit Freunden zum Poker. Das sind sehr unterschiedliche Leute: Einer besitzt einen Plattenladen, einer ist ein Lehrer, einer ist zur Zeit arbeitslos und einer ist Verkäufer. Die Stellung in der Gesellschaft gerät an solchen Abenden ins Hintertreffen, sie ist aufgehoben und eigentlich nicht existent. Der Abend ist durch die ungezwungene Geselligkeit geprägt, dem Informationsfluss untereinander sind keine Grenzen gesetzt. Überdies halte ich mich sehr gerne in Gesellschaft von Leuten auf, die in den Film-, Fernseh-, Publikations- und Werbeindustrien, den sogenannten Kulturindustrien, beschäftigt sind.

8. Welcher Gesellschaftsgruppe fühlen Sie sich zugehörig?

Ich glaube nicht, dass ich zu einer spezifischen Gruppe gehöre. Ich habe einen englischen und einen amerikanischen Pass. Ich bin in Amerika geboren, lebe aber seit über 20 Jahren in England. Wenn ich gefragt werde, was ich beruflich tue, dann antworte ich, dass ich ein Untersuchungslabor für Medien leite. Ich sage nur sehr ungern, dass ich Universitätsprofessor bin. Ich tendiere dazu, mich mit Leuten aus den Kulturindustrien zu identifizieren, die nicht Akademiker sind. Ich fühle mich als Teil von sehr vielen gesellschaftlichen Gruppen.

9. Welche Person(en) von gesellschaftlicher Größe schätzen Sie?

Ich habe längere Zeit mit dem holländischen Architekten Rem Koolhaas zusammengearbeitet. Was ich an ihm schätzen gelernt habe ist sein Mut, Dinge zu sagen, die sich andere nicht trauen. Er behauptete beispielsweise, dass es gut sei, wenn die Informationsgesellschaft die Identität zerstöre. »Vergesst den Kontext!«, forderte er bereits 1995. »Wir wollen eine universelle Architektur schaffen, eine Stadt der Leere, eine Stadt ohne Eigenschaften, bewohnt von Menschen ohne Herkunft.« Einkaufszentren, Erlebnisparks und Flughäfen sind zum Beispiel solche universellen Plätze – ohne Eigenschaften, ohne Identität. Es sind Plätze, die überall und nirgends sein könnten. Plätze, die nicht mehr sind als Durchgangsstraßen, die von Menschen benutzt werden, um von A nach B zu gelangen. Auf ihnen können Menschen in Kontakt treten, Informationen austauschen oder eben auch nicht. »Wo nichts ist, kann alles entstehen«, hat Koolhaas gesagt. Dies trifft auch auf die Informationsgesellschaft zu. Diese Zusammenhänge hat schon Walter Benjamin sehr früh aufgezeigt, den ich für seinen Scharfsinn und seine Einschätzungen und Prognosen schätze. Der Begriff »Schockerlebnis« beschreibt genau die Art von Erfahrung, die wir machen, wenn wir eine rasche Aufeinanderfolge von Informationen aufnehmen und verarbeiten.

10. Wie sieht für Sie die ideale Gesellschaft aus?

Informatisierung bedeutet mit jeder Vorstellung von Utopie zu brechen. Deshalb will ich gar nicht erst versuchen, eine ideale Gesellschaft zu entwerfen. Worum es vielmehr geht ist, allen Menschen genügend Raum zur Verfügung zu stellen, damit sie eine Gesellschaft nach ihren Vorstellungen produzieren. Die ideale Gesellschaft ist die, in der wir vergessen, über die ideale Gesellschaft nachzudenken.

11. Wollen Sie die Gesellschaft verändern?

Die Informationsgesellschaft ist keine formbare Masse. Was wir vorfinden ist ein Berg an Informationen, den wir bewältigen müssen. Wir müssen permanent Informationen aufnehmen und verarbeiten. Ich glaube, wir müssen erst einmal verstehen lernen, wie sich die Gesellschaft verändert, bevor wir darüber nachdenken, wie wir die Gesellschaft verändern können. Die Unterscheidung von Reproduktion und Produktion kann das vielleicht verdeutlichen. Ich denke, Pierre Bourdieus Interpretation, die sehr stark darauf abzielt, wie sich Dinge reproduzieren, ist falsch. Und jemand wie Alain Touraine hat recht, wenn er sagt, dass wir früher in einer Gesellschaft lebten, die durch Reproduktion dominiert war, dass nun aber die Produktion von Dingen in den Vordergrund rückt. Wir müssen den gesellschaftlichen Wandel verstehen, in dessen Folge wir alle Gesellschaft produzieren. Bisher wussten wir nicht so recht damit umzugehen. Das gilt es nun zu lernen. In diesem Sinne will ich nicht wirklich die Gesellschaft verändern. Ich möchte vielmehr verstehen, in welcher Art und Weise ich Teil der Gesellschaft bin, die diesen enormen Veränderungen ausgesetzt ist.

12. Wie sieht die Gesellschaft von morgen aus?

Mehr oder weniger so wie heute, aber die Dinge werden sich immer mehr den Prinzipien der Informationsgesellschaft annähern. Der Informationsfluss wird nicht so schnell abreißen. Die entscheidende Frage lautet: Werden wir alle isoliert voneinander leben, oder werden uns die Informationen zusammenbringen? Ich denke letzteres wird eintreffen. Es wird nicht mehr um die konventionell verstandene Vergesellschaftung, sondern um die Informationalisierung der Menschen gehen. Die herkömmliche Bindekraft der Gesellschaft verschwindet, wird aber durch die Informationsstrukturen neu hervorgebracht.

Interview

Seit dem Treffen des Ministerrates der EU in Korfu im Juni 1994 hat sich die Europäische Union den aktiven Aufbau der Informationsgesellschaft zum Ziel gesetzt. Informationen sollen leicht, schnell und kostengünstig gefunden, ausgetauscht und verwendet werden. Während Nicholas Negroponte davon schwärmt, dass in absehbarer Zeit »für jedermann zu jeder Zeit und an jedem Ort jede Information« abrufbar sein wird, warnt Neil Postman vor der Informationsflut, in der wir zu ertrinken drohen. So schreibt er: »Daten sind mittlerweile in einer solchen Menge vorhanden, dass sie zu einer Art Abfall verkommen – und wir zu regelrechten Müllschluckern«. Welcher Perspektive schließen Sie sich an? Was sind für Sie die zentralen Parameter der Informationsgesellschaft?

Jeder spricht heutzutage von einer Informationsgesellschaft. Im Gegensatz zu vielen meiner Kollegen bin ich aber gar nicht der Meinung, dass dies so zutrifft. Ich will damit nicht behaupten, sie lägen alle falsch. Sicher ist da etwas Wahres dran. Aber alle diese Informationen sind nur eine Erweiterung unserer menschlichen Wahrnehmung, unserer Sinne. Sie sind ähnlich unseren Organen: Wir nehmen Informationen auf, verarbeiten sie und geben sie an andere weiter. Lange Zeit waren wir abgeschottet und geschützt vor der Informationsflut, der wir heute ausgesetzt sind. Heute sind wir ihnen rund um die Uhr ausgesetzt. Alles geht sehr viel schneller, wir bekommen viel mehr mitgeteilt, was wir verarbeiten müssen. Aber was wir heute Information nennen, hatte früher eine ganz andere Bedeutung: Es waren Werte, Symbole und Diskurse über Wissenschaft und Kunst. Eigentlich alles, was man heute unter dem Begriff Kultur zusammenfassen würde. Heute sind Informationen Waren, geschützte Warenzeichen wie Nike-Schuhe, Coca-Cola, Kodakfilme oder anderes. Aber die Wertigkeit dieser Güter verändert sich sehr schnell. Sie haben keine lange Gültigkeit mehr, sondern verändern sich innerhalb von Monaten, manchmal sogar innerhalb von Stunden und Minuten. Die Folge ist: Wir haben keine Zeit mehr, die Informationen, die wir aufnehmen, zu bewerten. Auch wenn nicht viel Zeit zum Nachdenken bleibt, entsteht Reflexivität auf allen Seiten. Wir sind ständig dazu aufgerufen, zwischen Firmen, Produkten, Ansichten und Kulturen zu vergleichen, unsere Erwartungen zu formulieren, uns kritisch zu äußern, uns zu entscheiden, was wir zulassen und was wir von uns weisen.

Wie sehen die direkten Auswirkungen der schnellen, kurzlebenden, verdichteten Informationen auf die Menschen aus? Gibt es empirische Untersuchungen über diese Veränderungen?

Ich möchte gar keinen Unterschied machen müssen zwischen den Informationen an sich und den Menschen, die sie aufnehmen. Das wäre ein sehr traditioneller Ansatz der soziologischen Forschung: Auf der einen Seite die Menschen, auf der anderen Seite die Informationen. Letztendlich sind aber beide in einem sehr engen Netzwerk untrennbar miteinander verbunden und bedingen sich gegenseitig. Ich glaube nicht, dass die Informationen selbst die Menschen beeinflussen. Mein Gesellschaftsansatz ist in dieser Beziehung nicht so negativ wie beispielsweise der von Neil Postman. Aber natürlich gibt es negative Auswirkungen dieser Entwicklung, gar keine Frage. Ein großes Problem liegt sicher in der Monopolisierung von Informationen, wie wir es etwa durch Microsoft oder die Murdoch-Gruppe erleben. Im Gegensatz zu einem marxistischen Ansatz der Ausbeutung durch den Besitz von Produktionsgütern sehen wir heute eine intellektuelle Ausbeutung durch Copyright und eingetragene Warenzeichen. Die großen Monopolgesellschaften ziehen eine Art Ring um die Informationen und beanspruchen sie als ihr Eigentum. Sobald jemand Zugang zu diesen Informationen haben will, muss er dafür bezahlen. Und er muss viel dafür bezahlen, etwa beim Pay-TV oder beim Internet-Zugang. Ein anderer ganz wichtiger Punkt ist die Gen- und Biotechnologie. Wir haben hier gerade mal erst an der Oberfläche gekratzt, manchmal in der richtigen Richtung, viel öfter aber in der falschen. In Labors werden Mäuse mit Krebszellen geimpft, und diese Mäuse werden dann als Ware an die Pharma-Konzerne verkauft. Die genetischen Informationen werden als Warenzeichen geschützt und verkauft. Die besorgniserregendsten Entwicklungen gehen in diese Richtung, dass global operierende Firmen sehr breite und sehr wichtige Bereiche unseres Lebens beherrschen. Sehen Sie sich nur einmal die traditionelle brasilianische Medizin an: Die großen Konzerne lassen sich Jahrhunderte lange Traditionen als Markenzeichen schützen und verdienen damit eine Unmenge Geld.

Welche sozialen Ungleichheiten entstehen dadurch? Wird sich die Informationsgesellschaft spalten in Gewinner, die Informationen produzieren oder – wie Sie gerade sagten – diese durch Patente schützen lassen und Verlierer, die die Informationen konsumieren? Welche Tendenzen sehen Sie?

Das ist ein sehr wichtiger Punkt. Es werden jeden Tag sehr viel Informationen von sehr vielen Menschen produziert. Und die werden wiederum weitergegeben von sehr vielen Menschen aus unserer Umgebung. Selbst ein Discjockey in einem Club gibt Informationen weiter. Sogar die Popmusik ist Teil dieser Maschinerie geworden und produziert Informationen. Aber auch wenn sogar die Kinder in den entlegendsten Gegenden Brasiliens Stereo-Anlagen besitzen, haben sie natürlich keinen Einfluss auf die Produktion dieser Informationen. Sie machen zwar selbst Musik, können sie aber nicht eintragen und schützen lassen. Dadurch verdienen sie natürlich auch kein Geld damit, sie sind nur Konsumenten. Und dennoch werden auch die Konsumenten immer mehr zu Produzenten: Etwa bedingt durch den freien Internet-Zugang, der gerade im letzten halben Jahr ständig zugenommen hat. In diesem Bereich explodiert die Entwicklung geradezu. Im Moment sind aber viele noch ausgeschlossen von der Möglichkeit, selbst Informationen zu produzieren und zu verbreiten. Damit natürlich auch von der Möglichkeit, Geld zu verdienen. Wenn man teilhaben will an dieser Informationsgesellschaft, muss man einen sehr hohen Preis dafür zahlen. Nehmen Sie Städte wie London oder München, die zu den größten Informationsbörsen dieser Welt zählen. Wenn Sie teilhaben wollen an dieser hochtechnisierten Entwicklung, müssen Sie enorm viel Geld dafür bezahlen. Eine Firma gründen, Lizenzen, Miete und die technische Ausrüstung bezahlen. Es kostet eine Unmenge Kapital, derjenige sein zu wollen, der über die Verteilung von Informationen bestimmt. Es gibt eine wunderbare Studie von Karin Knorr-Cetina, die den Informationshandel untersucht. Das ist ein völlig losgelöster Raum, ein rechtsfreier Raum. Sie müssen sehr viel bezahlen, wenn Sie diesen Raum betreten wollen. Man muss eine Spielernatur haben, um da mitmachen zu können. Selbst die kleineren Deals in dieser Branche bewegen sich um die zehn Millionen Mark. Man muss also innerhalb kürzester Zeit bereit sein, so viel Geld einzusetzen. Und das jeden Tag, immer wieder. Das können vielleicht 70 Leute. Jeder ist also zwar irgendwo gleichzeitig Produzent und Konsument, aber es gibt nur sehr wenige Produzenten, die auch das Geld verdienen.

Neben all diesen negativen Aspekten der Informationsgesellschaft, gibt es doch auch einige sehr positive Bereiche. Durch die Flut von Informationen, die wir jeden Tag bekommen, werden wir ja auch gezwungen, neue gesellschaftliche Beziehungen herzustellen. Wie sieht Ihrer Meinung nach der Raum aus, in dem wir uns bewegen?

Er birgt zunächst sehr viele Risiken. Nach der Meinung von Manuel Castells leben wir nicht mehr in einer kontinuierlichen gesellschaftlichen Entwicklung, die sich immer wieder selbst reproduziert, sondern in einer Gesellschaft, die Castells die »Netzwerkgesellschaft« nennt. Hier muss jeder selbst seine eigenen Netzwerke herstellen und damit auch immer wieder kleine, eigene Räume schaffen. Wir reproduzieren keine gesellschaftlichen Beziehungen mehr, sondern schaffen immer wieder neue. Sie sind nicht mehr vorgegeben. Wir produzieren damit soziale Beziehungen.

Wie sehen diese Beziehungen aus?

Die traditionellen Verhältnisse in der Produktion nach Karl Marx haben sich aufgelöst. Die Beziehung zwischen Arbeitnehmer und Arbeitgeber wandelt sich. Heute läuft ein Großteil unserer sozialen Beziehungen außerhalb der Firma ab. Diese neuen Beziehungen müssen erst hergestellt werden. Sie reproduzieren sich nicht mehr wie früher, sondern müssen erst einmal produziert werden. Das ist zwar eine neue Freiheit, aber in einer etwas merkwürdigen Form: Wir werden zu dieser Freiheit geradezu gezwungen, haben gar keine andere Wahl mehr. Das sind die Räume, die ich meine: Sie sind nicht mehr fest vorgegeben, wir müssen sie uns selbst schaffen und ausfüllen. Die Grenzen sind offen und fließend. Das ist genau das, was Alain Touraine meint, wenn er sagt: »Wir haben früher nur Beziehungen reproduziert. Heute produzieren wir sie selbst.« Es ist nicht die Freiheit, gesellschaftliche Beziehungen einzugehen, sondern ein Zwang. Das birgt natürlich Risiken.

In Ihrem Buch »Economies of Signs & Space«, das auf deutsch unter dem Titel »Die globale Kulturindustrie« erscheint, wird diese Problematik anhand der Popkultur und neuer Medienbereiche aufgezeigt. Noch einmal die Frage: Was für Auswirkungen hat der Wandel in Form, Umfang, Tempo und Kontext der Informationsübermittlung für den Menschen?

Wir alle sind irgendwie zu Konsumenten geworden. Die Grenze zwischen Produzent und Konsument ist fließend. Wie ich bereits erwähnt habe, gibt es sicher einige Global Players, die sehr viel Macht besitzen. Sie üben damit zweifelsohne auch eine Art symbolischer Gewalt aus. Aber die Linien sind eben nicht immer klar abzugrenzen. Denken Sie an den Fußball, wo die Fans selbst zum

Teil des Spektakels werden. Ich denke, der wichtigste Punkt ist gar nicht mehr die Unterscheidung zwischen Konsument und Produzent. Natürlich gibt es nur einige wenige, die Zugang zum Fernsehen und Radio haben. Aber es gibt daneben sehr viele Leute, die zwar ebenfalls Informationen produzieren, aber keine Öffentlichkeit erreichen. Überspitzt gesagt, es gibt Produzenten mit Öffentlichkeit und Produzenten ohne Öffentlichkeit. Das ist die große Mehrheit, die keine Möglichkeit hat, Informationen über Kommunikationsmedien zu verbreiten.

Wo liegt genau der Unterschied zwischen Information und Kommunikation?

Das ist schwer zu beantworten. Schauen Sie sich die Machtfülle der Mobilfunk-Unternehmen an. Die Kommunikationstechnik ist vielleicht sogar noch wichtiger in unserer Gesellschaft als die Information selbst. Nur ganz wenige wie beispielsweise der Medien-Mogul Rupert Murdoch verfügen sowohl über Informationen wie über die Mittel zu ihrer Verbreitung. In Grossbritannien errichtete Murdoch mit der Gründung von »Sky« ein Telekommunikationsmonopol über Satellit. Da die neue Technologie alleine nicht ausreichte, um Gewinne zu erzielen, machte sich Murdoch auf die Suche nach einem Inhaltsmonopol. Dieses fand in einem der beliebtesten Inhalte der Informationsgesellschaft: dem Spitzenfußball. Murdoch sicherte sich die Exlusivrechte für Live-Übertragungen der Premier-League, der englischen Bundesliga, womit es ihm in kürzester Zeit gelang, schwarze Zahlen zu schreiben. Anhand dieser Verschmelzung von Technologie und Kultur erkennen wir die Bedeutung von Monopol und Abhängigkeit als massgebliche Prinzipien der Informationsgesellschaft.

Datenbanken sind zwar mit Sicherheit ein ganz wesentliches Element unserer Gesellschaft, denken Sie nur an den Gen-Pool. Auf der anderen Seite muss man natürlich auch die Möglichkeit haben, diese Informationen weiterzugeben und sich mit anderen auszutauschen. Früher gab es zwei Arten der Kommunikation: Die eine, bei der die Menschen direkt aufeinander zugingen und eine andere, die mit Symbolen gearbeitet hat. Das war der kulturelle Aspekt, den ich vorhin angesprochen habe. Seit ungefähr 200 Jahren haben wir mit diesen beiden Kommunikationsbegriffen gearbeitet. Heute stehen die Symbole ganz im Vordergrund, aber ohne kulturellen Bezug. Früher haben die Menschen miteinander kommuniziert, heute tauschen sie Informationen aus. Aber dennoch bleibt es natürlich wichtig, dass Menschen aufeinander zugehen. Unsere Gesellschaft beinhaltet beide Aspekte: Informations- und Kommunikationsmittel. Aber Kommunikation kostet Geld, global kommunizieren kann nur, wer auch das Kapital dazu hat.

Was sind die wichtigsten Aspekte Ihrer empirischen Untersuchungen?

Wir haben in den letzten vier Jahren an zwei großen empirischen Projekten gearbeitet. Das eine ist die »global biography of culture products«, in der verschiedene Kulturgüter untersucht werden. Wir betrachten dabei nicht den subjektiven, sondern den objektiven Aspekt dieser Güter. Gegenstand der Untersuchungen waren acht Produkte, deren Herkunft wir untersucht haben, sozusagen die Soziologie dieser Produkte. Das waren zunächst drei Filme: Toy-Story, Trainspotting und Wallace & Gromet. Dann den Sportartikelhersteller Nike, die Firma Swatch, verschiedene Internet-Anbieter und nicht zuletzt die moderne britische Kunst. Das ist der eine Bereich, in dem wir arbeiten. Die Herkunft und Entwicklung dieser Produkte.

Können Sie das am Beispiel der Entwicklung von Nike etwas erläutern?

Wir schauen zunächst auf das Design der Produkte, wie es sich im Lauf der Zeit verändert. Dann auf die Werbung und wie diese in der Öffentlichkeit wahrgenommen wird. Dazu befragen wir Kunden, Journalisten, aber auch die Sportler. Wir haben untersucht, wie Nike zum Fußball kam und haben die Repräsentanten der Firma in Brasilien interviewt, da Nike mit dem brasilianischen Fußballverband einen 200-Millionen-Dollar-Vertrag abgeschlossen hatte. Dabei haben wir immer wieder festgestellt, dass es eine sehr große Wechselwirkung verschiedenster Produkte untereinander gibt, ein Produkt hat immer auch Auswirkung auf das nächste. Wir haben natürlich auch die Wechselwirkungen zwischen Nike und anderen Sponsoren der Fußball-WM 1996 untersucht. Selbst die Spieler-Verträge haben wir genau beleuchtet. Eines der Ergebnisse dieser Untersuchung war, dass es einen großen Gegensatz gibt zu früher, als Kultur in erster Linie eine Form der Repräsentation und ein duales System war. Auf der einen Seite der Produzent, auf der anderen Seite der Konsument. Den Zuschauer im Theater oder Kino und den Film. Den Zuhörer beim Konzert und das Orchester. Das Buch und den Leser, den Zuschauer im Stadion und das Spiel. Heute funktioniert dieser Dualismus nicht mehr. Wir benutzen Kultur, wir spielen mit ihr und nutzen sie auch aus. Diese Entwicklung zieht sich durch alle gesellschaftlichen Bereiche, bis in die Kunst hinein. Es gibt keine verschiedenen Ebenen mehr: Wenn Sie die letzten zwölf Jahre Revue passieren lassen, wird die Kunst selbst immer mehr zum Objekt. Es gibt fast nur noch Installationen und »Objekt-Art«. Sie ist damit auch sehr kurzlebig geworden und verändert sich sehr schnell. Die Künstler haben sich ebenfalls verändert. Wir haben uns wegbewegt von einer Kultur der Repräsentation hin zu einer Objekt-Kultur, einer Kultur der Technologie. Gleichzeitig hat damit auch der Prozess hin zu einer Informationskultur begonnen. Die alte Zweidimensionalität ist aufgehoben, wir leben heute eindimensional. Auch unsere empirischen Untersuchungen sind Teil dieser Informationsgesellschaft geworden.

Sind wir also auf dem Weg zu einer ganz banalen Gesellschaftsstruktur in Neil Postmans Sinn »Wir amüsieren uns zu Tode«?

Irgendwo hat Postman sicher Recht, und auch Richard Sennett wird ihm sicherlich zustimmen. Es ist ganz klar, es gibt jede Menge negativer Entwicklungen. Aber wir haben den Raum, unsere eigene Beziehungen und damit unsere Gesellschaft selbst zu gestalten. Das ist ein absolut aufregender Vorgang. Klar gibt es eine gewisse Tendenz zur Banalisierung, das zeigt sich auch an einer Reihe aktueller Kinofilme. Heute betrachten wir Shakespeare und Goethe als Kanon unserer Kulturpolitik – in ihrer eigenen Zeit waren sie nie das Maß der Dinge. Shakespeare war ein Verrückter, der sehr seltsame Dinge geschrieben und getan hat. Sicher sind die Programme im amerikanischen Fernsehen auf einem extrem niedrigen Level. Da ist das Programm in Deutschland oder England noch sehr viel besser, aber die zunehmende Kommerzialisierung führt auch hier bereits zu einem Kulturverlust. Die Sender produzieren kaum noch selbst, die Beiträge und Filme werden zu kleinen Produktionsfirmen ausgelagert. Das bedingt Wettbewerb, es gibt keine Kontinuität mehr. Aber gerade dadurch kann natürlich auch sehr gutes Fernsehen produziert werden, man arbeitet ständig mit neuen Leuten und verschiedenen Firmen zusammen. Es ist ja nicht so, dass die guten alten BBC-Sendungen kultureller Kanon wären. Viele interessante Einflüsse kommen von den neuen Firmen. Da gibt es einige hervorragende und intelligente Beispiele, die durch unabhängige Produktionsfirmen entstanden sind. Denken Sie an die »Simpsons« oder an »South Park«. Auf der einen Seite haben wir also sicher eine gewisse Gefahr der Banalisierung. Auf der anderen Seite entsteht aber auch sehr viel Neues und Interessantes.

Haben wir ein Problem mit der Kontrolle der Medien? Und wenn ja, wie könnte man es eingrenzen?

Prinzipiell bin ich gegen jede Form der Reglementierung. Aber natürlich gibt es Einschränkungen. Das Beängstigende ist, dass wir gegenwärtig eine ganz neue Form der Reglementierung erleben. Der Staat hat sehr viel von seiner früheren Macht verloren. Dadurch sieht es auf den ersten Blick so aus, als hätten wir einen völlig deregulierten Markt. Das ist aber keineswegs der Fall. Die Entscheidungen werden heute von Leuten wie Bill Gates oder Rupert Murdoch getroffen, die mit ihrer Monopolstellung einen gewissen Standard festsetzen. Diese Leute haben keine wirkliche Legitimation für ihr Handeln, niemand hat sie gewählt. Wenn die Regierung uns früher in unserer Freiheit eingeschränkt hat, konnten wir sie abwählen. Das geht mit Gates und Murdoch nicht. Die Regulation findet also nicht mehr beim Staat, sondern bei den großen Firmen statt. Werfen Sie einen Blick auf den amerikanischen Finanzmarkt: Die großen Banken haben die vollständige Kontrolle über die Geldpolitik. Das ist eine sehr schlimme Entwicklung, vor allem deshalb, weil es nicht mehr zu verhindern ist. Wir erleben hier das genaue Gegenteil einer freien Informationsgesellschaft. Es ist eine Monopolisierung von Information und der dazugehörigen Kommunikationsmittel. Vielleicht wären supranationale Körperschaften eine Lösung, die aus einer Koalition von mehreren Staaten bestehen müssten. Sie könnten zumindest etwas einschränkend auf diese Entwicklung wirken und teilweise auch die fast lächerliche Akkumulation von Kapital verhindern. Das Finanzvolumen von Microsoft dürfte bei rund einem Zehntel des deutschen Staatshaushaltes liegen. Dadurch werden bestimmte Gesellschaftsgruppen von dieser Entwicklung von vornherein ausgeschlossen. In England können Sie das schon heute beobachten: Es gibt immer mehr private Versicherungen und private Schulen. Menschen aus der City von London treten heute eher in Kontakt mit Leuten aus Tokio, Los Angeles oder München, als mit ihren direkten Nachbarn in Soho und den Vororten. Hier wird ein enormes Ungleichgewicht geschaffen. Wir brauchen daher ganz sicher ein gewisses Maß an Regulation. Die Staaten sind hier in der Verantwortung, solche supranationalen Körperschaften zu errichten. Es dürfen eben nicht ausschließlich private Firmen den Markt regulieren. Auch das ist Teil der symbolischen Gewalt, von der ich vorhin sprach. Früher kämpften wir gegen Ideologien. Aber Ideologie kommt von Idee, heute sind keine Ideen mehr vorhanden. Es geht nur noch um Information.

Sie sprachen den Dualismus an, der früher das kulturelle Leben geprägt hat. Gibt es eine moderne Alternative dazu, eine Art »dritten Weg«?

Ich glaube nicht an einen dritten Weg. Das würde schon wieder viel zu viel marktorientiertes Verhalten implizieren. Wenn überhaupt, müsste es ein Mittelding zwischen Sozialismus auf der einen Seite und Kapitalismus auf der anderen Seite sein. Aber schon allein dieser Gegensatz existiert nicht mehr. Es geht um etwas anderes: Wir müssen einen Kompromiss finden zwischen persönlicher Identität auf der einen Seite und Technologie auf der anderen. Womit mit dem Begriff Technologie eben Information und moderne Kommunikation gemeint ist. Die Identität hat sehr viel mit der Umgebung zu tun, in der wir leben, sogar mit den Staaten, in denen wir uns bewegen. Bei der Gründung der UN gab es 90 Mitgliedsstaaten, heute haben wir etwa 250. Die eigene Identität müssen wir uns bewahren, gleichzeitig aber den Gegensatz zur Technologie überwinden. Wir selbst sind schon ein Teil dieser Technologie geworden. Es gibt keinen Weg zurück mehr aus unserer Gesellschaft. Wenn es also tatsächlich einen dritten Weg gäbe, bestünde er in der Auflösung dieses Gegensatzes.

▸ Aufstieg durch Bildung ◂

Vita

Karl Ulrich Mayer, geboren 1945, ist Honorarprofessor für Soziologie an der Freien Universität Berlin. In seiner Haupttätigkeit ist er Direktor am Max-Planck-Institut für Bildungsforschung in Berlin, wo er den Forschungsbereich »Bildung, Arbeit und gesellschaftliche Entwicklung« leitet. Neben vielen anderen Tätigkeiten ist er u.a. Mitherausgeber der »Kölner Zeitschrift für Soziologie und Sozialpsychologie«.

Tatsachenurteile und Werturteile sind zweierlei. Die einen folgen nicht aus den anderen. Was Max Weber schon vor mehr als 80 Jahren aufgezeigt hat, ist Qualitätsmaßstab der Arbeit des Lebensverlaufsforschers Karl-Ulrich Mayer. Als empirisch orientierter Soziologe ist er mehr an der Erhebung und Sammlung verlässlicher Umfragedaten interessiert als an dünnen Erklärungsansätzen oder Gesellschaftsentwürfen.

Vehement kritisiert Mayer die spekulativen Interpretationen seiner Fachkollegen, die seiner Ansicht nach mit dem für ihre Thesen herangezogenen empirischen Datenmaterial oft nicht richtig umgehen können. »Ich unterscheide mich von einigen meiner Kollegen dadurch«, so sagt der Realist, »dass ich das Wünschenswerte nicht als Realität ausgebe.«

Auf der Grundlage der Lebensverlaufstudie am Max-Planck-Institut für Bildungsforschung widerlegt er die Behauptung, dass die Bildungsexpansion weniger Ungleichheiten in der Bildungsbeteiligung zwischen Kindern verschiedener sozialer Schichten und damit herkunftsbedingter Einflüsse bewirkt hat. Trotz der zunehmenden Bildungsbeteiligung unterer sozialer Schichten ist die Ungleichheit zwischen den Bildungsgruppen eher noch akzentuiert als abgeschwächt worden, so sein Befund. Das ist zwar ein Dämpfer für die Erwartungen und den Optimismus aller Bildungsreformer, aber Mayer vermittelt empirische Daten und keine Wunschvorstellungen.

Ausgewählte Buchveröffentlichungen:

Karl Ulrich Mayer (Hg.): Lebensverläufe und sozialer Wandel. Westdeutscher Verlag, Opladen 1990

Karl Ulrich Mayer u.a. (Hg.): Die Diagnosefähigkeit der Soziologie. Westdeutscher Verlag, Opladen 1998

Der Paternoster Effekt des Bildungssystems

Konzept

»Bildung wird das alles bestimmende Thema des 21. Jahrhunderts sein«. Karl Ulrich Mayer prognostiziert dies für eine Gesellschaft, die sich durch kontinuierlich steigende Bildungsnachfrage auszeichnet und in der ein stetig wachsender Teil der Bevölkerung eine immer längere Zeit des Lebens in Bildungseinrichtungen verbringt.

Wir treten in eine neue Epoche der Wertschöpfung ein, sagt Mayer. Der Bildung fällt dabei die zentrale Rolle zu. Sie ist entscheidend für die individuelle Lebensführung, für die Eingliederung des Einzelnen in eine immer komplexere Gesellschaft sowie für seine beruflichen Einstiegs- und Aufstiegschancen.

Was im Rückblick auf das 20. Jahrhundert besonders bemerkenswert erscheint, ist eine geradezu explosionsartige Teilhabe an schulischer und beruflicher Ausbildung in Bildungsinstitutionen, deren Weichen schon im 19. Jahrhundert gestellt wurden. In Anbetracht der sich rasant verändernden Lebensumstände stellt sich die Frage, ob die in Deutschland entwickelten und etablierten Formen allgemeiner und beruflicher Ausbildung noch auf der Höhe der Zeit sind, und ob sie vor allem auch den Anforderungen der Zukunft genügen. Nach Einschätzung von Karl Ulrich Mayer wird das bestehende »Institutionengehäuse« die nächsten 100 Jahre nicht überdauern, da sich schon jetzt abzeichnet, dass das neue Anforderungsprofil des Arbeitsmarktes die traditionellen und starren Formen der Ausbildung unterhöhlen wird. Neue betriebliche Organisationsformen, eine gewachsene Kundenorientierung und die Umschichtung zu Dienstleistungen erfordern eine größere Breite und höhere Flexibilität physischer und psychischer Fähigkeiten sowie die Herausbildung sozialer und kommunikativer Fertigkeiten und Kompetenzen. Den sich wandelnden Erfordernissen der Arbeitswelt kann seiner Ansicht nach nur mit einer Ausweitung und Verbesserung der Ausbildungsmöglichkeiten und einem grundlegend veränderten Bildungssystem begegnet werden.

Im deutschen Bildungssystem fällt Mayer zunächst einmal die deutliche Trennung zwischen Allgemeinbildung und Berufsausbildung ins Auge. Auf der Ebene der Schule zeigt sich dies in der Trennung zwischen allgemeinbildenden Schulen und beruflichen Schulen. Bei den Hochschulen gibt es die Trennung zwischen den auf wissenschaftliche Forschung ausgerichteten Universitäten und den auf Anwendung bezogenen Fachhochschulen.

Die Unterscheidung zwischen allgemeiner Bildung und Bildung als praktisch verwertbarem Wissen hat nach Mayer in Deutschland Tradition. Das Ziel nicht fachspezifischer Allgemeinbildung ist die zweckfreie Entfaltung der Persönlichkeit und die Förderung der kognitiven Auseinandersetzung mit den verschiedensten Lebensbereichen. Bildung als Qualifikation bezieht sich dagegen allein auf spezifisches Wissen und auf praktische Fähigkeiten als stabile Grundlage von Arbeit und Erwerbschancen.

Die wesentlichen Elemente dieses eng verknüpften, spezifisch deutschen Ausbildungs- und Berufssystems sind erstens eine dreigliedrige hierarchisch aufeinander aufgebaute Schulstruktur, die zwar einige Durchlässigkeit erlaubt, aber den Zugang zur späteren Ausbildung deutlich vorstrukturiert. Zweitens die relativ klar voneinander getrennten Ausbildungssektoren berufsfachlicher Ausbildung im dualen System oder an staatlichen Berufsfachschulen und an Fachhochschulen und Universitäten. Auch hier wird die Durchlässigkeit – wenn überhaupt – eher individuell erkämpft als institutionell gefördert. Drittens nennt Mayer die mit den Abschlüssen in diesen Sektoren unterschiedlichen Einkommens- und beruflichen Aufstiegschancen.

Welche Lebenschancen sich eröffnen, ist seiner Meinung nach abhängig davon, welche Bildungsprozesse der Einzelne im Laufe seines Lebens durchläuft und welche Bildungszertifikate erworben werden. Das in der Erstausbildung erreichte Bildungsniveau spielt für den Weg der Weiterbildung eine entscheidende Rolle. Wer besser ausgebildet ist, bekommt während seines Arbeitslebens auch mehr Weiterbildung. Das gesamte Berufsleben ist in diesem System zu einem entscheidenden Maße dadurch bestimmt, was in der frühen Phase der schulischen und beruflichen Ausbildung erreicht wurde.

Mayer sieht die Zeit, in der den Einzelnen zu Beginn ihres Lebensweges ein Vorrat an Wissen und Fertigkeiten mitgegeben werden konnte, der für die gesamte Lebensspanne reichte, endgültig vorbei. Daher muss die Schule heute ihre primäre Aufgabe darin sehen, den Einstieg in einen lebenslangen Ausbildungsprozess zu vermitteln. Eine eng berufsbezogene Erstausbildung verliert demzufolge ihren Sinn, da nur noch wenige erwarten dürfen, während ihres ganzen Arbeitslebens in ihrem Ausbildungsberuf zu bleiben. Zudem ändern sich die Tätigkeitsanforderungen während des Arbeitslebens schneller. Da es keine Garantien mehr für einen Arbeitsplatz gibt, bildet nach Mayer eine fundierte und breitgefächerte Erstausbildung, die die Grundlage für fortwährende Weiterbildungen gewährleistet, eine gute Voraussetzung, um den immer komplexeren Alltag zu bewältigen und um sich auf dem Arbeitsmarkt der Zukunft zu behaupten.

Mayer hofft deshalb auf eine »beherzte und tiefgreifende Reform«, die die Stärken des bisherigen Systems bewahrt und zugleich mehr Gleichwertigkeit, mehr Durchlässigkeit, mehr Innovation und Flexibilität fördert.

Fragebogen

1. Sehen Sie sich selbst als Gesellschaftstheoretiker, Gesellschaftskritiker, Gesellschaftsarchitekt oder lediglich als geselliger Zeitgenosse?

Ich sehe mich nicht als Gesellschaftstheoretiker. Die Vorstellung von einer Theorie der Gesellschaft entstammt der »Kritischen Theorie« der Frankfurter Schule. Es wird unterstellt, es könne eine Theorie geben, die die Totalität der Gesellschaft nicht nur in ihren wesentlichen Strukturen und Widersprüchen erklärt, sondern auch in ihrer Dynamik. Das setzt letzten Endes eine Geschichtsphilosophie voraus.

Ich verstehe mich auch nicht primär als Gesellschaftskritiker, sondern als Soziologe und empirischer Sozialforscher, der sich zunächst in der Rolle des distanzierten Beobachters befindet. Ich bin davon überzeugt, dass die genaue Beschreibung gesellschaftlicher Verhältnisse eine aufklärerische Funktion hat. Mir ist im Verlauf meiner Arbeiten klar geworden, dass eine Soziologie, die sich vor allem an normativen Zielen orientiert, eine schwachbrüstige Soziologie ist, weil sie allein noch wenig zum Verständnis der Mechanismen beiträgt, die soziale Tatbestände erklären können.

Gesellschaftsarchitekt? Nein. Diese Bezeichnung ist mit der Vorstellung verbunden, man könne das Gesamthaus einer Gesellschaft nach Plan bauen. Diese Utopie ist spätestens 1989 zu Grabe getragen worden.

Geselliger Zeitgenosse? Leider ist wissenschaftliche Arbeit und die Tätigkeit als Leiter einer Forschungsgruppe eine ziemlich ungesellige Lebensweise, wenn man damit das unverbindliche Zusammensein mit Freunden meint.

2. In welcher Gesellschaft leben wir eigentlich?

Ich glaube, man kann die globale Frage nach der Gesellschaft, in der wir leben, nicht insgesamt zufriedenstellend beantworten. Wir sind hin und her gerissen, zwischen den Versuchen bestimmte zentrale Aspekte der Organisation gegenwärtiger Gesellschaften auf den Punkt zu bringen, und den in der Regel irreführenden Vereinfachungen, die damit immer verbunden sind. Es ist eigentlich nur möglich, selektiv Aspekte der Gesellschaft herauszugreifen, und das wiederum ist mit der Gefahr von Fehldeutungen verbunden. Ein Annäherungsversuch: Wir haben eine Gesellschaft, die nationalstaatlich organisiert ist, über legitimierte Herrschaftsausübung und damit über Institutionen verfügt, die in der Lage sind, Normen für bestimmte Territorien zu definieren. Wir haben auch eine Gesellschaft mit Märkten, deren Ausdehnung sehr viel weiter reicht als die der Nationalgesellschaft. Wir haben sicher auch eine Gesellschaft im Luhmannschen Sinne, die gestiftet wird durch eine relative Gemeinsamkeit von Kommunikation und Verständigungsmöglichkeiten. Es leuchtet durchaus ein, die Grenzen von Gesellschaft zunächst theoretisch mit den Grenzen von Kommunikation gleichzusetzen. Aber daran kann man zugleich sehen, wie fließend diese Grenzen sind. Wenn ich mich festlegen soll, dann würde ich sagen, wir leben in einer Gesellschaft der Individuen, in der Handlungen ermöglicht, aber auch durch die von ihnen selbst geschaffenen Institutionen beschränkt werden. Freilich ist die Chance von Individuen auf Institutionen einzuwirken außerordentlich unterschiedlich.

3. Worin sehen Sie die Stärken und Schwächen dieser Gesellschaft?

Die Stärke der deutschen Gesellschaft liegt meiner Meinung nach in der Art ihrer Organisationsform, einer Organisationsform nämlich, die nicht ausschließlich durch ein Zentrum bestimmt ist, wie etwa im zentralistischen französischen Staat oder in England mit seiner relativ starken Zentralregierung. Die einzelnen gesellschaftlichen Gruppen in Deutschland haben sehr viel mehr Chancen zur Selbstorganisation. Ich sehe auch einen Vorteil gegenüber stärker marktorientierten Gesellschaften mit einem relativ schwachen Zentrum und schwachen Institutionen wie den Vereinigten Staaten.

Die Schwäche unserer Gesellschaft liegt darin, dass es große Trägheitsmomente gibt. Unsere Hochschulen und viele Forschungseinrichtungen zum Beispiel sind zwar relativ autonom und daher relativ unabhängig von kurzfristigen, politisch gesetzten Zielen. Sie reagieren aber auch nur langsam auf veränderte Bedürfnisse der Gesellschaft.

Eine Stärke dieser Gesellschaft ist ihre Offenheit: Sie erlaubt relativ gute Aufstiegschancen für einzelne Personen. Eine Schwäche liegt in der Ausgrenzung bestimmter Bevölkerungsgruppen. Wir haben sicher keine Zweidrittelgesellschaft, aber rund zehn Prozent der Bevölkerung leben in Armut oder in unterprivilegierten Situationen, rund zehn Prozent bleiben ohne berufliche Qualifizierung und sehr viele ältere Arbeitnehmer werden noch vor 60 aus produktiven Tätigkeiten herausgedrängt. In Deutschland herrscht zu viel Rigidität, und unser soziales Sicherungssystem bevorzugt in erheblichem Maße die falschen Personen. Wir tun wahrscheinlich zu viel für das Einkommen eines Teils alter

Menschen. Wir tun eindeutig zu wenig für kinderreiche Familien, und wir tun zu wenig für Alleinerziehende. Wir haben eine enorme Rigidität im öffentlichen Dienst und große Verwerfungen zwischen tatsächlich erbrachter Arbeitsleistung und den erhaltenen Vergütungen zu Lasten vor allem Jüngerer. Wir haben große Ungleichheiten zwischen Generationen und Geburtskohorten. Manche Jahrgangsgruppen hatten zum Beispiel sehr gute Chancen, einen qualifizierten Beruf und ein gesichertes Einkommen zu bekommen, andere, beispielsweise Zuwanderer der zweiten und dritten Generation oder junge Menschen in Teilen Ostdeutschlands, haben sehr viel schlechtere Berufschancen.

4. Welche Rolle spielen Sie in der Gesellschaft?

Ich spiele sicherlich die Rolle desjenigen, der die Gesellschaft auf eine sehr akademische Art und Weise analysiert, indem er Forschungsergebnisse organisiert, produziert und publiziert. Mir ist es wichtig, Wissenschaft in einer Weise zu betreiben, die nicht identisch ist mit feuilletonistischem Schreiben. Ich glaube nämlich immer noch, trotz aller erkenntnistheoretischen Schwierigkeit, dass Soziologie prinzipiell überprüfbare Aussagen produzieren muss, nicht nur Ideen. Wenn man dementsprechend handelt, verbringt man einen großen Teil seiner Zeit damit, Daten zu sammeln, Daten zu überprüfen und Daten zu analysieren.

5. Welche Gesellschaftsromane haben Sie fasziniert?

Der »Stechlin« und »Effi Briest« von Theodor Fontane. Das liegt auch sehr nahe, wenn man in Brandenburg oder Berlin lebt. Die »Buddenbrooks« oder »Professor Unrat« von Thomas und Heinrich Mann schätze ich als Beschreibung bürgerlicher Gesellschaften. Ich bin ein ziemlich treuer Leser der Romane von Martin Walser. Das hat vielleicht damit zu tun, dass wir beide in Tübingen Germanistik studiert und ich als Student von seiner Kafka-Dissertation fasziniert war, und weil wir einen gemeinsamen oberschwäbischen Hintergrund haben. Insgesamt lese ich sehr viel mehr englische als deutsche Literatur, und wahrscheinlich mehr Kriminalromane als andere Sachen. Zur Zeit lese ich einen postmodernen historischen Roman über das England der Nach-Cromwellzeit und den exzellenten Roman eines Soziologenkollegen, Steven Lukes, »Die Beste aller Welten«.

6. Welchem Gesellschaftsspiel gehen Sie gerne nach?

Ich würde gerne mehr Schach und Bridge spielen. Ich spiele viele Zank-Patiencen mit meiner Frau, das ist eine wichtige Kommunikationsform für uns. Man versucht, seine Karten loszuwerden und den anderen genau daran zu hindern. Auf diese Weise kann man all seine Aggressionen loswerden. Es ist aber auch eine schöne Gelegenheit, um nebenher Dinge miteinander zu bereden. Im übrigen sind Kommissionen oder wissenschaftliche Konferenzen in gewisser Weise auch Gesellschaftsspiele. Sie sind allerdings meist weniger spannend.

7. In wessen Gesellschaft halten Sie sich bevorzugt auf?

Ich halte mich in merkwürdig engen sozialen Kreisen auf. Abgesehen von meiner Familie und meinen Nachbarn im Haus sind es im Grunde Professoren, allerdings ganz unterschiedlicher Institutionen und Fächer. Es sind in der Regel Wissenschaftler oder Personen aus deren Umfeld. Das Medium ist die Wissenschaft, die auch zum Privatleben wird.

8. Welcher Gesellschaftsgruppe fühlen Sie sich zugehörig?

Ich fühle mich keiner Gruppe zugehörig. Das liegt vielleicht daran, dass ich als Arbeiterkind in einer kleinbürgerlichen, katholischen und süddeutschen Umgebung groß geworden bin und mich davon geografisch und innerlich weit entfernt habe. Ich bin in keiner Partei. Ich gehöre sicherlich zu der Generation, die der SPD oder linkeren Gruppierungen nahe stand. Politisch engagiert habe ich mich aber nie. Ich bin zwar 1967 nach zwei Jahren Studienzeit aus Amerika zurückgekommen, weil ich nicht in einer Gesellschaft leben wollte, in der ich als Ausländer nicht politisch aktiv sein kann. Parteipolitisch aktiv wurde ich hier trotzdem nicht, weil sich das mit einer intensiven wissenschaftlichen Tätigkeit zeitlich und sachlich schlecht verträgt. Ich habe mit Ausnahme der letzten Berliner Wahl immer SPD gewählt, mit meinen politischen Überzeugungen wäre ich aber in einer sozialliberaleren FDP am ehesten zu Hause.

9. Welche Person(en) von gesellschaftlicher Größe schätzen Sie?

Es gibt ein paar Personen, die ich außerordentlich eindrucksvoll finde. Ich denke zum Beispiel an den sächsischen Wissenschaftsminister Hans Joachim Meyer, der es fertig bringt, seine analytische Stärke in praktische Politik umzusetzen. Es gibt eine Reihe von Wissenschaftlern, wie z.B. Wolfgang Zapf, Wolf Lepenies, Rainer Lepsius und Ralf Dahrendorf, die ich als Personen und als Wissenschaftler enorm schätze, aber jeweils auch sehr kritisch beäuge.

10. Wie sieht für Sie die ideale Gesellschaft aus?

Die ideale Gesellschaft ist eine Mischung aus einem Höchstmaß an Freiheit, sowohl für den Einzelnen als auch für komplexere Strukturen wie Unternehmen oder anderen Einrichtungen, und außerdem einem Maximum an sozialem Schutz und sozialer Solidarität. Die Frage ist eben, wie man diese Balance definiert, und wie man sie über die Zeit verändert. Für mich ist die ideale Gesellschaft zum Teil schon erreicht, wenn die einzelnen Mitglieder bereit sind, von ihrem Wohlstand einen Teil abzugeben, um anderen ein besseres Leben zu ermöglichen. Dieses Prinzip müsste nicht nur auf der persönlichen Ebene gelten, sondern sollte auch auf einer gesamtgesellschaftlichen Ebene institutionalisiert sein. Insofern scheint mir Deutschland gar nicht so weit davon entfernt zu sein. Eine ideale Gesellschaft wäre aber darüber hinaus eine Gesellschaft, in der sich alle wechselseitig tolerieren, respektieren und fördern, und die allen größtmögliche Chancen der Entfaltung ihrer geistigen und schöpferischen Fähigkeiten bietet.

11. Wollen Sie die Gesellschaft verändern?

Ich will die Gesellschaft nicht global verändern. Eine solche Absicht halte ich für soziologisch falsch, auch unmöglich und damit für sinnlos. Mit Sicherheit verändere ich aber durch meine Arbeit Teilaspekte der Gesellschaft und tue dies auch sehr bewusst. Dies geschieht schon unwillkürlich durch die Investition in mein Forschungsprogramm, das sich generell mit Lebensverläufen und gesellschaftlichem Wandel, speziell mit Themen wie Umbruch der Berufsbiografien im Vereinigungsprozess, Wandel von Ausbildungs- und Erwerbsverläufen und Veränderungen in der Familienbildung beschäftigt.

12. Wie sieht die Gesellschaft von morgen aus?

Bestimmte Entwicklungen sind leicht absehbar. Absehbar sind die Veränderungen im Kommunikationsbereich: Es ist klar, dass wir in noch viel höherem Maße als bisher mit modernen und schnellen Kommunikationsmedien arbeiten werden. Das hat sicherlich erhebliche Konsequenzen für die Institutionen. Es stellt sich bereits jetzt die Frage, ob man Forschungsinstitute noch braucht, oder ob an ihre Stelle virtuelle Forschungseinrichtungen treten. Es wird die Regel werden, dass man Manuskripte von Forschern aus der ganzen Welt zu jedem beliebigem Thema direkt aus dem Internet herunterladen kann. Da wird sich eine ganze Menge verändern.

Im Bildungssektor wird sich viel ändern müssen, weil unqualifizierte Arbeit kaum mehr nachgefragt und kaum mehr gebraucht wird. Folglich müssen alle beruflich qualifiziert werden. Mit Sicherheit brauchen wir sehr viel mehr Leistungsdifferenzierung und Wettbewerb im sekundären und tertiären Sektor des Bildungswesen.

Absehbar ist auch, dass Ungleichheiten eher größer und Lebensverläufe unsicherer werden, weil nationale Wohlfahrtsstaaten die Auswirkungen von internationaler und europäischer Marktkonkurrenz weniger abfedern können.

Bedrohlich erscheinen mir die Entwicklungen im politischen Bereich. Prozesse demokratischer Willensbildung und gehaltvolle öffentliche Debatten über wichtige Weichenstellungen werden durch Funktionärskarrieren, Medienkampagnen und die Plattheiten der Talkshow-Kultur ersetzt. Das Vakuum, das eine solche Politik hinterlässt, spiegelt sich wieder in einem zunehmenden Desinteresse an Politik und den Gewaltexzessen radikaler Gruppen.

Interview

»Bildung ist Bürgerrecht!« Dieses im Jahr 1965 formulierte Postulat von Ralf Dahrendorf wurde zum Leitspruch der sozial-liberalen Bildungspolitik. Dahrendorfs Engagement für die Bildungsreform hat der Bildungsexpansion den Weg geebnet, wobei er davor warnte, die Bildungspolitik zur Magd der Wirtschaftspolitik zu machen. Immer mehr Menschen besuchen seither immer länger Schulen, Ausbildungsstätten und Hochschulen. Sind wir ausreichend vorbereitet für die Bildungsgesellschaft?

Der Begriff der Wissens- oder Bildungsgesellschaft ist mit der Vorstellung verbunden, Wissen oder formale Bildung gewinne im Vergleich zu vergangenen Zeiten immer mehr an Bedeutung, sei also Hauptachse der Definition von Ungleichheit, im Grunde die Hauptdefinition dessen, was man als Kapital ansehen kann. Ganz so weit würde ich nicht gehen. Aber es ist sicherlich keine Frage, dass formale Bildungsabschlüsse und Qualifikationsnachweise in einem noch höheren Maße als in der Vergangenheit die Lebenschancen und die Lebensverläufe von Menschen bestimmen werden. In Ost- und Westdeutschland war diese Verknüpfung von Bildung und Lebenschancen schon immer stark ausgeprägt. Und das ist weiterhin in steigendem Maße der Fall, weil es kaum mehr Arbeit für Ungelernte gibt.

Merkwürdigerweise ist im Prozess der Angleichung der Bildungs<u>chancen</u> die relative Ungleichheit von Bildungs<u>ergebnissen</u> größer geworden. Es gibt zahlreiche Studien, die das belegen und zeigen, dass dieser Selektionsprozess Konsequenzen für ganz unterschiedliche Lebensformen hat. Man findet etwa im Heiratsverhalten oder bei der Familiengründung mehr Unterschiede zwischen den einzelnen Bildungsgruppen als vor 20 Jahren. Wenn ich an meine eigene Forschung denke, definieren die Unterschiede zwischen den Bildungsgruppen zunehmend die Lebensverläufe, das Berufs- und Familienleben sowie in hohem Maße das Verhältnis zwischen Männern und Frauen. Die Tatsache, dass Frauen inzwischen den gleichen oder vielleicht sogar einen leichteren Zugang zur allgemeinen Bildung haben und zunehmend ähnlich beruflich qualifiziert sind wie Männer, hat enorme Konsequenzen für individuelle Partnerschaften. Man muss also gar nicht die makrosoziologische Ebene betrachten, um festzustellen, dass Bildung und Bildungsunterschiede allgemein immer wichtiger werden.

Worin sehen Sie die Schlüsselqualifikationen der Bildungsgesellschaft?

Der Begriff der Schlüsselqualifikation hat eine interessante Karriere durchgemacht. Er ist in den 70er Jahren erfunden worden von Dieter Mertens, dem früheren Leiter des Instituts für Arbeitsmarkt- und Berufsforschung. Damals hat der Begriff etwas anderes gemeint, nämlich spezifische Qualifikation, die man in einer Vielzahl von beruflichen Tätigkeiten benötigt. Inzwischen hat sich die Bedeutung geändert. Schlüsselqualifikation verbindet man heute eher mit Sozialkompetenz und Kommunikationsfähigkeit, wenn man so will, ist sie eine Definition von Kompetenzen jenseits fachlicher Qualifikationen. Es herrscht heute eine erbitterte Diskussion, in der vor allem die Arbeitgeber bemängeln, dass jungen Menschen die Schlüsselqualifikation fehlten und dass das Bildungssystem, insbesondere die Universität, diese Qualifikationen nicht mehr produziere. Dieser Zustand müsse beendet werden. Eine von mir geleitete Arbeitsgruppe des Wissenschaftsrates, die sich mit dem Arbeitsmarkt und dem Hochschulstudium beschäftigt, setzt sich derzeit genau mit der Frage auseinander, ob das Studium verändert werden muss. Ich habe da meine Zweifel.

Allerdings: Industrieunternehmen und auch öffentliche Verwaltungen sind als Organisation intelligenter geworden. Es sind keine einfachen Hierarchien mehr, sondern Personalführungsinstrumente hochdifferenzierter Art, in denen in hohem Maße auf die Kommunikationsfähigkeit und die Evolution der Mitarbeiter eingegangen wird. In einem solchen System braucht man Personen, die solche Schlüsselkompetenzen mitbringen. Und die Unternehmen wählen ihre Mitarbeiter nach eben diesen Kriterien gezielt aus. Volkswagen zum Beispiel hat vor zehn Jahren damit begonnen, Assessment-Centers einzurichten. Bei Einstellungen zählen nicht mehr nur die Schulzeugnisse und der persönliche Eindruck des Bewerbers. Systematische Tests, vor allem psychologische Tests, werden als Selektionskriterium auf allen Ebenen, vor allem der des höheren und mittleren Managements, eingesetzt. Heute hat bei VW niemand eine Chance, der nicht diese Schlüsselqualifikation mitbringt. Das hat die merkwürdige Folge, dass Leute in den Entwicklungsabteilungen, die Tüftler, die auch auf sich bezogen und unsozial hervorragende Dinge leisten können, unter den gleichen Kriterien wie Manager ausgewählt werden.

Welche Folgen zieht das nach sich?

Ich sehe eigentlich kein Problem darin, gewisse Dinge unmittelbar in der betrieblichen Praxis zu lernen. Möglicherweise könnte man das Studium verkürzen, aber eine Notwendigkeit, dass wir alle Rhetorikkurse absolvieren und Gruppenarbeit erlernen sollen, vermag ich nicht zu erkennen. Die Debatte über Schlüsselqualifikationen wird auf der Ebene von Verbandsfunktionären geführt. Wenn man einzelne Personalchefs in Betrieben fragt, erzählen die natürlich, was sie von ihren Verbänden hören. Ob sie sich in ihrem Einstellungsverhalten danach richten, ist fraglich.

In der Debatte um den Wirtschaftsstandort Deutschland wird die Bedeutung von Bildung immer offensichtlicher. Der massive Rückgang unqualifizierter Arbeitsplätze zeigt, dass diejenigen, die unterqualifiziert sind, künftig kaum noch Arbeit finden. Wie kann eine verbesserte Ausbildung erreicht und welche Bildungsinhalte sollen erworben werden?

Die enge Verknüpfung von beruflicher und schulischer Ausbildung ist nach wie vor ein enormer Standortvorteil der deutschen Industrie. Das duale System muss einerseits wieder geöffnet werden für die Wenigerqualifizierten, mit zweijährigen Ausbildungen oder mit modularen Qualifikationsmöglichkeiten. Andererseits ist es ganz wichtig, das duale Prinzip auf eine höhere Ebene zu übertragen, auf duale Studiengänge im Sinne der Berufsakademien und dualen Fachhochschulen.

Ganz wesentlich ist zudem das Verhältnis von Erstausbildung und lebenslangem Lernen. Unsere Studien und Untersuchungen haben eindeutig ergeben, dass die Bildungsungleichheit nicht nur bei der Erstausbildung zugenommen hat, also der Ausbildung im Sinne einer Lehre, eines Fachhochschulstudiums oder eines wissenschaftlichen Studiums, sondern sich besonders im weiteren Lebensverlauf verschärft. Diejenigen, die gut ausgebildet sind, lernen noch mehr hinzu, die anderen bleiben weitgehend auf ihrem Wissensniveau stehen. Weiterbildung ist nicht kompensatorisch, sondern kumulativ. Und das bedeutet, dass die Bildungsfähigkeit in der Erstausbildung enorm gestärkt werden muss. Es geht nicht nur darum, etwas zu lernen, sondern zu lernen, wie man sich neue Dinge aneignet. Insofern ist schon richtig, dass man die Grundausbildung aufteilen muss. Dies ist in Deutschland allerdings sehr schwierig, da die Erstausbildung vom Staat, die Weiterbildung jedoch von den Betrieben oder den Individuen finanziert wird. An dieser Stelle gibt es innerhalb der Institutionen eine Trägheit, die einer optimalen Anpassung entgegensteht. Fest steht aber, dass es eine kürzere Erstausbildungsphase und besser organisierte Weiterbildung geben sollte.

Es gibt aber doch auch eine große Ungleichheit der Bildungschancen.

Das ist richtig. Wir müssen unterscheiden, ob wir über Ungleichheit von Bildung oder über Ungleichheit von Bildungschancen reden. In Deutschland haben wir nach wie vor institutionell eine relativ hohe Ungleichheit von Bildung, nämlich das dreigliedrige Modell von Hauptschule, Realschule und Gymnasium. Etwa 40 Prozent der Schüler eines Jahrgangs besuchen das Gymnasium. Es ist also alles andere als exklusiv, darin sehe ich inzwischen eher ein Problem. Die Gymnasien sind zu wenig differenziert, nicht alle Kinder, die es besuchen, können optimal gefördert werden.

Auf der anderen Seite ist meiner Auffassung nach nicht die Organisation der Schule das schlimmste Defizit unseres Bildungswesens, sondern das durchschnittlich zu hohe Alter der Lehrer. Es kommt nicht so sehr darauf an, ob man nun eine Gesamtschule oder ein dreigegliedertes Schulsystem hat. Wichtig ist, dass Kinder die für sie optimalen, differenzierten Lern- und Entfaltungschancen bekommen. Wichtig sind auch die Ressourcen des Bildungssystems, und die hängen entscheidend mit dem Alter der Lehrer zusammen. Wir haben in der Vergangenheit den eklatanten Fehler begangen, aufgrund der großen demografischen Ausschläge in den Schülerzahlen die Lehrergenerationen ganz homogen zu rekrutieren. Möglicherweise machen wir denselben Fehler, wenn bald wieder eine gesamte Lehrergeneration in den Ruhestand entlassen wird.

Das andere große Problem sind die fünf bis zehn Prozent der Jugendlichen, die große Schwierigkeiten haben, einen Abschluss auf der Haupt- oder Realschulebene zu erreichen, und die kaum eine qualifizierte Berufsausbildung erwarten können. Für diese Jugendlichen brauchen wir intelligente Hilfsmodelle, etwa in Form von Jugendhilfebetrieben, reale Betriebe mit öffentlich finanziertem Ausbildungszweck. In dieser Hinsicht muss noch einiges geschehen. Ohnehin haben wir, was die berufliche Bildung angeht, ein Problem. Die alte Differenzierung der beruflichen Ausbildung kann man nicht mehr aufrechterhalten. Es gibt eine ganze Reihe von analytischen Fähigkeiten, zum Beispiel Computerkenntnisse, die für immer mehr Berufsgruppen entscheidend sind. Die Frage ist, wo erlernt man diese Fähigkeiten eigentlich? In der Schule? In den

Betrieben? Im Rahmen einer dualen Ausbildung? Genau das ist die eigentliche Debatte, die übrigens noch überhaupt nicht entschieden ist.

Problematisch ist auch die Entwicklung im Hochschulbereich. Im Grunde haben wir, bezogen auf die Zahl derer, die studieren – heute 25 Prozent, in Zukunft wohl bis zu 40 Prozent –, eine nicht hinreichend differenzierte Hochschullandschaft. Es gibt in Deutschland zwei Großtypen: die Fachhochschule und die Universität. Der Versuch, mehr Studenten auf die Fachhochschulen umzulenken, ist gescheitert, weil sich die Fachhochschulen bestimmten Fächern nicht geöffnet haben. Sie konzentrieren sich nach wie vor auf die Ingenieurwissenschaften und die Betriebswirtschaftslehre – und sind damit enorm konjunkturabhängig und -anfällig. Außerdem ist die Fachhochschule mit Ausnahme der Sozialarbeit in hohem Maße auf die untere Mittelschicht, und noch dazu sehr stark auf Männer ausgerichtet. Es handelt sich also um eine Institution, die Frauen tendenziell benachteiligt. Da muss etwas geschehen.

Wenn man die Bildungsexpansion der 60er und 70er Jahre rückblickend betrachtet, kann man feststellen, dass viele Bevölkerungsgruppen vom Bildungssystem profitiert haben. Ist das Bildungssystem auch weiterhin ein Ort, um gesellschaftlich aufzusteigen?

Rückblickend gibt es eigentlich vier positive Ergebnisse. Die Landkinder haben Zugang zur höheren Bildung gefunden, die Katholiken sowieso, es gab eine Öffnung der Bildungseinrichtungen für die sogenannten Arbeiterkinder, zu denen auch ich gehöre, und schließlich auch für Frauen. Unterschiede gibt es selbstverständlich nach wie vor, nur haben sich auch die Ausgangspositionen enorm verändert.

Ein weiterer positiver Punkt: Trotz aller Unkerufen seitens der Wirtschaft oder eines Teils der Politik hat eine Bildungsinflation nicht stattgefunden. Der Anteil der Hochschulabsolventen unter den Arbeitslosen ist immer noch am geringsten im Vergleich zu anderen Bildungsgruppen. Überraschenderweise findet man auch bei den Fachhochschulabsolventen keine niedrigere Arbeitslosenquote, weil Fachhochschulen praxisnaher ausbilden als Universitäten. Die Bildungsexpansion war im hohen Maße gesellschaftspolitisch ausgerichtet, um die Bildungsbeteiligung zu erhöhen und die Chancenungleichheit zu verringern. Nicht primär um wirtschaftspolitisch das Humankapital zu erhören. Vielleicht war es ein Zufall, dass gleichzeitig eine Wirtschaftsentwicklung eingesetzt hat, die diese höheren Qualifikationen nachfragt.

Mit der Bildungsexpansion ist die Zahl der Frauen, die höhere Bildungseinrichtungen besuchen, kontinuierlich gestiegen. Mittlerweile sind mehr als 50 Prozent der Studierenden an den Universitäten Frauen. Die Erfolgsgeschichte der Frauen endet auf der Ebene der Hochschulprofessoren. Gerade einmal 5 Prozent der C4-Professuren haben Frauen inne. Woran liegt diese Unterrepräsentanz?

Der Wissenschaftsrat hat eine umfangreiche Untersuchung über Chancengleichheit für Frauen in der Wissenschaft vorgelegt, eine der auch analytisch eindrucksvollsten Untersuchungen der letzten Jahren. Es gibt mehrere Aspekte. Sicherlich besteht das Problem darin, dass die akademische Ausbildung in Deutschland seit eh und je eine Ausbildung für den Staat gewesen ist, für die Bedürfnisse des Staates, für Beamte, für Gerichte, für Lehrer, für Pfarrer, für Ärzte. Die Chancen für Frauen waren so lange sehr gut, wie der Staat in diesen Bereichen expandierte. In den 70er Jahren, als aufgrund der politischen Konstellation, des gesellschaftspolitischen Aktivismus der sozialliberalen Koalition und einer hervorragenden Wirtschaftslage die Möglichkeit zur Expansion bestand, haben sehr viele Frauen die Chance bekommen auf semiprofessioneller Ebene, aber auch in höherqualifizierten Berufen zu arbeiten. Als der Staat schließlich seine Aktivitäten zurückfahren musste und beispielsweise die Zahl der Lehrstellen reduzierte, hatte das unmittelbare Auswirkungen auf die Situation der Frauen. Lehrerin war einer der wichtigsten Aufstiegsberufe akademisch qualifizierter Frauen; der Zusammenhang mit sinkenden Chancen für Frauen ist evident. Die Privatwirtschaft wiederum öffnet sich nur langsam für Frauen. Und in der Wissenschaft ist es schließlich gar keine Frage, dass Frauen auf jeder jeweils höheren Ebene schlechter vertreten sind. Man hat ganz unterschiedliche Gründe dafür gesucht. Ein Grund ist das, was Max Weber den »Hazard« der Wissenschaft genannt hat: eine höchst risikoreiche lang gezogene Karriere, die unmittelbar in die Phase der Familienbildung hineinreicht. Da ist sicherlich etwas dran. Im internationalen Vergleich gibt es Bildungssysteme, die zeitlich besser organisiert sind, wo man nicht warten muss, bis man 40 Jahre alt ist, um eine Professur zu bekommen. Es ist auch eine typisch deutsche Vorstellung, dass sich der Wissenschaftler 24 Stunden am Tag, sieben Tage in der Woche, zwölf Monate im Jahr nur mit seinen Studien beschäftigt. Von diesen Problemen einmal abgesehen, gibt es auch geschlechtsdiskriminierende Organisationskulturen, die Frauen unbewusst fernhalten.

Ich gebe ein Beispiel. Meine Tochter ist Doktorandin in Chemie. Das ist eine Tätigkeit, bei der man 14 Stunden am Tag, sieben Tage in der Woche im Labor steht und wenig Chancen hat, sonst irgend etwas zu machen. Fraulichkeit ist im Labor nicht gefragt. Wie auch? Man hat eine dicke Schutzbrille auf, Mäntel an, und so fort. Es ist für Frauen außerordentlich schwierig, sich in eine derart männerzentrierte Kultur zu integrieren. Auf der anderen Seite wollen Frauen tendenziell eine andere Wissenschaft betreiben, das wird besonders in den Sozialwissenschaften deutlich. Es kommt nicht von ungefähr, dass Frauen häufiger qualitative Forschung, also eher personenzentrierte Forschung betreiben. Männer sind häufiger in den guten Positionen, während Frauen Projektstellen innehaben. Es gibt viele solcher Unterschiede.

Woran liegt das, und wie kann man es ändern?

Das liegt sicher an einer Mischung aus in der Vergangenheit erfolgter direkter Diskriminierung und einer gegenwärtig eher unbewussten Diskriminierung. Es gibt sicherlich auch unterschiedliches Durchsetzungsverhalten. Männer treten selbstbewusster auf und können sich so besser durchsetzen.

Diese Zustände kann man vielleicht dadurch ändern, indem man letzten Endes positiv diskriminiert. Man muss Frauen mehr Chancen geben als Männern, zumindest solange, bis sie auf der Ebene der Professoren oder Direktoren eine Gruppe stellen.

Durch Quoten?

Nein. Ein Beispiel: Die Max-Planck-Gesellschaft hat ein Sonderprogramm für C3-Stellen nur für Frauen ins Leben gerufen. Das halte ich für eine gute Idee, es hat schnell dazu geführt, dass der Anteil von Frauen auf elf Prozent angestiegen ist. Quoten haben eher negative Konsequenzen. Wenn man z.B. eine Liste zusammenstellt mit Namen für eine Hochschulprofessur, und setzt eine Frau auf Platz drei, ist es relativ wahrscheinlich, dass der Minister oder die Ministerin die Frau auf den ersten Platz hebt. Wer das vermeiden will, nimmt überhaupt keine Frau in die Liste auf.

Die Massenuniversitäten, das haben die Studentenproteste im Wintersemester 1997/1998 mehr oder weniger eindrucksvoll gezeigt, stehen zunehmend in der Kritik. Auch Bildungspolitiker und Sozialwissenschaft-

ler wie Peter Glotz schlagen angesichts der Notlage an den Universitäten Alarm. Die Misere an Deutschlands Universitäten lässt sich nach einer Aufzählung von Glotz umschreiben mit den Stichworten: Unterfinanzierung, überfüllte Lehrveranstaltungen, unüberschaubare Studienstrukturen, unklare Anforderungen, Wohnungsnot der Studenten und vieles mehr. Ihr einstiger Lehrer, Ralf Dahrendorf, benutzte vor geraumer Zeit für die Hochschule der Zukunft die Metapher des Supermarktes, »in dem es alles gibt, was das Herz begehrt.« Die Hochschulen müssten, so forderte er, den Studenten ein breit gefächertes Angebot offerieren, da es längst nicht mehr ausreiche, nur selbstvergessene Theorie zu betreiben. Wie kann langfristig eine Reform erreicht werden? Und wie könnte diese aussehen?

Keine Frage, die Relation von Studenten – und zwar echten Studenten, nicht nur eingeschriebenen – und dem Universitätspersonal hat sich verschlechtert. Wen wundert es also, dass sich die Qualität der Lehre und die Lernergebnisse verschlechtern. Das muss sich ändern. Die Vorstellung der damaligen Finanzminister von der Untertunnelung eines demografischen Berges durch die geburtenreichen Jahrgänge um 1964 hat sich nicht bestätigt, weil die relativen Studierquoten zugenommen haben. Und diese werden auch in Zukunft zunehmen. Das Kalkül sah folgendermaßen aus: Man hält die Kapazitäten der Universitäten konstant, und eine Zeit lang müssen die Hochschulen mehr Studenten betreuen. Mit sinkenden Studentenzahlen aufgrund sinkender Jahrgangsstärken wäre dann wieder ein sinnvolles Gleichgewicht erreicht. Aber genau das ist eben nicht eingetreten und ist auch in Zukunft nicht zu erwarten. Die Universitäten müssen jetzt also besser finanziell gefördert werden, und ich fürchte, das kann nur über Studiengebühren geschehen. Studiengebühren sind allerdings unsinnig, wenn man nicht das gesamte System reformiert. Jeder, der studieren will, muss dazu die Möglichkeit haben, entweder über Stipendien oder Kredite. Man kommt nicht daran vorbei: Die Universitäten brauchen mehr Geld.

Erwächst durch Studiengebühren nicht das alte Problem, dass Kinder aus finanziell schwächer gestellten Familien vom Studium abgehalten oder ausgeschlossen werden?

Wenn man ein gutes Stipendiumssystem hat, nein. Die besten amerikanischen Universitäten haben ein Auswahlverfahren, das absolut einkommensblind ist. Es wird ausgewählt und zu keinem Zeitpunkt gefragt, ob die Studiengebühren bezahlt werden können oder nicht. Erst wenn die Leute aufgenommen sind, wird das Finanzielle geregelt. Ein ähnliches System wäre hier durchaus denkbar.

Wären Stipendien von Wirtschaftsträgern eine Möglichkeit?

Der Staat hat natürlich weiterhin die Aufgabe, die Universitäten zu finanzieren. Meiner Meinung nach müssten diejenigen mit sehr guten Leistungen Stipendien ohne Kredite bekommen, und zwar in einem erheblichen Umfang. Allen anderen sollte das Studieren über ein sinnvolles Kreditwesen ermöglicht werden. Ein denkbares Modell wäre, alle Steuererleichterungen wie Kindergeld und Ausbildungsbeihilfen, die sozial schwächer gestellten Studenten über das Bundesausbildungsförderungsgesetz (Bafög) zustehen, als kompakte Finanzmasse zusammenzufassen und damit den Anteil der Stipendien deutlich zu erhöhen. Es ist ein Skandal, dass die Bafög-Mittel derzeit von Jahr zu Jahr geringer werden, weil man die Einkommensgrenzen nicht dynamisiert. Dadurch haben immer weniger Studenten die Chance, sich über das Bafög zu finanzieren.

Sicher mit ein Grund für die durchschnittlich sehr lange Studiendauer die Studenten sind vielfach gezwungen, Jobs anzunehmen. Mehr als 50 Prozent der Studenten in Deutschland jobben beispielsweise während des Semesters. Welche anderen Gründe gibt es?

Die Dauer des Studiums ist in der Tat zu lang, und das hat sehr viel mit der Studienorganisation zu tun. Prüfungen werden oft erst nach langer Zeit gemacht. Eine Lösung könnte so etwas wie ein »Credit-point-system« sein: Jede Einzelveranstaltung stellt dabei eine ernsthafte Studieneinheit dar. Wer mit Erfolg genügend Veranstaltungen besucht hat, ist diplomiert. Natürlich sollte die Verkürzung des Studiums nicht übertrieben werden. Untersuchungen haben gezeigt, dass eine längere Studiendauer nicht unbedingt schadet. Diejenigen, die länger studieren, haben keine schlechteren Berufschancen als andere. Es wird zwar immer gesagt, die Industrie wolle die ganz jungen Hochschulabsolventen, aber sie prämiert diese nicht. Auch in Institutionen, in denen Konkurrenz besteht zwischen Studenten mit unterschiedlicher Studiendauer, zum Beispiel im Europäischen Hochschulinstitut in Florenz, das Personen aus ganz Europa rekrutiert, kann man beobachten, dass etwa britische Bachelor-Absolventen große Probleme haben, mit den viel älteren deutschen Diplomanten mitzuhalten. Dennoch: Es ist nicht einzusehen, dass ein Studiengang länger als vier oder fünf Jahre dauert.

Angesichts erstarrter Strukturen innerhalb der Universitäten könnte auch ein gewisser Wettbewerb unter den Hochschulen nützlich sein.

Sie haben in mehrfacher Hinsicht Recht. Wir haben bereits ein hochdifferenziertes Hochschulwesen. Wir haben Berufsakademien verschiedenster Sorte, privatwirtschaftlich organisierte Akademien, wir haben das Baden-Württembergische, Sächsische und Berliner Modell der dualen Studiengänge, wir haben Fachhochschulen, Universitäten, und wir werden mit den neuen Bachelor- und Master-Studiengängen ganz andere Universitäten bekommen, die gleichwertig mit den Fachhochschulen konkurrieren müssen. Trotzdem brauchen wir mehr Differenzierung und damit mehr Ungleichheit. Nötig wären beispielsweise Forschungsuniversitäten, in die sich wieder stärker außeruniversitäre Forschungseinrichtungen integrieren. Es ist mehr und mehr die Entwicklung zu beobachten, dass sich die Universitäten stärker auf die Lehre und immer weniger auf die Forschung ausrichten. Sie geben einen großen Teil ihrer Forschung nach außen ab.

Die Ursache dieser fortschreitenden Veränderungen ist in unserem Land fast unüberwindlich: der Föderalismus und die Finanzverfassung. Wir haben außeruniversitäre Forschungseinrichtungen, weil der Bund sie finanzieren darf, während Hochschulen nur durch die Länder finanziert werden können. Wenn man Hochschulen differenzieren will, ergibt sich noch ein anderes Problem. Kleinere Länder, Stadtstaaten wie Hamburg oder Bremen, hätten möglicherweise eine Universität unterhalb der Europaliga der Forschungsuniversitäten. Das wäre für ein Bundesland nur schwer erträglich. Und das erklärt auch das merkwürdige System der faktisch ungleichen Universitäten: Wir benutzen nämlich die Deutsche Forschungsgemeinschaft und andere nationale Instrumente, um Finanzmittel wie z.B. Sonderforschungsbereiche ungleich zwischen Universitäten zu verteilen. So konnte es geschehen, dass Mannheim beispielsweise eine national hervorragende Soziologie im Bereich der Forschung und sicher auch der Lehre hat, während die Studenten sich fast regional rekrutieren. Ein solches System macht auf Dauer keinen Sinn.

Wir brauchen eine Differenzierung der Hochschulen, wir brauchen mehr Wettbewerb zwischen den Hochschulen. Und dieser Wettbewerb sollte auch horizontaler Art sein. Entscheidungskriterien könnten etwa sein, welche Hochschule am besten berufspraktisch ausbildet, welche forschungsnah ausgelegt und welche analytisch stärker ist, oder aber welche Universität soziale Fähigkeiten am besten optimiert. Ähnliches sollte auch für die Schulen gelten. Es würde dann nicht mehr nur das Abitur zählen, sondern auch wo man es gemacht hat.

Was halten Sie von privaten Universitäten?

Die Sache mit den Privatuniversitäten ist schwierig. Zur Zeit ist das nötige Privatvermögen nicht zu mobilisieren, das gebraucht würde, um sehr gute Privatuniversitäten zu finanzieren. Es gibt den bekannten Fall der Universität von Witten-Herdecke, die während der ersten Jahre durch die Bertelsmann-Stiftung getragen wurde und nun voll am Tropf des Landes Nordrhein-Westfalen hängt. Hier wird also eine Privatuniversität öffentlich finanziert. Wir haben eine ganze Reihe von privaten Universitätsgründungen: in Baden-Württemberg zwei, eine in Bremen und in Berlin. Ich halte das im Prinzip für richtig, weil Konkurrenz erzeugt und den rein staatlichen Hochschulen Dampf gemacht wird. Allerdings bin ich mir nicht sicher, ob dieser Trend insgesamt eine gute Entwicklung darstellt. Denn zum einen werden nur wenige, besonders marktfähige Fächer ohne Forschung ausgelagert, zum andern ist der offene Zugang auch für ökonomisch schwächere Studenten nicht gewährleistet.

Wie sollte die Bildungsreform im Hinblick auf den internationalen Wettbewerb gestaltet werden? Ist das deutsche Bildungsniveau im Vergleich eher hoch oder niedrig?

Man darf nicht dem naiven Glauben verfallen, dass es einen engen und unmittelbaren Zusammenhang zwischen Bildungsinvestitionen, Bildungsbeteiligung und Wirtschaftsentwicklung gebe. Es kommt sehr auf die Art der Qualifikation an und auf die Ebene, auf der sie produziert wird. Es hat sich beispielsweise in Entwicklungsländern gezeigt, dass eine Ausweitung der Grundausbildung enorme Konsequenzen für das Wirtschaftswachstum hat, eine Ausweitung der Hochschulausbildung aber keine oder gar negative Auswirkungen.

Zur anderen Frage: Im internationalen Vergleich sehen wir in Deutschland nicht gut aus, vor allem nicht im Fach Mathematik. Es gibt hierzulande ein merkwürdiges Phänomen. Zum einen ist Bildung nach wie vor – und mehr noch als in anderen Ländern – enorm wichtig als Auswahl- und Zertifizierungsinstrument. Auf der anderen Seite lässt die Qualität der Bildung nach. Sie ist schlechter geworden in sozialdemokratisch wie auch in christdemokratisch regierten Ländern, und sie ist in allen Schultypen schlechter geworden.

Woran lässt sich das ersehen? Ist das Allgemeinwissen schlechter geworden?

Schwächen sind zum Beispiel in den internationalen Mathematiktests augenfällig. Es wird bald eine neue Testrunde geben, in die auch andere Fächer einbezogen werden. Defizite werden dann noch genauer zu erkennen sein. Wahrscheinlich fordern wir in den Schulen zu wenig von den Kindern, außerdem stimmt die Zusammensetzung nach Leistungsgruppen nicht. Möglicherweise ist aber die Überalterung des Lehrkörpers der viel entscheidendere Faktor.

Ist die Kanalisierung in Hauptschule, Realschule und Gymnasium bereits nach dem vierten Schuljahr sinnvoll? Kann eine der folgenschwersten Entscheidungen für das Leben eines Kindes schon im Alter von zehn Jahren gefällt werden? Sollen Kinder überhaupt nach Leistung sortiert werden? Und wenn ja: Wann ist der richtige Zeitpunkt?

Auch hier zeigt ein internationaler Vergleich, dass der Zeitpunkt der Ausdifferenzierung in Schultypen keine entscheidende Komponente ist. In Schweden zum Beispiel sind alle Kinder in der »Highschool« bis zur 10. Klasse zusammen und sie sind besser in Mathematik als deutsche Kinder. Ich persönlich bin ein ausgesprochener Anhänger des Übergangs nach vier Jahren, vor allem deshalb, weil unsere Kinder in Berlin erst nach sechs Jahren in die Sekundarstufe gewechselt sind. Ich glaube, es fällt Kindern sehr viel leichter, in der 5. und 6. Klasse auf höhere Leistungsforderungen zu reagieren, als zwei oder drei Jahre später. Das hat einfach etwas mit der Persönlichkeitsentwicklung zu tun.

Es kommt aber doch nicht nur auf Leistung und Förderung der guten Schüler an. Die Persönlichkeitsentwicklung nimmt in den verschiedenen Altersstufen ihren ganz eigenen Verlauf. Werden »Spätzünder« einfach ausgesiebt?

Natürlich geht es mir nicht um einen naiven Leistungsbegriff und auch nicht um eine Leistungsdifferenzierung, die nichts mit Leistungsförderung der Schwächeren zu tun hat. Aber es ist auch eine Tatsache, dass zu geringe Leistungsanforderungen schädlich sind. Es ist nicht immer im Interesse der Kinder, keine Ansprüche an sie zu stellen.

Ich meine, dass das Bildungsniveau deutlich angehoben werden muss, weil alle ein bestimmtes Ausmaß an Qualifikation und Bildung brauchen. Es ist, wie bereits erwähnt, noch ganz offen, ob die Qualifizierung in Schulen geschehen muss oder besser in den Betrieben.

Wir leben in einer Zeit, in der wir immer schneller, immer mehr neu dazulernen müssen. Wie kann ein Bildungssystem aussehen, das diesem Veränderungsprozess gerecht wird?

Wir müssen zwischen normativen Entwürfen und tatsächlichen Analysen der gegenwärtigen oder prognostizierten Situation unterscheiden. Wir haben mit Sicherheit eine Wirtschaftsentwicklung, die eine kürzere Erstausbildung und mehr Weiterbildung erfordert. Es spricht vieles dafür, dass auch die Hochschulen viel mehr Möglichkeiten zur Weiterbildungen anbieten sollten. Es müsste außerdem die Chance gegeben sein, für einen längeren Zeitraum aus dem Studium auszusteigen, um eine berufliche Kehrtwende zu vollziehen. Das würde der amerikanischen Studienorganisation relativ nahe kommen. In den Staaten gibt es einen großen Anteil von sogenannten »Adult-students«, die neben ihrer Arbeit oder in zeitlich getrennten Einheiten den Studienabschluss machen. Ich bin mir allerdings nicht sicher, ob solch ein System in Deutschland funktionieren würde. Es gibt das Problem der Finanzierung und eines eng definierten Sozialversicherungsstatus. Im Augenblick ist man wohl immer noch gut beraten, viel in die Erstausbildung zu investieren. Wir sind noch weit entfernt von einer Gesellschaft des lebenslangen Lernens.

Werden Bildungszertifikate auch weiterhin eine wichtige Rolle spielen?

Man könnte sich einen liberaleren Arbeitsmarkt vorstellen, in dem Zertifikate aber auch die verschiedenen Berufe eine sehr viel geringere Rolle spielen. Mir erscheint das aber relativ unrealistisch. Diplome sind Strategien, sich auf dem Arbeitsmarkt zu verkaufen. Und sie sind offenbar Strategien, die ganz gut funktionieren. Es ist folglich nicht empfehlenswert, dieses System rigoros abzuschaffen. Wir haben auf der anderen Seite das Problem hoher beruflicher Segregation auf dem Arbeitsmarkt – das ist vor allem ein Problem für diejenigen, die aus ihrem Beruf heraus müssen. Ein möglicher Ausweg aus diesem Dilemma wäre die Einführung von speziellen Qualifikations- und Tätigkeitsmodulen. Ihr Vorteil wäre eine höhere Flexibilität dadurch, dass man von der einfachen Zuordnung etwa durch Diplome oder Lehrausbildungen zu einem einzigen Beruf absieht. Etwas in dieser Art wird mit Sicherheit bald kommen.

▶ Soziale Dynamik und politische Steuerung ◀

Vita

Renate Mayntz, geboren 1929, ist Gründungsdirektorin des Max-Planck-Instituts für Gesellschaftsforschung in Köln. Zu ihren Forschungsschwerpunkten zählen die sozialwissenschaftliche Makrotheorie, vergleichende Gesellschafts- und Politikforschung, Organisations- und Verwaltungssoziologie sowie sozialwissenschaftliche Technikforschung. Für ihr Engagement im Dialog zwischen Wissenschaft und Praxis und für ihren Beitrag zur Lösung gesellschaftlicher Probleme erhielt sie 1999 den Schader-Preis für sozialwissenschaftliche Verdienste. Nachdem sie in den 90er Jahren beratende Tätigkeiten beim Umbau des Wissenschaftssystems der ehemaligen DDR ausübte, untersucht sie heute unter anderem die Außenbeziehungen der Max-Planck-Institute zu gesellschaftlichen Praxisfeldern.

Die Erfahrung der organisierten Grausamkeit und Gewalt im Zweiten Weltkrieg und das Interesse an empirisch fundierter Theoriebildung waren für Renate Mayntz der Anlass, sich beruflich der empirischen Sozialforschung zu widmen. Seit Beginn ihrer Tätigkeit als Sozialwissenschaftlerin ist Mayntz darum bemüht, anwendungsbezogene Forschung zu betreiben, generalisierbare empirische Zusammenhänge zu formulieren und – wenn möglich – zu einer Theorie zusammenzufügen. Da sich Struktur und Dynamik der Gesamtgesellschaft theoretisch nicht erklaren lassen, verzichtete sie auf eine umfassende Gesellschaftstheorie. »Es wäre leichtfertig, die Gesellschaft mit einem summarischen Etikett zu bekleben«, sagt Mayntz, »denn jeder soziale Sachverhalt, den wir für die Beschreibung der Gesellschaft heranziehen, kann durch einen anderen widerlegt werden.« So ist der Befund beispielsweise einer »blockierten Gesellschaft« von Michel Crozier angesichts gesellschaftlicher Strukturverhärtungen zwar einerseits richtig, andererseits hat es aber auch enorme Veränderungsprozesse gegeben, die für das Gegenteil sprechen. Im Hinblick auf die zunehmende Verflechtung und Überlagerung unterschiedlichster gesellschaftlicher Sphären gilt das Interesse von Mayntz der Untersuchung formaler Organisationen, der eigendynamischen gesellschaftlichen Veränderungen und den Versuchen absichtsvoller Steuerung.

Ausgewählte Buchveröffentlichungen:

Renate Mayntz & Fritz W. Scharpf (Hrsg.):
Gesellschaftliche Selbstregelung und politische Steuerung.
Campus Verlag, Frankfurt/M. 1995

Renate Mayntz: Soziale Dynamik und politische Steuerung.
Theoretische und methodologische Überlegungen.
Campus Verlag, Frankfurt/M. 1997

Soziale Dynamik und politische Steuerung

Konzept

Die dynamischen Umwälzungsprozesse der Gesellschaft sind zum prägenden Merkmal und zur vielleicht größten Herausforderung unserer Zeit geworden: Der Politik fällt es zusehends schwerer die Gesellschaft zu steuern, und soziale Sachverhalte und Prozesse können immer weniger von den Sozialwissenschaften erfasst und in Form von Theorien abgebildet werden. Eine umfassende Gesellschaftstheorie aufzustellen, wird damit immer unwahrscheinlicher.

Mit dem Problem der Analyse und Erklärung der komplexen Handlungszusammenhänge und der durch sie hervorgerufenen sozialen Dynamik hat sich Renate Mayntz in vielen empirischen Studien beschäftigt. Wie ein roter Faden zieht sich ihre Auseinandersetzung mit diesem Themenfeld auch durch die 1997 erschienene Aufsatzsammlung »Soziale Dynamik und politische Steuerung«.

Die Dynamik sozialer Prozesse ist nach Mayntz zunächst darauf zurückzuführen, dass sich die heutige Gesellschaft »als ein System komplex ineinander geschachtelter, einander überlagernder und miteinander verwobener Handlungssysteme« präsentiert. Im Zuge der zunehmenden Ausdifferenzierung der Gesellschaft sind viele gesellschaftliche Teilsysteme entstanden, die sich durch eine bemerkenswerte Autonomie auszeichnen. So verfügen manche Teilsysteme über eine Selbstverwaltung und regulieren sich selbst. Die Autonomie dieser Teilsysteme hat, so Mayntz, entscheidend dazu beigetragen, dass die hierarchische Struktur der Gesellschaft aufgelöst und staatlicher Gesellschaftssteuerung der Boden entzogen wurde. Es ist aber nicht nur die gestiegene Zahl und Autonomie gesellschaftlicher Akteure und Handlungszentren, die durch die Erweiterung ihres Einflusses die gesellschaftliche Dynamik vorantreiben. Von entscheidender Bedeutung ist ferner die moderne Technik und die von ihr hervorgebrachten Verkehrs-, Kommunikations- und Versorgungssysteme, die die gesellschaftliche Dynamik sowohl in ihrer Funktion als Instrument von Problemlösungen wie auch als Ursache neuer Probleme beträchtlich beeinflussen. Die einzelnen Akteure, insbesondere korporative Akteure wie Parteien, Unternehmen, Gewerkschaften etc. verfügen über besondere Ressourcen und sind durch diese Technik in der Lage, voneinander grundverschiedene Interessen zu entwickeln und eigenen Zielen nachzugehen. Resultat dieser Selbstständigkeit ist eine unüberschaubare Verflechtung von Handlungen, die keinen klar bestimmbaren Gesetzmäßigkeiten folgen und sich nicht zentral steuern lassen. Die gesellschaftlichen Akteure grenzen sich einerseits durch ihre eigenen Wert- und Handlungsziele voneinander ab, andererseits sind sie aber auch aufgrund wechselseitiger Abhängigkeit aufeinander angewiesen. Das Wechselspiel von Konkurrenz und Kooperation kann als eine der wichtigsten Ursachen für die

Spannungen und Konflikte angesehen werden, die zur heutigen sozialen Dynamik führen.

Mit dem Ausbau ihrer organisatorischen Binnenstruktur und der damit verbundenen Verwaltungs- und Verhandlungssysteme sind gesellschaftliche Teilsysteme in der Lage, sich teilweise selbst zu steuern. Die Auflösung der hierarchischen Gesellschaftsstruktur und die Bildung stabiler nicht-staatlicher Organisationen bewirkt, dass der Staat die Probleme der Gesellschaft nicht alleine lösen kann. Er verliert an Einfluss und ist gezwungen, seine Monopolstellung als alleinige Steuerungsinstanz aufzugeben. Die Rücknahme politischer Steuerungsansprüche markiert jedoch noch nicht das völlige Ende politischer Steuerung. Auch wenn der Staat die soziale Dynamik nicht mehr in geordnete Bahnen lenken kann, übt er weiterhin wichtige Funktionen aus. Der Staat übt dabei die Rolle des Moderators und Managers aus. Um eventuelle Eskalationen zu vermeiden, greift der Staat bei Konflikten, Streitigkeiten und Machtkämpfen zwischen den gesellschaftlichen Teilsystemen ein. Außerdem trägt er seinen Teil dazu bei, die Leistungsfähigkeit der unterschiedlichen Akteure zu stärken und die Selbstregulierungen auf ihre Effektivität hin zu überprüfen. Mit der Akzentverschiebung in Richtung Koordination sind die klassischen Staatsaufgaben, die weitgehend mit der Vorstellung einer staatlich überwölbten Gesellschaft verbunden sind, nicht gänzlich verschwunden. Obwohl vom Staat keine exekutive Macht mehr ausgeht, hat er auch weiterhin die Aufgabe, für Sicherheit und Ordnung zu sorgen. Auch wenn politische Steuerung im Sinne einer absichtsvollen Beeinflussung sozialer Prozesse die besondere Funktion des politisch-administrativen Systems bleibt, findet auf der Ebene des Gesamtsystems keine Steuerung statt. Gesellschaftliche Entwicklung wird letztlich vom ständigen Wechselspiel der ungeplanten Eigendynamik sozialen Handelns und den Versuchen ihrer Steuerung bestimmt. Der Ausgang dieses Prozesses hängt, so Mayntz, nicht nur von guten Absichten, sondern auch von rechtzeitigen Einsichten ab. Das Ergebnis dieses Prozesses bleibt immer wieder abzuwarten.

Fragebogen

1. Sehen Sie sich selbst als Gesellschaftstheoretikerin, Gesellschaftskritikerin, Gesellschaftsarchitektin oder lediglich als gesellige Zeitgenossin?

Wenn nur diese drei Etiketten zur Wahl stehen, als Theoretikerin. Aber eigentlich bin ich eine theoretisch interessierte empirische Sozialforscherin. Die Ergebnisse solcher Forschungen haben oft aber auch kritische und konstruktive Implikationen. Vor allem in den 70er Jahren habe ich außerdem relativ viel mit Politikberatung und Wissenschaftsselbstverwaltung zu tun gehabt.

2. In welcher Gesellschaft leben wir eigentlich?

Die Antwort hängt davon ab, wie man Gesellschaft definiert, im Sinne von konkreten, nationalstaatlich verfassten Gesellschaften, oder im Simmelschen bzw. Luhmannschen Sinne von Gesellschaft als dem Gesellschaftlichen schlechthin, das nicht durch irgendwelche politischen Grenzen bestimmt wird. Wir leben immer in beiden.

3. Worin sehen Sie die Stärken und Schwächen dieser Gesellschaft?

Bezieht man die Frage auf die Gesellschaft der Bundesrepublik Deutschland, sehe ich ihre Schwäche in einer mangelnden Fähigkeit Probleme zu lösen und ihre Stärke in einem großen Maß an Freiheitlichkeit und zugleich Friedlichkeit – sowohl im historischen als auch im aktuellen Vergleich. Die Gleichzeitigkeit von – relativer! – individueller Freiheit! – und – relativem! – sozialen Frieden ist übrigens alles andere als selbstverständlich. Zwischen beiden besteht vielmehr eine deutliche Spannung. Dagegen sind die genannten Schwächen und Stärken bedauerlicherweise kausal verknüpft, über die Institutionen, auf denen beide ruhen.

4. Welche Rolle spielen Sie in der Gesellschaft?

In der nationalen Gesellschaft: Meine Berufsrolle, wie oben umrissen, also die Rolle einer politisch und vor allem auch wissenschaftspolitisch interessierten Sozialforscherin.

5. Welche Gesellschaftsromane haben Sie fasziniert?

Das waren vor allem Romane, aber auch Dramen, bei denen weniger eine bestimmte Gesellschaft beschrieben wurde, wie zum Beispiel in Thomas Manns »Buddenbrocks«, sondern solche, in denen das Problem sozialer bzw. politischer Machtausübung behandelt wird. Also Dürrenmatts »Besuch der alten Dame«, Goldings »Herr der Fliegen«, der »Archipel Gulag« oder Lohmeyers »Die Hexe«.

6. Welchem Gesellschaftsspiel gehen Sie gerne nach?

Heute spiele ich keine Gesellschaftsspiele mehr, aber früher mochte ich vor allem Schreibspiele nach dem Muster von »Stille Post« oder Ratespiele, bei denen man eine Person aus dem Bekanntenkreis durch die Antworten der Mitspieler auf Fragen identifizieren muss. Man stellt Fragen wie: Wenn diese Person eine Farbe (ein Haus, ein Hut, eine Landschaft, ein Lied, ...) wäre, was wäre das dann für eine Farbe etc.?

7. In wessen Gesellschaft halten Sie sich bevorzugt auf?

Sieht man einmal von der Zweierbeziehung zu einem geliebten Partner ab, dann gibt es da mehrere Gruppen. Besonders wohl fühle ich mich unter Kollegen, also unter Menschen, mit denen ich beruflich zu tun habe, die ich schon länger kenne und mit denen mich gemeinsame Interessen oder gemeinsame Aufgaben verbinden. Es gab aber eigentlich an jedem Ort, an dem ich länger lebte, auch eine Gruppe von Freunden und Bekannten, mit denen ich gern zusammen war und deren Gesellschaft ich suchte. Mit den Freundinnen aus meiner Gruppe im College stehe ich heute noch im Kontakt. Liebend gern hätte ich Ende der 50er Jahre zu dem sogenannten »Upper Westside Kibbutz«, einer Intellektuellengruppe in New York, gehört; aber als deutsche Nicht-Jüdin konnte ich da leider nur eine kurze Satellitenrolle spielen. Schließlich fühle ich mich auch in unserem Familien-Clan sehr wohl: Je mehr da zusammenkommen, umso besser.

8. Welcher Gesellschaftsgruppe fühlen Sie sich zugehörig?

Allen eben beschriebenen Gruppen gleichzeitig: der Gruppe von Wissenschaftlern, der aktuellen Freundesgruppe und dem Familienverbund. Klassentheoretisch würde man das wohl als Bildungsbürgertum bezeichnen.

9. Welche Person(en) von gesellschaftlicher Größe schätzen Sie?

Mit der Bezeichnung »gesellschaftliche Größe« kann ich nichts anfangen. Es gibt berühmte Wissenschaftler, hervorragende Schriftsteller, Staatsmänner von hohem Ansehen – in jeder Kategorie gibt es Personen, die ich schätze. Unter den Politikern habe ich seinerzeit John F. Kennedy besonders verehrt. Er erschien uns wie eine Art Lichtgestalt. Als er Berlin besuchte und dabei den berühmten Ausspruch tat: »Ich bin ein Berliner«, stand ich mit tausend anderen jubelnd am Straßenrand.

10. Wie sieht für Sie die ideale Gesellschaft aus?

Die ideale Gesellschaft ist für mich eine freiheitssichernde und friedliche Gesellschaft, in der es keinen Machtmissbrauch gibt, – nicht von der Politik, nicht von der Bürokratie, nicht von gewalttätigen Jugendbanden, aber auch nicht von Justiz und Polizei, von Unternehmern und Bänkern. Das ist eine Utopie, wie sie Menschen schon immer entworfen und herbeigewünscht haben, vor allem, wenn sie eine ganz andere Wirklichkeit erfahren haben.

11. Wollen Sie die Gesellschaft verändern?

So global gesprochen ist das sicher niemals mein Hauptziel gewesen. Trotzdem habe ich mich immer wieder für ganz bestimmte Veränderungen engagiert, zum Beispiel während des Studiums in Berlin als Mitglied der Europäischen Jugend für die europäische Vereinigung, und später als Mitglied vom Bildungsrat und von verschiedenen Regierungskommissionen für ganz konkrete Reformen. Zuletzt war ich im Prozess der deutschen Vereinigung aktiv an der Transformation des ostdeutschen Wissenschaftssystems beteiligt, die ich gleichzeitig als Wissenschaftler analysierte.

12. Wie sieht die Gesellschaft von morgen aus?

Das lässt sich im Einzelnen nicht prognostizieren. Man kann, von der heutigen Situation ausgehend, eine ganze Reihe verschiedener Szenarien entwickeln, optimistische ebenso wie pessimistische. Aber welchen Weg die Entwicklung nehmen wird, hängt davon ab, wie es an bestimmten historischen Weggabelungen weitergeht. Wie weit lässt sich die globalisierte private Wirtschaft in eine noch transnational denkbare Ordnung einfangen? Wie weit wird es gelingen, die jetzt überall ausbrechenden ethnisch, religiös und zugleich ökonomisch motivierten Konflikte, die in Gewaltspiralen eskalieren, einzudämmen und zu lösen? Wie weit wird es möglich sein, den Gefahren von Überbevölkerung, Erschöpfung natürlicher Ressourcen und massenhafter Verarmung zu begegnen? Die Liste ließe sich fast beliebig fortsetzen und verändern. Die Offenheit der Zukunft mag bedrohlich erscheinen, und ist es sicher auch, aber für den Sozialwissenschaftler ist sie überaus spannend.

Interview

»Moderne Gegenwartsgesellschaften«, so hieß es in dem Konzeptpapier, das 1983 zur Gründung des Max Planck Instituts für Gesellschaftsforschung führte, »sind gekennzeichnet durch ein hohes Maß der Organisiertheit, der Komplexität, der (internen wie externen) Interdependenz und schließlich auch der Verfügung über Ressourcen und technische Instrumente.« Ist diese Beschreibung weiterhin aktuell oder würden Sie dieser Definition hinsichtlich der neuen Weltlage etwas ergänzend hinzufügen?

Sofern man an nationalstaatlich verfasste Gesellschaften denkt, muss man heute sicher die wachsende internationale Vernetzung hinzunehmen.

Die mangelnde Erklärungskraft der gesellschaftlichen Dynamik führen Sie unter anderem auf das Phänomen unbeabsichtigter Handlungsfolgen zurück. Sie sagten: »Es sind gerade die viel zu sehr vereinfachten Erklärungen, die zu Fehlprognosen und Fehlinterpretationen geführt haben.« Welches Erklärungsmodell eignet sich für die Analyse und Interpretation dynamischer Vorgänge und was muss berücksichtigt werden?

Die meisten Erklärungsansätze greifen bei der Analyse der realen Verflechtungszusammenhänge zu kurz, da sie die verzweigten Abhängigkeitsbeziehungen nicht in ihre Analyse einbeziehen. Genau diese Abhängigkeitsbeziehungen müssen aber berücksichtigt werden, wenn wir verstehen wollen, wie die Gesellschaft funktioniert.

Das kann nur über eine gleichzeitige und gleichgewichtige Verknüpfung von Struktur und Dynamik, Handeln und System erreicht werden. Und zwar dergestalt, dass die dynamischen Konsequenzen von Strukturen über das Handeln von Individuen, die Rückwirkung dynamischer Vorgänge auf Strukturen über die Systemeffekte individuellen Handelns erfolgen.

Inwieweit wirken sich die neuen technologischen Entwicklungen auf die Dynamik gesellschaftlicher Organisationsbildung aus?

Sie wirken sich zunächst einmal massiv auf den ökonomischen Bereich aus, denn das Entstehen der großen multinationalen Unternehmen wäre ohne die Neuerungen in der Telekommunikation praktisch gar nicht möglich gewesen. Man denke zum Beispiel an den Bereich der Finanzmärkte, deren globale Bedeutung wäre ohne die technische Entwicklung niemals zustande gekommen. Technologie ist eine unmittelbare, ich würde sogar sagen simple Ursache, aber sie war praktisch eine unabdingbare Voraussetzung für die Entwicklung multinationaler Unternehmen. Ohnehin ist meiner Meinung nach der ökonomische Aspekt der Globalisierung, im Augenblick zumindest, der wichtigste.

Wie wirkt sich die Globalisierung der Finanzmärkte auf den Nationalstaat und auf die Handlungsfähigkeit nationaler Regierungen aus?

Es finden Entgrenzungen statt. Und es gibt plötzlich externe Zwänge für die Politik, die vorher von internen, hausgemachten Zwängen stärker dominiert war. Die Politik muss auf all die ökonomischen Anpassungszwänge, besonders in der Wirtschaftspolitik und Steuerpolitik, reagieren. Die ständige Drohung der Unternehmen, auf vermeintlich bessere Standorte in anderen Ländern auszuweichen, wo sie billiger produzieren können und ihre Möglichkeit, Kosten zwischen Ländern hin- und herzuschieben, hat enorme Auswirkungen auf die Wirtschafts-, Finanz-, Industrie- und Sozialpolitik.

Welche Auswirkungen haben diese Entwicklungen auf die Arbeitsmarktpolitik? Gibt es einen Zusammenhang zwischen Globalisierung und Arbeitslosigkeit?

Zunächst einmal muss man sehen, dass die Höhe der Arbeitslosigkeit in Ländern, die ungefähr denselben Entwicklungen ausgesetzt sind, sehr unterschiedlich ist. In England liegt die Erwerbslosenquote unter fünf Prozent, in den Niederlanden ist sie ähnlich niedrig, ebenso in den USA, und dieses sind allesamt hochentwickelte, hochtechnisierte Länder. In Deutschland ist die Quote hoch.

Was macht die Politik in Deutschland falsch? Versagen die Steuerungsmechanismen oder womit hängt die hohe Erwerbslosenquote zusammen?

Denkbar wären innenpolitische Gründe, die verursachen, dass Anpassungsreaktionen wie in den anderen genannten Ländern nicht möglich sind. Großbritannien zum Beispiel hat im Vergleich zu Deutschland einen sehr viel flexibleren, weniger stark regulierten Arbeitsmarkt. Folglich kann dort schneller und kurzfristiger eingestellt werden. Die Gesetze, die die Arbeitslosenunterstützung regeln, sind zudem ganz anders als in Deutschland. Wenn ich mich nicht täusche, ist ein gemeldeter Arbeitsloser nach einem halben Jahr verpflichtet, jede Arbeit anzunehmen. In Deutschland dagegen dürfen Arbeitslose jahrelang auf eine gleichwertige Tätigkeit warten. In England herrscht somit ein sehr viel größerer Anpassungsdruck auf den Einzelnen, das System insgesamt besitzt aber sehr viel mehr Flexibilität. Genau wie in den USA stellt sich allerdings das Problem, dass es einerseits eine höhere Beschäftigung gibt, aber andererseits auch eine untere Beschäftigtenschicht, die nahe der Armutsgrenze lebt.

Es gibt noch andere Unterschiede, die nichts zu tun haben mit der mangelnden Deregulierungsfähigkeit der deutschen Politik in bezug auf den Arbeitsmarkt. Unter Helmut Kohl, und jetzt erst recht, war die deutsche Regierung nicht in der Lage, bei den verschiedenen Aspekten des Wohlfahrtsstaates notwendige Einschnitte zu machen. Jeder war von der Notwendigkeit dieser Einschnitte überzeugt, geschehen ist jedoch nichts. Das sind die politischen Ursachen. Es gibt aber auch ökonomische, in der Wirtschaftsstruktur begründete Ursachen. Die Bedeutung des Dienstleistungssektors ist in Deutschland einfach zu gering. In den USA oder den Niederlanden gibt es beispielsweise einen sehr viel größeren, sehr flexiblen Dienstleistungssektor mit relativ gering bezahlter Beschäftigung und viel Teilzeitbeschäftigung. Der deutsche Dienstleistungssektor ist zudem über Tarifverträge etc. in einer Art und Weise reguliert, dass er sich kaum ausdehnen kann. In diesem Punkt sind strukturelle und politische Effekte eng miteinander verflochten. Es gibt keine Patentlösung für diese Probleme.

Das ökonomische und politische System ist also zu stark reglementiert und reguliert?

Wenn ich von Arbeitsmarktregulierung spreche, meine ich das Arbeitsrecht: Möglichkeiten der Entlassung, Arbeitsplatzsicherung, Mindestlohn, Festlegung über Flächentarifverträge etc. Dass es für Firmen keine Möglichkeit der flexiblen Anpassung je nach ihren Bedürfnissen gibt, ist eine Folge der Regulierung. Das ist natürlich ein Verschulden der Gesetzgebung, also letztlich ein politisches Problem.

Wie ist dieses Problem zu beheben? Was verstehen Sie unter flexibler Anpassung und inwiefern könnte das den Unternehmen weiterhelfen?

Flexibel reagieren zu können auf Probleme, die durch die technisch bedingte Freisetzung von Arbeitskraft entstanden sind. Zu sagen, Arbeitsplätze gibt es nicht, es sei denn, sie sind hoch qualifiziert und hoch bezahlt, ist eine hochgradige Inflexibilität. Inflexibel sind gesetzliche Vorgaben, die es unmöglich machen, auf Probleme adäquat zu reagieren.

Tatsache ist, dass die Produktivität im technisch-ökonomischen Bereich bei gleichem Personaleinsatz enorm gestiegen ist, und dass es in allen wirtschaftlichen Bereichen Absatzprobleme gibt. Es ist ja nicht so, dass wir mit dem Produzieren nicht nachkommen, sondern dass wir mit sehr viel weniger Menschen immer mehr produzieren können. Vor einigen Dekaden produzierte ein Landwirt den Nahrungsmittelbedarf von zehn Menschen, heute den von 110. Diese enorme Produktivitätssteigerung hat natürlich eine Freisetzung von Arbeitskraft zur Folge.

Die gesteigerte Produktivität ist eine Konsequenz neuer Technologien.

Natürlich. Aber nicht nur der Technik im Sinne von Artefakten, großer Maschinen und automatischer Produktionsstraßen. Die Entwicklung der Gentechnik, produktiverer Getreidesorten, besserer, selektivwirkender Pestizide etc. hat diese wissenschaftlich-technische Produktivitätssteigerung bewirkt.

Im Bereich der Versicherungen und Banken passiert genau dasselbe. Die moderne Kommunikationstechnik macht es möglich, bestimmte Dienstleistungen, die vorher von Angestellten erledigt wurden, auf die Klienten oder Kunden zu verlagern. Diese holen sich ihren Kontoauszug selbst, wickeln Bankgeschäfte über den PC ab, vergleichen Angebote im Internet etc. Überall kann durch wissenschaftlich-technische Produktivitätssteigerungen Personal eingespart werden. Das geschieht in allen Bereichen. Erschwerend kommt hinzu, dass es in Deutschland ein demografisches Problem, eine zunehmend ungünstigere Altersstruktur gibt. Immer weniger Menschen können produktiv arbeiten, aber immer mehr leben länger und teurer, weil die Gesundheitskosten für Alte wesentlich höher sind. Auf der Allgemeinheit lastet also ein enormer Kostendruck, und gleichzeitig sinken die Steuereinnahmen. Als weiterer Faktor kommt der aus der ökonomischen Globalisierung resultierende Wettbewerbsdruck für deutsche Unternehmen hinzu. Wir haben es also mit komplex verschachtelten Wirkungsmechanismen zu tun.

Jede Gesellschaft hat nun einen bestimmten rechtlichen Zustand, bestimmte Gesetze, hinter denen wiederum Interessen stehen. Wenn etwas geändert werden soll, müssen deshalb zahllose Widerstände überwunden werden. In diesem System ohne diktatorische Befugnisse etwas zu bewegen, ist wahnsinnig schwer.

Die Politik hat für die großen Herausforderungen keine Patentlösungen parat. Wie ist es zu erklären, dass wir auf zwischenmenschlicher Ebene sehr vielen Routineverhalten und Regelbefolgungen ohne intentionales Handeln begegnen. Viele Menschen neigen dazu, reflexartig und unüberlegt auf Anforderungen im Alltag zu reagieren. Wie lässt sich dieses Verhalten erklären?

Das ist ein Mechanismus, der das Leben höchstgradig vereinfacht. Niklas Luhmann würde sagen, Routineverhalten ist eines der wirksamsten Mechanismen der Komplexitätsreduktion. Er nannte das Konditionalprogramme. Man setzt eine Regel ein und braucht sein Handeln dann nicht mehr zu überdenken, alles geschieht wie auf Knopfdruck. Ohne diese Art der Habitualisierung und Automatisierung wären wir nicht in der Lage, zu überleben. Sie könnten kein Auto fahren, jede Handlung, jede Bewegung müsste neu überdacht werden.

Dasselbe gilt für soziale Verhaltensweisen. Wir haben lauter Standardprogramme – standard operating procedures –, derer wir uns gar nicht bewusst sind. Wenn ein bestimmter Auslöser kommt, reagieren wir, ohne jedesmal neu zu überlegen. Diese Routinen machen uns lebens- und sozial funktionsfähig. Wenn wir jedoch wiederholt erfahren, dass die Routinereaktion bestimmte Probleme standardmäßig nicht löst, stellt sich eine Art Schock ein. Und dann fangen wir an, zu überlegen. Dann kommt die Problemanalyse, und es entwickelt sich vielleicht ein neues Programm – das nennt man Innovation.

Auch bei politischen Prozessen sind solche Standardreaktionen zu beobachten. Selbst in Situationen, die absolut unvergleichbar sind, zum Beispiel im Verlauf der deutschen Wiedervereinigung, gibt es vorgegebene Handlungsmuster.

Können Sie das konkretisieren?

Es gab Verbände, die ihre Strategien unverändert auf die neuen Bundesländer übertragen wollten. Aber plötzlich standen sie vor dem Problem, dass es niemanden gab, mit dem sie hätten verhandeln können, oder sie haben gar nicht gemerkt, dass das Gegenüber, zum Beispiel wegen fehlender Mitgliederbasis, nicht verhandlungsfähig war. Das geschah etwa bei der Transformation des Gesundheitssystems.

Zunächst haben viele Funktionäre versucht, zu tun, was sie gelernt hatten. Erst als klar wurde, dass die Voraussetzungen fehlten, fand ein Lernprozess statt. Plötzlich trafen sich Verbandsvertreter, die vorher nie miteinander geredet hätten, und planten ein gemeinsames Vorgehen. Teilweise mussten auf regionaler Ebene erst einmal Grundvoraussetzungen geschaffen werden.

Ein anderes Beispiel. Auch die Banken haben ihr Standardprogramm ablaufen lassen, und in diesem Fall hat es auf den unteren Ebenen sogar gut funktioniert. Es gab keine Konkurrenz, viele neue Filialen konnten gegründet werden. Auf übergeordneter Ebene wurde es dagegen schwieriger, da mussten die Landesbanken miteinander verhandeln, denn Routinen waren nicht verfügbar.

Wie wirkten sich diese Mechanismen auf das Bildungssystem aus? Es wird verschiedentlich behauptet, das Bildungssystem im Osten sei besser ausgebildet gewesen.

Ich kenne diese Diskussion eigentlich nur in bezug auf den Universitätssektor. Die Kontroverse um die polytechnische Ausbildung an Schulen habe ich nicht verfolgt. Bei den ostdeutschen Hochschulen hat man immer wieder die hohe Betreuungsintensität gelobt. Diese war allerdings erkauft durch ein hohes Maß an Reglementierung, durch die Existenz eines gewaltigen Personalapparates, noch dazu mit unbefristeten Verträgen, der nach unseren Hochschulgesetzen nicht finanzierbar wäre. Die Dozentenschaft war nicht viel stärker als im Westen. Negativ muss auch die Politisierung und die bedeutende Rolle der Parteisekretäre in den Sektionen bewertet werden. Das war ein sehr heterogenes Konglomerat.

Es wurde immer wieder davor gewarnt, die Massenuniversität in den Osten zu exportieren. Aber es ist natürlich geschehen, vor allem auch weil der Zugang zu den Hochschulen erleichtert worden ist. In der DDR gab es nur ganz wenige, die auf die Universität gehen durften, es gab schließlich Bedarfspläne. Wenn man nur ein positives Element des ostdeutschen Bildungssystems herausgreift, ohne die negativen Voraussetzungen zu berücksichtigen, wird man der Realität nicht gerecht.

Ist es aber nicht so, dass Handlungsmacht und Kontrollkompetenzen verloren gegangen sind? Alles ist dem Osten übergestülpt worden.

Da ist ja nichts übergestülpt worden. Der Osten hat entschieden, der Bundesrepublik beizutreten, und das heißt, sämtliche dort existenten Gesetze zu akzeptieren. Punkt. Die Vereinigung war gewollt, jeder andere Prozess hätte andere ökonomische Konsequenzen gehabt. Wenn einmal die Entscheidung Beitritt gefällt ist und das Parlament hat zugestimmt, werden die bestehenden Gesetze übernommen. Veränderungen können allenfalls hinterher über einen politischen Prozess erwirkt werden. Und im Vereinigungsvertrag sind ja für bestimmte Bereiche auch Übergangsregelungen festgeschrieben worden.

Sehr interessant ist zum Beispiel, was im Gesundheitswesen passiert ist, das in DDR und BRD ja grundsätzlich verschieden war. Viel schneller als irgendjemand erwartet hätte, gründeten die im Osten an Krankenhäusern beschäftigten Ärzte eigene Praxen, und damit war die Angleichung an den Westen vollzogen.

Im Hochschulwesen, allerdings nicht im Bereich der außeruniversitären Forschung, lief das ganz anders. Im Vereinigungsvertrag stand praktisch nichts, nur, dass das deutsche Hochschulgesetz übernommen werden sollte. Da nach der Verfassung Hochschulen Landessache sind, ging die Verantwortung für die Universitäten sofort in den Kompetenzbereich der neuen Bundesländer über. Sie waren lediglich an die allgemeinen Regeln des deutschen Hochschulgesetzes gebunden. Auf Länderebene wurden dann, teilweise mit Hilfe westdeutscher Partneruniversitäten oder Partnerländer, eigene Strukturen geschaffen.

Versuche des Wissenschaftsrates, auf Bundesebene Einfluss zu üben, scheiterten, anders als im außeruniversitären Bereich, am Widerstand der neuen Länder. Die Universität Erfurt hatte der Wissenschaftsrat beispielsweise abgelehnt, und es gibt sie. Im Osten ist also die Reform des Hochschulwesens dezentral abgelaufen, unter starker Mitwirkung von Reformkräften aus der ehemaligen DDR.

Es wird häufig gesagt, in der deutschen Gesellschaft werde stark auf Konsens durch Verhandlungen gesetzt. Und wirklich sind wir eine sehr konfliktscheue Gesellschaft: Es gibt Sozialpartnerschaften, in der Politik wird verhandelt, Bund und Länder verhandeln, ein Beschäftigungspakt wird ausgehandelt. Deutschland hat also ziemlich ausgeprägte neokorporatistische Züge. Das bedeutet natürlich, dass Blockaden sehr leicht entstehen können. In England ist das ganz anders. Die Demokratie von Westminster und der unitarische Staat sind ja kein föderales System. Die Regierung muss sich mit keinen Ländern abstimmen, die Mehrheit trifft die Entscheidungen und setzt sie durch.

Im deutschen System ist das anders. Entscheidungen der Regierung kann der Bundesrat kippen. Also ist in der deutschen Gesellschaft der Entscheidungsmodus des Verhandelns sehr stark verbreitet, die Gefahr von Entscheidungsblockaden deshalb sehr groß. Nur allzu häufig müssen wir uns mit faulen Kompromissen, Einigungen auf den kleinsten gemeinsamen Nenner etc. zufriedengeben. Der Vorteil ist allerdings, dass Entscheidungen meistens die Zustimmung der Betroffenen finden und insofern praktisch auch eher durchsetzbar sind.

Glauben Sie, dass Gesetze auch weiterhin von der Politik durchgesetzt werden?

Bei der Implementierung von Gesetzen sind der Staat und die öffentlichen Verwaltungen beteiligt. Bei Entscheidungsprozessen wird verhandelt, und dann werden Kompromisse gefunden. Der Vollzug der Gesetze funktioniert anschließend sehr flächendeckend, im Gegensatz beispielsweise zu Italien. Dort können bestimmte Gesetze sozusagen über Nacht verabschiedet werden, ohne parlamentarische Zustimmung. Es werden also buchstäblich über Nacht Entscheidungen getroffen, die in Deutschland niemals durchzusetzen gewesen wären. Nur im Vollzug hapert es dann. Viele Gesetze, beispielsweise im Bereich des Umweltschutzes oder im Bausektor, werden in Italien regelmäßig übertreten.

Dennoch wäre es doch auch für Deutschland positiv, wenn es auf neue Herausforderungen flexibler reagieren könnte. Was sind die Hinderungsgründe?

Alles, was de facto zu einer Regel geworden ist, stellt eine Art Problemlösung, ein Gleichgewicht aus widerstrebenden Bedenken, Zielen, Wünschen und Notwendigkeiten dar. Und dieses prekäre Gleichgewicht wird in Frage gestellt, wenn man plötzlich alles über den Haufen werfen will. Das Widerstreben gegen Veränderungen ist ein sozialpsychologischer Reflex, der, evolutionstheoretisch gesprochen, durchaus seine Funktion hat. Es ist nicht nur Trägheit oder Faulheit.

Wie kommen Veränderungen dann zustande?

Es kommt der Punkt, an dem Standardproblemlösungen spürbar nicht mehr funktionieren und Bewegungsspielräume entstehen. Das kommt immer wieder vor, auch in der deutschen Politik.

Funktioniert die Organisationsstruktur der Gesellschaft dadurch, dass sie die Menschen aneinander bindet?

Ich glaube nicht, dass die Bürgergesellschaft in Deutschland tatsächlich stark ausgebildet ist. Vielmehr ist sie wegen des relativ engen Verhältnisses zum Staat so gut wie gar nicht entwickelt. Wir haben aber verschiedene Initiativen auf unterschiedlichen Ebenen, die mit den staatlichen Instanzen kooperieren. Das beginnt schon auf kommunaler Ebene. In den jeweiligen Gemeinden gibt es ein sehr enges Zusammenwirken von politischen Instanzen und örtlichen Gruppen. Diese »public private networks« existieren auf verschiedenen Ebenen, auf kommunaler Ebene, innerhalb der Landschaftsverbände und in Form von Verbindungsnetzwerken auf Landesebene. Selbst unsere Wirtschaftsverbände sind sehr kooperativ.

Sie sagten »gesellschaftliche Entwicklung ist das Resultat des ständigen Wechselspiels von gesellschaftlicher Eigendynamik und staatlichen Steuerungsversuchen«. Durch die Währungsunion und die Erweiterung

der Europäischen Union entstehen neue Probleme, die es zu lösen gilt. Da Sie den prinzipiellen Steuerungspessimismus der Systemtheorie nicht teilen und einer erfolgreichen Steuerung grundsätzlich optimistisch gegenüberstehen, meine Frage: Welche neuen Herausforderungen sehen Sie auf uns zukommen, und wie sind diese zu bewältigen?

Was mit dem Euro und der Währungsunion auf uns zukommt, kann offensichtlich noch niemand genau abschätzen. Es gab höchst kontroverse Prognosen, und jetzt stehen wir alle da und der einzige sichtbare Effekt ist der, dass der Wert des Euro in unerwarteter Weise sinkt. Irgendwann wird man Wechselgebühren einsparen. Was es sonst für Effekte geben wird, weiß kein Mensch.

Echte Herausforderungen sind die Themen der Agenda 2000. Es geht darum, den extrem gut geschützten, superteuren, überproduzierenden europäischen Agrarmarkt unter Kontrolle zu bringen. Problematisch ist die massive Lobby, die politischen Druck ausübt und ihren von Steuergeldern wohlgefüllten Futtertrog natürlich nicht aufgeben will.

Eine weitere große Herausforderung wird die weitere Demokratisierung Europas sein. Es gibt auf europäischer Ebene keine Regierung. Der Ministerrat der EU besteht aus Politikern, die höchst indirekt legitimiert sind und nicht vom Volk gewählt werden. Man könnte fast sagen, der Ministerrat hat eine ähnliche Funktion wie der deutsche Bundesrat. Es werden Länderinteressen und Territorialinteressen repräsentiert, die miteinander in Einklang gebracht werden müssen. Wer wirklich regiert, ist die Kommission, aber die Kommission ist keine Regierung, sondern eigentlich nur eine Bürokratie. Trotzdem hat sie de facto legislative, also regulative Kompetenzen. Die Sache hat eine starke Eigendynamik entwickelt. Die Kommission besteht aus durchaus auch sachverständigen Bürokratien, die ihre eigenen Ideen und Vorstellungen haben und diese auf der Basis von Verträgen, aber teilweise auch entgegen den Wünschen und Bedürfnissen der Bevölkerung in den Mitgliedsländern der Europäischen Union, durchsetzen.

Die vernünftige Gestaltung des Institutionsgeflechts der EU ist eine ganz große Herausforderung für die Zukunft. Es muss verhindert werden, dass sich diese riesengroße, regulative Behörde weiter verselbstständigt. Ich glaube allerdings nicht, dass Europa in absehbarer Zeit zu einer Art supergroßen Nationalstaat, also einem Bundesstaat nach deutschem Muster, werden wird. Auf europäischer Ebene existieren keine gesellschaftsweiten politischen Parteien, und wenn es sie geben würde, und daraus eine eigenständige Regierung erwachsen würde, wäre das der stärkste denkbare Autonomieverlust für die nationalen Regierungen der Mitgliedsstaaten – dem würde die Mehrheit der Bevölkerung nicht zustimmen. Es werden öffentlich sehr viele Krokodilstränen über das Defizit an Demokratie in den europäischen Strukturen vergossen, aber ich glaube nicht, dass die Europäer insgesamt tatsächlich bereit wären, die jeweils nationale Autonomie aufzugeben.

Ist denn eine demokratische Ordnung über die Grenzen der Nationalstaaten hinweg überhaupt möglich?

Die Frage ist, ob es für ein vereinigtes Europa im Grunde nicht ausreichen würde, wenn wir eine sehr lebendige Demokratie in den Mitgliedsländern hätten, und wenn es darüber hinaus eine sich stark beschränkende, in ihren regulativen Eingriffen im Wesentlichen nach Wirksamkeitskriterien, also technokratisch, auf Expertenbasis arbeitende gemeinsame Regulierungsbehörde gäbe. Darüber sollte man diskutieren. Es ist keineswegs ausgemacht, dass es für Europa erstrebenswert wäre, wenn alle Nationalstaaten eingeschmolzen würden zu einem europäischen Superstaat mit europaweiten Links- und Rechtsparteien. Ich kann mir nicht vorstellen, dass die Entwicklung in diese Richtung geht. Die historischen Voraussetzungen dafür sind auch gar nicht gegeben. Das Konzept der Franzosen vom Europa der Vaterländer scheint mir, im Moment jedenfalls, der richtige Ansatz zu sein. Mehr ist nicht machbar. Ob in zwei Jahrhunderten die nationalstaatlichen Unterschiede aufgehoben sein werden, kann niemand vorhersagen. Es kann alles mögliche passieren.

▸ Wir amüsieren uns zu Tode ◂

Vita

Neil Postman, geboren 1931, ist Professor für Medienökologie an der »New York University« in Manhattan. Das jüngste Buch des Bestsellerautors setzt sich mit dem Erbe der großen Denker des 18. Jahrhunderts auseinander. Die zentrale Frage lautet: Welche Bedeutung haben Kant, Goethe, Rousseau und Voltaire für das 21. Jahrhundert?

Der streitbare Medienökologe Postman hat sich immer als Gesellschaftskritiker verstanden und ist als solcher auch angesehen. Seine polemischen Auseinandersetzungen über die Entmündigung der Gesellschaft durch die neuen Medien machten ihn weltweit bekannt. Postman ist ganz und gar nicht »amüsiert« über die Sinnestäuschungen, denen wir uns aussetzen, wenn wir fernsehen. Er analysiert Aufbau und Struktur der Fernsehwelt und untersucht in groß angelegten Studien die Auswirkungen des Fernsehens auf Wahrnehmung, Einstellung und Verhalten von Kindern und Erwachsenen. Postman sammelt nicht Argumente, um das Fernsehen zu eliminieren, sondern um auf die Gefahr hinzuweisen, dass Technik eine Ideologie ist, die uns beeinflusst, ohne dass wir es bemerken. »Kein Medium ist übermäßig gefährlich, sofern seine Benutzer wissen, wo die Gefahren lauern«, sagt Postman, der nicht davor zurückschreckt, im Fernsehen für sein Buch zu werben, das vor dem Fernsehen warnt. Er spricht sich für eine massive Einschränkung harter Gewaltdarstellungen oder Pornografie im Fernsehen sowie für das Verbot von Werbespots in Kindersendungen aus. Solange diese Gefahren nicht gebannt sind, wird der ehemalige Grundschullehrer und Vater dreier erwachsener Kinder nicht müde, in seinem Arbeitszimmer im 7. Stock des Universitätsgebäudes in der Greene Street auf gelben, linierten Blättern mit blauer Tinte neue Bücher zu schreiben, in denen er seine Zentralthese aufstellt: Fernsehen gefährdet die Urteilsbildung.

Ausgewählte Buchveröffentlichungen:

Neil Postman: Wir amüsieren uns zu Tode.
Urteilsbildung im Zeitalter der Unterhaltungsindustrie.
S. Fischer Verlag, Frankfurt/M. 1985
Originalausgabe: Amusing Ourselves to Death.
Viking-Penguin Inc., New York 1985

Neil Postman: Das Technopol.
Die Macht der Technologien und die Entmündigung der Gesellschaft.
S. Fischer Verlag, Frankfurt/M. 1992
Originalausgabe: Technopoly.
Alfred A. Knopf Inc., New York 1991

Aldous Huxley hatte Recht: Wir amüsieren uns zu Tode

Konzept

In seinem 1985 erschienenen Buch »Wir amüsieren uns zu Tode« warnt Neil Postman vor Einfluss und Suggestion der elektronischen Medien und vor ihren Auswirkungen auf die Gesellschaft.

Seine Ausführungen, die er am Beispiel der amerikanischen Gesellschaft illustriert, haben seiner Meinung nach auch in der Bundesrepublik Deutschland Gültigkeit. Nach Postmans Analyse leben wir in einer totalen Mediengesellschaft, die durch die Allgegenwart des Fernsehens gekennzeichnet ist. Auf Unterhaltungsformat zugeschnitten, nimmt das Fernsehen den Menschen in Anspruch, ohne anspruchsvoll zu sein. Unterhaltung ist Dreh- und Angelpunkt einer Kultur, die in den eigenen vier Wänden abläuft und diese nicht verlässt.

Das Problem sieht Postman jedoch nicht darin, dass das Fernsehen seine Zuschauer unterhält, sondern darin, dass jedes Thema als Unterhaltung präsentiert wird. Denn auch eine Fernsehsendung, die sich informativ und als Vermittler bedeutsamer kultureller Botschaften ausgibt, ist so in Szene gesetzt, dass der Unterhaltungswert maximiert wird, um möglichst hohe Einschaltquoten zu erzielen. Die Mischung von Information und Unterhaltung ist das Gefährliche am alles beherrschenden Medium Fernsehen. Nachrichten- und Informationssendungen sind so aufbereitet, dass beliebige Kurzmeldungen an die Stelle von sachlichen Beiträgen treten, die durch sorgfältig recherchierte und didaktisch gut aufbereitete Hintergrundinformationen zu einer Meinungs- und Urteilsbildung beitragen können. Diese sind aus dem Zusammenhang gerissen, stellen minimale Anforderungen an das Auffassungsvermögen, erzeugen gezielt Stimmung, befriedigen einen auf Oberflächlichkeit angelegten Informationsbedarf und tragen lediglich zur allgemeinen Unterhaltung bei. Die Fülle an Informationen, die gewaltige Anzahl an Antworten auf ungestellte Fragen, führt gleichzeitig zu ihrer Entwertung. Die amerikanischen Fernsehzuschauer sind nach Ansicht von Postman desinformiert, weil sie über Informationen verfügen, die ihnen vortäuschen, etwas zu wissen. Tatsächlich aber hat der Fernsehzuschauer nur bruchstückhafte, irrelevante Informationen erhalten, mit denen er nichts anzufangen weiß. Darüber hinaus geht ihm jedes Gefühl dafür verloren, was es bedeutet, gut informiert zu sein. Am Ende des Fernsehtages sitzt der Zuschauer in seinem Fernsehsessel: Gut unterhalten, schlecht informiert.

Im Zeitalter der Druckmedien hat der Handlungswert von Informationen noch im Vordergrund gestanden, meint Postman. Im Gegensatz zum Fernsehzuschauer kann der Leser eines Buches das Lesetempo selbst bestimmen und seine Informationssuche steuern, indem er bestimmte Passagen nochmals nachliest oder einfach auslässt. Informationssuche und Wissenserweiterung verliefen beim Leser in Form eines aktiven Prozesses. Der Leser steigert sein Vorstellungsvermögen, die Phantasie wird angeregt.

Das voraussehbare Ende des Buchdrucks und der zunehmende Erfolg des Fernsehens hat nach Postman zu einer Verschiebung der aktiven Informationsbeschaffung zur passiven Informationsberieselung geführt. Der Handlungswert von Informationen ist einem Unterhaltungswert gewichen. Die wortbestimmte Kultur ist durch eine bildbestimmte Kultur verdrängt worden. Das Fernsehen setzt den Buchdruck nicht fort, erweitert ihn auch nicht, sondern trägt zu seiner allmählichen, aber sicheren Zerstörung bei. Postman geht es primär nicht darum, das Aussterben einer scheinbar veralteten Lesekultur zu beklagen, sondern aufzuzeigen, dass mit der endlosen Reihe von Unterhaltungsveranstaltungen der für das Überleben einer Gesellschaft enorm wichtige öffentliche Diskurs verschwindet. Das Fernsehen lockt den Menschen durch Bilder, die in schnellem Wechsel und dynamischer Vielfalt gezeigt werden. Zeit zum Nachdenken oder für einen Diskurs bleibt nicht. Diskurs passt ohnehin nicht zu einem Medium, das auf Effekthascherei, Oberflächlichkeit und Showbusiness ausgerichtet ist.

So schreibt Postman: »Jede Technik hat ihre eigene Logik«, die Logik des Fernsehens ist, das Publikum mit Unterhaltung zu versorgen. Das Fernsehen verkörpert den Geist einer Kultur, in der der gesamte öffentliche Diskurs zu einer Varietéveranstaltung verkommt. Kommunikativer Austausch, der für Urteilsbildung, Kritikfähigkeit und Handlungskraft unabdingbar ist, findet nicht mehr statt. Letztlich schlägt sich das negativ auf die demokratische und freiheitliche Ordnung nieder. »Die Grundlagen der freiheitlichen Demokratie sind in Gefahr«, lautet Postmans Resümee. Durch den Verfall des öffentlichen Diskurses in der Mediengesellschaft trägt der Mensch letztlich zu seiner eigenen Entmündigung bei, womit die Prognose Aldous Huxleys Wirklichkeit geworden ist.

Fragebogen

1. Sehen Sie sich selbst als Gesellschaftstheoretiker, Gesellschaftskritiker, Gesellschaftsarchitekt oder lediglich als geselliger Zeitgenosse?

Ich benutze Theorie, um Kritik zu üben. Ich habe keine Illusionen über den Effekt meiner Arbeit. Ich glaube auch nicht, dass ich, indem ich ein Buch über die Gesellschaft schreibe, gleich zu ihrem Architekten werde. Aber ich versuche, Dinge, die mir auffallen, beim Namen zu nennen, auf Gefahren hinzuweisen und vor Propaganda zu warnen. Ebenfalls halte ich Ausschau nach guten Ideen und unterbreite Vorschläge, wie diese umgesetzt werden können. Ich sehe mich in erster Linie nicht als Antwortgeber, sondern als Fragensteller. Ich widme mich Fragen, die sonst vielleicht ungestellt blieben. Fragen zu stellen, die Skepsis und Kritik ausdrücken, gehört meines Erachtens zu den wichtigsten Aufgaben unserer Zeit.

2. In welcher Gesellschaft leben wir eigentlich?

Wir leben in einer von Technik bestimmten Gesellschaft, in der das Medium Fernsehen eine zentrale Stellung im Leben der Menschen eingenommen hat. Aber auch Videokameras und Computer diktieren das Leben vieler Menschen. Unsere psychischen Gewohnheiten, unsere sozialen Beziehungen, unsere politischen Vorstellungen und unser moralisches Empfinden werden von den neuen Medien regelrecht neu geordnet. Wir leben in einer Gesellschaft, in der sich viele Menschen den Technologien gegenüber kritiklos verhalten und sich ihnen unterwerfen.

Wir leben in einer Gesellschaft, die durch den nie endenden Kampf um das materielle Auskommen gekennzeichnet ist. Das beginnt schon bei der Erziehung der Kinder, denen beigebracht wird, sich selbst unter ausschließlich ökonomischen Vorzeichen zu sehen. Viele Eltern billigen die Vorstellung, die Schule sei eine Ausbildungsstätte für den späteren Beruf.

Wir leben in einer Gesellschaft, die durch eine bestimmte Art von Klassen gekennzeichnet ist. Die Zugehörigkeit zu diesen Klassen hängt in erster Linie von Geld und Bildung ab. Die Menschen leben, je nachdem zu welcher Klasse sie gehören, in einer ganz speziellen Welt, mit deren jeweiligen Hoffnungen und Möglichkeiten.

Wir leben nach wie vor in einer nationalstaatlich geprägten Gesellschaft, die gekennzeichnet ist durch nationale Symbole, eine Nationalsprache, eine gemeinsame Geschichte und eine eigene Vision der Zukunft. Der Gedanke von Karl Marx, dass ein Deutscher, der im Bergbau arbeitet, mehr gemein hat mit einem englischen Bergarbeiter als mit einem deutschen Adligen, ist nicht völlig falsch, aber ich glaube, die nationale Identität ist weiterhin die stärkste Kraft, die Menschen aneinander bindet, auch wenn einige Tendenzen darauf hinweisen, dass sich dies zu lockern beginnt.

3. Worin sehen Sie die Stärken und Schwächen dieser Gesellschaft?

Die Stärken der amerikanischen Gesellschaft liegen, so glaube ich, in der Vitalität, Energie und Kreativität, im Tatendrang und Einfallsreichtum der Menschen. Eine gewaltige Fülle neuer Erfindungen und technischer Innovationen verheißt seit jeher neue Freiheiten und neue gesellschaftliche Organisationsformen. Wenn in Amerika ein Gebäude 35 Jahre alt ist, wird es abgerissen, um einem neuen Gebäude Platz zu machen. Der Wandel belebt das Geschäft. Die Spuren der Vergangenheit werden ausradiert. In 100 Jahren wird man von Hadrians Rom mehr Spuren entdecken können als vom heutigen New York.

Eine der Schwächen ist die Ignoranz vieler Leute in bezug auf die eigene Geschichte. Die Folgen bestimmter Handlungsweisen werden oft nicht hinterfragt, negative Konsequenzen bestimmter Entwicklungen in Kauf genommen. Moralischer Fortschritt geht nicht automatisch mit technischem Fortschritt einher.

4. Welche Rolle spielen Sie in der Gesellschaft?

Ich erinnere mich an eine Rede, die ich im Jahr 1984 in Frankfurt auf der Buchmesse gehalten habe. Ich sprach darin die Irrtümer der amerikanischen Gesellschaft an. Mein Nachredner war der damalige Bundeskanzler Helmut Kohl. Obwohl seine Rede vorbereitet war, ging er zunächst auf meine Worte ein. Er sagte, er bewundere es, dass jemand auf einem internationalen Forum derart harsche Kritik an seiner eigenen Gesellschaft übt. Das verdeutliche, wie Demokratie als öffentlicher Diskurs funktioniere.

Ich kann gar nicht anders, als die bestehenden Missverhältnisse meiner eigenen Gesellschaft zu kritisieren. Ebenfalls versuche ich, junge Menschen zu ermutigen, ihre Kritik zu äußern.

5. Welche Gesellschaftsromane haben Sie fasziniert?

Meine persönlichen Favoriten sind »Schöne neue Welt« von Aldous Huxley – das Buch erschien 1932 – und »1984« von George Orwell, von 1948. Diese beiden Bücher haben mich sehr stark beeinflusst. Ich glaube, Orwell lag in seiner Einschätzung der möglichen Zukunft falsch. Huxleys Prophezeiung war dagegen richtig. Orwell warnte vor der totalen Überwachung durch eine äußere Macht. Huxley rechnete dagegen damit, dass die Menschen, indem sie sich von trivialer Unterhaltung berieseln lassen, langsam aber sicher abstumpfen. Sie verlieren die Fähigkeit, sich ihr eigenes Urteil zu bilden über die Gesellschaft, in der sie leben.

6. Welchem Gesellschaftsspiel gehen Sie gerne nach?

Ich bin zu unruhig für Geduldsspiele wie »Trivial Pursuit« oder »Sharades«. Eigentlich spiele ich keine Gesellschaftsspiele im klassischen Sinne. Was ich wie ein Gesellschaftsspiel betreibe sind Gespräche über Gott und letzte Wahrheiten. Bevorzugt stelle ich Fragen nach dem Warum. Niemand kann diese Fragen letztlich beantworten, deshalb macht es mir besonders viel Spaß, sie zu stellen. Ich diskutiere gerne darüber und kann mich dabei gut entspannen.

7. In wessen Gesellschaft halten Sie sich bevorzugt auf?

Menschen, die nur nach vorne blicken, sind mir verdächtig. Worauf sollen wir denn blicken? In der Zukunft gibt es für uns noch nichts zu sehen. Wir müssen zuerst einmal erkennen, wo wir sind, welche Probleme heute zu bewältigen sind und welche Ideen wir in die Zukunft hinüberretten wollen.

Ich halte mich sehr gerne in der Gesellschaft von Menschen auf, die im Hier und Jetzt leben, mit der Wirklichkeit in Berührung kommen und die Tage intensiv erleben. Das sind meistens sehr einfache Leute, mit denen man nicht die Frage des Warum diskutieren kann, die aber tolerant, neugierig, offen, humorvoll sind und eine Sprache sprechen, die ich verstehe und die ich auch gerne spreche.

8. Welcher Gesellschaftsgruppe fühlen Sie sich zugehörig?

Meine Vorfahren kamen aus Osteuropa nach Amerika. Bei der Einreise nach Amerika wurden sie auf Ellis Island von der Einwanderbehörde gefragt, wie sie heißen. Dabei verwechselten sie die Frage nach dem Namen mit der Frage nach dem Beruf. Seitdem heißt meine Familie Postman.

Mein Vater war Lastwagenfahrer. Ich wuchs in der gesellschaftlichen Gruppe der Arbeiter auf. Daher weiß ich sehr genau, was es heißt, mit wenig Geld auskommen zu müssen und hart zu arbeiten. Als Universitätsprofessor gehöre ich heute der Gruppe der Akademiker an, die über eine gute Ausbildung und ein Einkommen verfügt, das sich wesentlich von dem der Arbeiterklasse unterscheidet.

Ich bin von zwei Traditionen geprägt: von der jüdischen Tradition und von der amerikanischen Tradition von Freiheit und Demokratie. Beide Traditionen bereicherten mein Leben auf ihre spezifische Art und Weise.

9. Welche Person(en) von gesellschaftlicher Größe schätzen Sie?

Ich habe großen Respekt vor Lehrern. Auch ich begann meine berufliche Laufbahn als Lehrer. Meine Tochter arbeitet heute als Grundschullehrerin. Sie unterrichtet achtjährige Kinder. Ihre Arbeit ist sehr anstrengend, aber was sie tut, ist von enormer Wichtigkeit. Als Lehrer trägt man eine große Verantwortung, zumal bei Schülern in diesem Alter, die man stark beeinflussen kann. Ganz im Gegenteil zu Universitätsprofessoren, die in der Regel mit Leuten zu tun haben, die wissen, was sie wollen.

10. Wie sieht für Sie die ideale Gesellschaft aus?

Ich habe mir dazu noch nie Gedanken gemacht. Ein Ökologe hat kein Konzept von einer idealen Umwelt. Ein Ökologe ist daran interessiert, aufzudecken, was in der Umwelt falsch läuft. Er fragt sich, warum die Fische im Fluss sterben, warum der Wald stirbt und was dagegen getan werden kann. Ein Ökologe hat keine Vorstellung davon, wie der ideale Fluss oder der ideale Wald aussieht.

Genauso denke ich über die Gesellschaft. Ich konzentriere mich auf die Probleme und darauf, was getan werden kann, um diese zu lösen. Als Medienökologe studiere ich die symbolische Umwelt und stelle Fragen wie: Was geschieht mit Menschen, die acht Stunden am Tag fernsehen? Wie wirkt sich Werbung auf Kinder aus, die bis zu ihrem 18. Lebensjahr durchschnittlich 500.000 Werbespots gesehen haben?

11. Wollen Sie die Gesellschaft verändern?

Sicher. Jeder will Dinge besser machen als er sie vorfindet. Ich weiß, dass ich durch das Schreiben von Büchern nicht die Welt verändern kann, aber im Grunde verfolge ich das Ziel, die Gesellschaft aufmerksam zu machen auf das, was in meinen Augen schief läuft. Ich verwende viel Zeit und Energie darauf, andere zu ermutigen, Glaubenssätzen eines Bill Gates oder anderer mächtiger Götter der Technologie und der Werbeindustrie skeptisch gegenüberzustehen. Ebenfalls bemühe ich mich, vor der Technikbesessenheit zu warnen, da wir die Auswirkungen vieler neuer Technologien noch nicht kennen oder nicht einschätzen können. Ich beobachte die unkontrollierten technologischen Entwicklungen mit großer Sorge und Skepsis und wenn es angebracht ist, reagiere ich darauf.

Ich kritisiere mit der gleichen Leidenschaft wie vor 30 Jahren die amerikanischen Vorurteile, Neigungen und Neurosen, nur habe ich in jüngster Zeit zu meinem Erstaunen und Amüsement entdeckt, dass ich die meisten von ihnen teile.

12. Wie sieht die Gesellschaft von morgen aus?

Lassen Sie mich aus meinem neuen Buch einige Zeilen dazu vorlesen: »Die Zukunft ist eine Illusion. Nichts ist bisher dort geschehen. Was Gertrude Stein über Oakland in Kalifornien sagte, können wir über die Zukunft sagen. Sie sagte: Dort gibt es kein dort.«

Alles, was wir über die Zukunft sagen, entstammt unserer Einbildung. Wie wir uns die Zukunft auch immer vorstellen mögen, es ist immer nur eine Projektion der Vergangenheit und kann auch nichts anderes sein.

Egal welchen Science-Fiction-Roman Sie lesen, jeder reflektiert eine Projektion von etwas, was bereits existiert. Deswegen denke ich, Geschichte ist die wichtigste Quelle, um sich die Zukunft vorzustellen. Wenn wir uns fragen, wie haben die Menschen in der Vergangenheit Probleme gelöst, kommen wir vielleicht der Lösung von Problemen, die es in der Zukunft geben wird, näher.

Können wir ohne Rückbezug auf die Vergangenheit die Zukunft planen oder auch nur über sie nachdenken? Søren Kierkegaard hat in der Tat recht, wenn er meint, es gebe in der Zukunft nichts zu sehen, es sei denn etwas aus der Vergangenheit. Und auch George Santayanas hat recht damit, wenn er uns drängt, unsere Fehler einzusehen und uns ihrer zu besinnen, damit wir sie in Zukunft vermeiden.

Wir müssen uns um die Probleme kümmern, die heute da sind. Die Probleme, die morgen anstehen, werden wir in der Zukunft lösen.

Interview

Das »Gutenberg-Zeitalter«, wie Marshall McLuhan das Zeitalter der Druckerpresse nannte, ist endgültig durch das Zeitalter der elektronischen Medien abgelöst worden. Das wird keiner mehr bestreiten. Der Soziologe Niklas Luhmann beginnt sein Buch »Die Realität der Massenmedien« deshalb auch mit folgendem Satz: »Was wir über unsere Gesellschaft, ja über die Welt, in der wir leben, wissen, wissen wir durch die Massenmedien.«

Das ist sicherlich richtig. Immer mehr Menschen erhalten ihre Informationen über das Massenmedium Fernsehen oder über das Internet. Wir können über die technologischen Innovationen Informationen immer leichter, schneller und in größerer Menge abrufen. Aber wir müssen bedenken, dass Informationen jeweils eine andere Form durch das Medium erhalten, das sie transportiert.

In der Mitte des 19. Jahrhunderts war die Übermittlungsgeschwindigkeit von Informationen nur so groß wie das Tempo, mit dem ein Mensch reiste. Das lag in einem schnellen Zug bei etwa 50 Stundenkilometern.

Durch die Erfindung der Telegrafie und der Fotografie veränderten sich Form, Umfang und Tempo des Informationsflusses. Informationen konnten für sich bestehen, konnten in großer Menge Raum und Zeit überwinden und wurden Mittel zur Befriedigung von Neugierde. Der Telegraf machte aus der Information eine Ware, deren Wert sich nicht unbedingt an ihrem direkten Nutzen für soziale oder politische Entscheidungen bemaß, die man ohne Rücksicht auf ihren Nutzen oder ihre Bedeutung kaufen und verkaufen konnte.

Die einschneidendste Veränderung in der zweiten Hälfte des 20. Jahrhunderts war der Bedeutungsverlust des Buchdrucks und der Beginn des Fernsehzeitalters, was neben der Veränderung von Form, Umfang und Tempo der Information zur Verschiebung des Inhalts des öffentlichen Gedankenaustauschs führte. Alles wurde auf das Medium Fernsehen zugeschnitten. Nachrichtensendungen und Spielshows sind im Prinzip in der gleichen Art aufgebaut und auf eine Sache hin ausgerichtet: Sie wollen den Zuschauer unterhalten. Dies wird erreicht, indem einzelne Ereignisse, die aus dem Zusammenhang herausgerissen sind, aneinandergereiht werden.

Grundsätzlich muss beachtet werden, dass neue Medien nicht nur die Form der Nachricht, sondern auch ihren Inhalt verändern. Die Technologie bringt immer neue Formen hervor, in denen Menschen die Wirklichkeit wahrnehmen. Diese Tatsache hat bereits Karl Marx aufgezeigt als er erklärte, die Technik offenbare die Art und Weise des Umgangs der Menschen mit der Natur und erzeuge die Kommunikationsformen, durch die sie miteinander in Beziehung treten. Dies meinte auch Ludwig Wittgenstein, als er im Hinblick auf unsere elementarste Technologie sagte, dass die Sprache nicht bloß das Fahrzeug des Gedankens, sondern auch der Fahrer selbst ist. Keiner aber hat das besser auf den Punkt gebracht als Marshall McLuhan in der wohl knappsten Zusammenfassung dieses Gedankens: Das Medium ist die Botschaft.

Luhmann ging wie McLuhan einen Schritt weiter und fragte: »Wie ist es möglich, Informationen über die Welt und die Gesellschaft als Informationen über die Realität zu akzeptieren, wenn man weiß, wie sie produziert werden?«

Das Problem besteht in der Tat darin, dass sich die Menschen keine Gedanken machen über das, was sie am Bildschirm sehen. Hauptsache, es unterhält. Sie setzen sich in einen bequemen Sessel vor den Fernseher und lassen sich Stunden lang berieseln. Das erinnert an die Prophezeiungen eines Aldous Huxleys, der diese vor über 50 Jahren in seinem Buch »Schöne neue Welt« festhielt. Welche Auswirkungen das Fernsehen hat, haben wir vor einigen Jahren in einer Studie untersucht. Wir haben im Jahr 1980 nach der Geiselnahme in der amerikanischen Botschaft in Teheran Leute danach befragt, was sie über den Iran wissen. Über ein Jahr lang wurde jede Nacht im amerikanischen Fernsehen über jene Situation berichtet. Wir vermuteten deshalb, dass viele Leute Fragen über den Iran beantworten können. Wir entschieden uns für sieben einfache Fragen wie: Wo liegt der Iran? Welche Religion praktizieren die Iraner? Wer ist der Schah? etc. Das Ergebnis gab Aufschluss darüber, was der Mensch aufnimmt, wenn er fernsieht. Beispielsweise erhielten wir Antworten wie: »Ich weiß nicht, welche Religion die Iraner praktizieren, aber ich erinnere mich, dass sie zum Gebet auf einem Teppich niederknien.« Wenn wir Leute hatten, die die richtige Antworten wussten – und das waren nicht sehr viele – antworteten sie, wenn wir sie fragten, warum sie die Antwort wissen: »Ich weiß es, weil ich einen Artikel über den Iran in der Zeitung gelesen habe.«

Die meisten befragten Amerikaner haben vage Vorstellungen über andere Länder, sie haben kein konkretes Wissen. Das liegt daran, dass die Sprache des Fernsehens keine Sprache ist, sondern ein eindimensionaler Fluss von Bildern. Die Flut der Bilder zerstört die Sprache und das Denken. Das Fernsehen unterhält, es informiert nicht.

Was verstehen Sie unter Informationen?

Informationen sind Aussagen über die Tatsachen der Welt. Diese Tatsachen oder Fakten werden erst dann zu Informationen, wenn wir sie aufnehmen, sie zur Kenntnis nehmen oder verarbeiten, indem wir davon sprechen oder darüber schreiben. Informationen sind aber auch Mittel und Zweck menschlicher Kreativität.

Jede Phase der Informationsrevolution, vom Buchdruck über die Telegrafie, Fotografie, Fernsehen bis zur Computertechnologie, brachte neue Formen von Informationen mit sich, immer mehr Informationen und immer schnellere Informationen.

Nachdem nun das Problem der Informationsknappheit gelöst ist und auch Lösungen zur Verfügung stehen, wie die enorm gewachsene Informationsmenge möglichst bequem und schnell erzeugt, gespeichert und verteilt werden kann, müssen wir uns nun einem neuen Problem zuwenden.

Welches Problem meinen Sie?

Wir müssen uns nun dem Problem der Informationsübersättigung und des Informationsmülls stellen. Es wird immer schwieriger, die wertvollen Informationen von den wertlosen zu trennen. Und es wird immer leichter, die wirklichen Probleme zu ignorieren und sich Banalitäten zuzuwenden. Was aber sollen wir mit all den falschen, irreführenden und für unser Handeln belanglosen Informationen machen? Wer kann unsere Wahrnehmung und Urteilsfähigkeit schulen, damit wir der Informationsflut nicht schutzlos ausgeliefert sind?

Wir werden jeden Tag mit einer Informationsmenge überschwemmt, die wir gar nicht bewältigen können. Denken Sie nur an die Fülle von Informationsquellen: Die Printmedien, die Rundfunkkanäle und Fernsehsender, das Telefon, das Faxgerät, das Internet, dann die Informationsspeichermedien wie Videokassetten, Compact Discs sowie die Reklametafeln, die Briefe, die E-Mails etc. Von allen Seiten strömt auf uns eine gewaltige Fülle an Information ein. Das Problem der kontinuierlichen, schnellen und variantenreichen Informationsübermittlung ist durch Druckmaschinen, Lichtwellen, Ätherwellen, Telexstreifen, Datenbanken, Telefondrähte, Fernsehkabel und Satelliten gelöst. Das neue Problem, das entstanden ist, lautet: Wie können wir die Informationen selektieren? Welche Informationen sind relevant und welche irrelevant?

Wie ist dieses Problem zu lösen?

Wir müssen zu der Einsicht gelangen, dass wir die Information wieder dorthin bringen, wohin sie gehört. Wir müssen ihr wieder einen sinnvollen und nützlichen epistemologischen Rahmen geben. Ohne jeglichen Kontext sind die frei verfügbaren Informationen, die wahllos und beliebig in Erscheinung treten und an keinen bestimmten Adressaten gerichtet sind, unbrauchbar, langfristig können sie aber auch unvorhersehbare Folgen bei der Selektion von unerwünschten Informationen oder bei der Beurteilung von Informationen nach sich ziehen. Das schlimmste Szenario, das ich mir vorstelle, würde so aussehen, dass nur noch Trivialitäten unser Denken bestimmen.

Welche gesellschaftliche Institution kann die von den neuen Technologien erzeugte Informationsflut filtern oder kontrollieren?

Anscheinend ist und bleibt die Zeitung das einzige Medium, das die Informationsflut eindämmen kann. Sie ist das Medium, das Informationen organisieren, einschätzen und unerwünschte Informationen ausschließen kann. Vorausgesetzt, sie bleibt ihrem Ruf treu und unterwirft ihre Form und ihren Inhalt nicht dem Markt. Der Vorteil der Zeitung gegenüber dem Internet ist der, dass eine Zeitung ihre Leser mit relevanten Informationen versorgen und den Informationsfluss in regulierte Bahnen lenken kann, ohne zu brummen oder zu piepsen und ohne die Telefonleitung zu belegen. Die Zeitung kann überall gelesen werden: im Auto und im Flugzeug, im Haus und im Garten, im Bett und auf der Toilette. Der Vorteil des Computers liegt nur darin, dass er mehr Informationen liefert. Um dem entgegenzuwirken, denn das ist in der Tat das derzeitige Problem, müssten die Zeitungen den Pfad der Informationsversorgung verlassen und sich auf die Wissensvermittlung konzentrieren.

Was verstehen Sie unter Wissen, und wie lässt sich Wissen angemessen vermitteln?

Ich definiere Wissen als organisierte Information, die nicht aus dem Zusammenhang gerissen ist, sondern die den ganzen Zusammenhang einer Tatsache aufdeckt. Wissen ermöglicht die Einschätzung und Beurteilung von Tatsachen. Wissen bedeutet Verstehen und führt zur Meinungsbildung. Oder anders ausgedrückt: Informationen verschaffen Ansichten, Wissen verschafft Einsichten über die Welt. Deshalb müssen wir uns auch Gedanken machen, welches Medium geeignet ist, um Schülern Wissen zu vermitteln. Ich betrachte die Schule nach wie vor als einen der unverzichtbaren Orte, an denen gelernt werden kann, wie man Wissen hervorbringt, wie man mit Wissen umgeht und wie man Wissen für sich nutzbar machen kann. Aus den bereits genannten Gründen ziehe ich die Betonung der begrifflichen Kultur eines Buches gegenüber der visuellen Kultur eines Fernsehers vor. Das Buch ist und bleibt das Medium, das Wissen lenkend vermittelt.

Der Pädagoge Lewis Perelman stellt in seinem Buch »School's out« die Behauptung auf, dass moderne Informationstechnologien die Schulen überflüssig machen, da es außerhalb des Klassenzimmers sehr viel mehr Informationen gebe als in ihm. Anstatt in der Schule sollten die Kinder vor dem häuslichen Fernseher die Dinge lernen, die sie für den Einstieg ins Berufsleben und den Arbeitsmarkt vorbereiten.

Diese Vision macht eines sehr deutlich: Die Technologie benutzt immer mehr die Menschen und nicht umgekehrt. Sie zeigt, dass wir zu Sklaven der Technologie werden. Die Technologie ist da oder wird da sein. Wir müssen sie gebrauchen, weil sie da ist. Wir werden zu der Art von Mensch, die diese Technologie erfordert, und ob wir wollen oder nicht, wir werden unsere Institutionen dieser Technologie anpassen. Es ist nicht verwunderlich, dass die Nutznießer dieser Technologien ihre Verbreitung forcieren. Es ist aber unverständlich, dass sich die breite Masse davon beeinflussen lässt. Dieser Trend geht sogar schon soweit, dass ein amerikanischer Fernsehsender einen Vertrag mit fast 5000 öffentlichen Schulen geschlossen hat, der vorsieht, den Schulen kostenfrei teure Fernsehanlagen und Satellitenschüsseln zu installieren. Im Gegenzug verpflichteten sich die Schulen, zwei Minuten Werbung ins Lehrprogramm aufzunehmen. Wem gibt die Technologie mehr Macht und mehr Freiheit und wessen Macht und wessen Freiheit wird durch sie eingeschränkt?

Auch in Deutschland werden Modellversuche initiiert, die den Betreibern der Computertechnologie neue Kunden bescheren. Aber richtet sich Ihre Kritik noch auf etwas anderes?

Die Schule ist nicht ausschließlich dafür da, Kindern Informationen zu verschaffen. Schon seit fast einem Jahrhundert gibt es mehr Informationen außerhalb der Schule als in ihr. Aus Millionen von Quellen auf der ganzen Welt, durch jedes mögliche Medium, Kabel oder Netz stürzen die Informationen herein. Hinter jeder vorstellbaren Form der Speicherung – auf Papier, auf Video, Tonband, auf Disketten, Film und CD-Rom – steht ein noch größeres Volumen an Informationen, das darauf wartet, angezapft zu werden. Diese Tatsache hat die Schule indessen nicht überflüssig gemacht und wird sie auch nie überflüssig machen.

Wofür steht die Schule dann? Welche Aufgaben hat Ihrer Ansicht nach die Schule? Was war oder ist der Grundgedanke der Schule?

Wenn die einzige Aufgabe der Schule in der Übermittlung von Informationen läge, dann hätten die neuen Technologien die Schule in der Tat schon überflüssig gemacht. Aber es gibt eine Reihe ganz anderer Dinge, denen sich die Schulen widmen und die von keiner Technologie so leicht ersetzt werden kann.

In erster Linie geht es in der Schule darum, dass Kinder eine Umgebung erfahren, in der soziales Verhalten gelernt und gefördert, in der die Sensibilität und Verantwortung für andere gestärkt wird.

Eine weitere Aufgabe der Schule besteht darin, dass sie ihre Schüler Kritikfähigkeit lehrt und sie zu selbstständig denkenden und urteilenden Menschen erzieht. In der Schule sollten die Kinder zu argumentieren und zu streiten lernen. Ebenfalls sollte ihnen bei der Entscheidung geholfen werden, welche Fragen diskussionswürdig sind und welche Auswirkungen die neuen Technologien auf ihr Leben haben.

Die Aufgabe der Schule ist es allgemein, die Fähigkeiten der Schüler zu erweitern. Das heißt, sie von niedrigen zu höheren Modalitäten des Denkens und Fühlens zu führen. Überdies verfolgt die öffentliche Erziehung das Ziel, Kinder und Jugendliche zu ermuntern, über ihre individuelle Identität hinauszublicken und ihnen das Vertrauen zu geben, dass das, was sie lernen, ihrem Leben Sinn und Struktur verleiht. Kinder brauchen auch im Fernseh- und Computerzeitalter einen Ort wie die Schule, an dem die Beweglichkeit des Denkens erlaubt ist und erprobt werden kann.

Sie schreiben in Ihrem Buch »Wir amüsieren uns zu Tode«: »Ein Buch ist der Versuch, dem Denken Dauer zu verleihen und einen Beitrag zum Dialog zu leisten, den die Autoren der Vergangenheit mit der Gegenwart führen.« Wie lässt sich dieser Gedanke als Lehrmittel und Lernziel verwirklichen?

Die Schule sollte ihren Schülern verdeutlichen, wie sich eine Idee über die Jahrhunderte weiterentwickelt hat, dass Wissen und Erkenntnis über keine festen Parameter verfügen, sondern Stufen der Entwicklung durchlaufen. Jedes Fach sollte deshalb auch die historischen Zusammenhänge berücksichtigen und aufzeigen, wie das jeweilige Fachwissen entstand und wie es sich weiterentwickelt. Unser heutiges biologisches Wissen im Unterricht darzustellen, ohne auf das einzugehen, was die Menschen früher darüber wussten oder zu wissen glaubten, heißt Wissen zu einem bloßen Konsumprodukt zu verkürzen. Den Schülern muss die Möglichkeit gegeben werden, die Bedeutung unseres Wissens und der Wege, auf denen wir es erlangt haben, zu begreifen. Eine solche Herangehensweise könnte kritisches Denken entfalten und den Schülern den Zugang zu Fragen eröffnen, die an den Kern der Dinge rühren. Sie würde die Schüler in die Lage versetzen, über den Sinn und die Wahrheit dessen nachzudenken, was sie schreiben und lesen. Solche Hinweise gehen vielleicht weit hinaus über das, was heute üblich ist. Dennoch halte ich sie für unverzichtbar.

Kommen wir zu der wohl beherrschendsten Technologie unserer Zeit: dem Computer. Der Computer definiert unser Zeitalter, indem er – wie Sie in Ihrem Buch »Das Technopol« schreiben – »die Umrisse eines neuen Verhältnisses zur Information, zur Arbeit, zur Macht und zur Natur erkennbar macht«.

Die Computertechnologie hat die Menschen in dem Glauben bestärkt, technologische Innovation sei gleichbedeutend mit menschlichem Fortschritt. Ich möchte aufzeigen, warum ich diese Annahme für einen fatalen Irrtum halte und warum ich den geschichtsfeindlichen, informationsübersättigten, technikverliebten Charakter des Technopols als gefährlich erachte.

Der Computer zeichnet sich zweifellos durch eine scheinbar unbegrenzte Kapazität aus, unvergleichliche Mengen an Informationen zu speichern und abrufbar zu machen. Durch diese phänomenale Leistung macht er uns glauben, dass auch Probleme im privaten und öffentlichen Bereich durch technische Innovationen gelöst werden könnten. Ich will dagegen halten, denn unsere wirklich ernsten Probleme liegen anderswo und erwachsen nicht aus unzureichender Information.

In meinem Buch »Technopol« verweise ich auf eine Studie der Harvard Universität, die herausfand, dass auf dem Gebiet der Medizin vieles im argen liegt. So wurde beispielsweise herausgefunden, dass immer mehr Ärzte, die sich ganz auf ihre technischen Apparate verlassen, jegliche Fähigkeit verlieren, Diagnosen aufgrund von Beobachtungen zu stellen. Ebenfalls stellte man fest, dass eine enorme Zahl von Menschen starb, weil sie Operationen unterzogen wurden, die eigentlich nicht nötig gewesen wären. Die Operationen wurden durchgeführt, weil die Technik vorhanden war. In diesem Zusammenhang sollte auch erwähnt werden, dass der Einfluss der Technik- und Arzneimittelkonzerne immer größer wird. Welche Auswirkungen das hat, können wir auf verschiedenen Ebenen sehen, wenn wir kritisch sind und uns solche Fragen überhaupt stellen. Im ganzen gesehen: Die Technik schafft viele Probleme, die wir zuvor nicht hatten.

Für das nächste Jahrtausend prognostiziert Nicholas Negroponte eine gravierende Veränderung menschlicher Kommunikation. In seinem Buch »Total Digital« stellt er die Behauptung auf, »dass wir ebenso viel oder sogar mehr mit Maschinen als mit Menschen reden werden«. Und er geht sogar soweit, zu sagen, dass wir in naher Zukunft mit Türklinken und Toastern sprechen werden.

Eine Gegenfrage: Welches Problem wird damit gelöst? Welchen Nutzen hat es für den Menschen, mit einer Türklinke oder einem Toaster zu sprechen? Ich bin nicht gegen technische Innovationen, ich bin kein Technikfeind, ich warne aber vor der Allmacht der Technik. Und ich stelle mir, wenn ich von solchen abstrusen technischen Innovationen lese oder höre, immer wieder die Frage, welches Problem damit gelöst wird. Was ist der Nutzen eines solchen Produktes? Wer wird hier am Ende wen beherrschen? Beherrschen wir die Technologie oder wird sie uns beherrschen?

Wir müssen uns solchen Fragen stellen, um uns unsere Kontrolle über die Technologien, falls wir sie verloren haben, zurückzuholen. Unsere wirklich ernsten Probleme sind, wie ich eben gesagt habe, nicht technischer Natur, und sie erwachsen auch nicht aus unzureichender Information.

Im Zeitalter der Technik neigen wir zu der Annahme, dass die neuen Technologien für alle Probleme eine Lösung bereit stellen. Aber sie können nicht dabei helfen, die Ozonschicht zu stabilisieren, die Zerstörung des Regenwaldes einzudämmen, das Leiden von Menschen zu lindern, die Kriminalitätsrate zu verringern, den Zusammenhalt der Familien zu stärken, Kindergartenplätze zu schaffen, die Schulen mit qualifizierten Lehrern auszustatten etc.

Und wenn wir mit einer technischen Errungenschaft ein wirkliches Problem gelöst haben, müssen wir uns die Frage stellen: Welche neuen Probleme könnten daraus entstehen? Beispielsweise hat die Erfindung des Autos zwar das Problem der eingeschränkten individuellen Mobilität gelöst, aber schauen Sie sich doch an, welche Probleme damit erst aufgekommen sind: Die Verpestung der Luft durch die Abgase, die Zerstörung ganzer Landstriche durch den Straßenbau etc.

Das gleiche trifft auf das Fernsehen zu. Es hat eine Reihe wichtiger Probleme gelöst, aber mit seiner Ausbreitung hat es dazu beigetragen, die Zahl der Menschen zu erhöhen, die zwar lesen können, es aber nicht tun.

Es wird wahrscheinlich keine Technologie geben, die nicht dadurch, dass sie ein altes Problem gelöst neue Probleme geschaffen hat. Viele Autoren, unter ihnen auch Anthony Giddens, halten dem Fernsehen zugute, dass ohne die visuelle Übertragung der Ereignisse die Entwicklungen von 1989 in Osteuropa nicht einen so schnellen und friedlichen Verlauf genommen hätten.

Solange visuelle und akustische Medien die Bürger einer Gesellschaft mit einer Fülle von Informationen ausstatten und sie zur qualifizierenden Urteilsbildung über die Gesellschaft, in der sie leben, befähigen, solange ist nichts gegen das Fernsehen einzuwenden. Und dass die elektronischen Medien einen großen Anteil am friedlichen Umschwung hatten, will ich nicht bezweifeln. Das Fernsehen hat sicher seine Vorzüge. Mir geht es darum, dass wir nicht nur immer die positiven Seiten der technischen Neuerungen sehen, sondern dass wir auch unseren Blick auf die Dinge richten, die verheerende Schäden für das Leben haben. Das Fernsehen hat auch in Osteuropa eine Kultur ohne moralische Grundlage geschaffen. Es untergräbt geistige Prozesse und zerstört gesellschaftliche Beziehungen, ja sogar den demokratischen Meinungsprozess.

Die Schwierigkeiten der Demokratie, die spätestens jetzt im Zeitalter der Massenmedien einsetzen, hat bereits vor 150 Jahren der französische Gesellschaftstheoretiker Alexis de Tocqueville in seinem Werk »Über die Demokratie in Amerika« vorausgesagt. Wie ist es Ihrer Meinung nach um die Zukunft der Demokratie bestellt?

Vielleicht sollten wir uns zunächst ansehen, wo wir uns gegenwärtig befinden. Das Fernsehen hat buchstäblich alles in Unterhaltung verwandelt. Es gibt von daher keinen Unterschied mehr zwischen Showbusiness und Politik. Alles in der Politik dreht sich ums Fernsehen. Die Parlamentarier werden zu Schauspielern und Wahlkampagnen unterliegen den Gesetzen der Werbespots. Personen, nicht Programme bestimmen die Politik. Die Parteien sind zur Bedeutungslosigkeit verdammt. Es geht nicht mehr um politische Debatten, nicht einmal mehr um soziale und wirtschaftliche Interessen. Parteipolitische Programme, sachliche Diskussionen und rationelle Argumente spielen keine Rolle mehr. Daran kann auch das Internet nichts ändern. Die Vorstellungen einiger Optimisten, die meinen, dass computervermittelte Kommunikationstechniken den demokratischen Willensbildungsprozess fördern, übersehen, dass das Internet in erster Linie ein Unterhaltungsmedium und ein Marktplatz ist, auf dem viel feilgeboten und gekauft wird. Für viele Menschen ist es einfach ein großer Spielplatz ohne Grenzen.

Die moderne Konzeption von Demokratie war unlösbar mit dem gedruckten Wort verknüpft. Die Denker der Aufklärung gingen davon aus, dass das gedruckte Wort das Medium des öffentlichen Diskurses ist. Demokratie ist auf den öffentlichen Diskurs angewiesen, auf den Prozess der Meinungsbildung, der ständigen Auseinandersetzung und Diskussion von sozialen, politischen und wirtschaftlichen Themen. Deshalb ist die Art und Qualität des Diskurses von so unvergleichlicher Bedeutung. Ein in gedruckter Form vorliegender Diskurs tendiert zu großer inhaltlicher Dichte. Die gedruckten Kommunikationsformen steigerten die Demokratie. Was geschieht, wenn sie an Gewicht verlieren? Ist die demokratische Kultur am Gängelband der Medien zum Tode verurteilt? Wir sollten darüber diskutieren.

Sie zeichnen ein düsteres Bild der Zukunft.

Ich habe vor einigen Jahren sechs Wochen in Deutschland verbracht, um für eine bekannte deutsche Wochenzeitschrift über die deutsche Vision der Zukunft zu schreiben. Ich kam zu dem Schluss, dass es in Deutschland keine eigene Vorstellung der Zukunft gibt. Die Menschen in Deutschland, das war mein Eindruck, wollen nicht zurückblicken, sie wollen die Vergangenheit lieber vergessen, sich ihrer nicht mehr erinnern. Und wenn sie in die Zukunft blicken, dann sehen sie im Grunde vor sich Amerika: Die amerikanische Sprache, die amerikanischen Symbole, amerikanische Produkte und amerikanischen Geschmack.

Die Amerikaner arbeiten sehr hart daran, die Welt zu erobern, nicht mit ihren Waffen, sondern mit ihren Symbolen und Ideen. Sie schicken ihre Computertechnologien, ihre Fernsehshows, ihre Kinofilme und ihre Schnellimbissrestaurants. Viele Menschen identifizieren sich heutzutage nicht mehr mit einer Nationalflagge oder einem Nationallied, sondern mit Sachen, die in Hollywood oder im Silicon Valley produziert werden.

Erwachsen dadurch nicht auch Chancen? Gewinnt die Identität dadurch nicht ein neues Gesicht?

Sicherlich hat diese Entwicklung auch positive Seiten. Aber wenn sich Menschen von ihrer Vergangenheit abwenden, verlieren sie meines Erachtens jeden sinnvollen Bezug zur Zukunft. Wir müssen wissen, woher wir kommen, sonst wird die Zukunft schwer begehbar. Ich stelle mir immer die Frage, was geschieht, wenn wir an den Punkt kommen, dass mit Hilfe der Computertechnologie zehn Prozent der Bevölkerung die Arbeit leistet, die eine Gesellschaft benötigt? Wenn das eintrifft, was geschieht dann mit dem Rest der Bevölkerung? Wir können nicht darauf warten, dass die Unternehmen eine Lösung für dieses Problem finden. Wir müssen erkennen, dass sich die Konzerne erst gar nicht dieses Problems annehmen werden, da sie ganz damit beschäftigt sind, mit ihren computergesteuerten Technologien die Profite zu maximieren.

Wir müssen also zusehen, dass das Vertrauen in die menschliche Denkfähigkeit und Urteilskraft nicht schwindet und dass wir Widerstand leisten gegen die in der Gesellschaft immer weiter um sich greifende Apathie. Wir müssen uns auflehnen gegen bestimmte Entwicklungen, die die Mehrheit der Menschen zu Verlierern degradiert, Verlierer im Wettstreit mit der Maschine.

Nichts langfristiges ◂

Vita

Richard Sennett, geboren 1943, ist Professor für Soziologie und Geschichte an der »New York University« sowie Professor für Soziologie an der »London School of Economics and Political Science«. In New York leitet er das »New York Institute for Humanities« und berät die UNESCO in Fragen der Städteplanung in Entwicklungsländern. Ferner engagiert er sich in der Bürgergruppe »Commitee for New York«, um Lösungsansätze für die Rassenkonflikte in seiner Wahlheimatstadt zu finden. In London ist er Chef eines neuen Programms zur Stadtpolitik.

Der Gesellschaftskritiker Sennett schildert in seinem jüngsten Werk »Der flexible Mensch« auf sehr einfühlsame Weise die Lebens- und Arbeitssituation verschiedener Personen aus der Lower East Side in Manhattan. In seinem weit ausholenden und dennoch pointierten Essay analysiert und beschreibt Sennett Identität, Tätigkeit, Zeitgefühl und Beziehungsgefüge von Menschen, die als Träger der Kultur des neoliberalen Kapitalismus gelten können: Menschen, die einer Teilzeitarbeit nachgehen oder im Dienstleistungsbereich angestellt sind, die in der Werbe- und Marketingbranche, in Consultingfirmen oder als Computerspezialisten arbeiten. Wie auch schon in früheren Werken versucht Sennett über Alltagsgeschichten zu skizzieren, was in einer immer diffuseren, computergesteuerten Arbeitswelt vor sich geht. Die zentrale These seiner Kapitalismuskritik lautet: Die neue flexible kapitalistische Wirtschaftsordnung zerstört den »Charakter« des Menschen, der – wie Sennett betont – auf Langfristigkeit angelegt ist. Die Menschen verlieren die Kontrolle über die eigene Biografie.

Sennett begann seine berufliche Karriere als Cellist und Romanautor. Was seine Bücher von denen eines Romancier unterscheidet, ist, dass er, wie er selbst sagt, »die Realität immer mit einer Art passivem Argwohn betrachtet«.

Sennett ist mit der Soziologin Saskia Sassen verheiratet, mit der er »ein sehr flexibles Eheleben führt«. Sie lehrt in Chicago, er dagegen pendelt zwischen New York und London.

Ausgewählte Buchveröffentlichungen:

Richard Sennett: Der flexible Mensch.
Die Kultur des neuen Kapitalismus.
Berlin Verlag, Berlin 1998
Originalausgabe: Corrosion of Character. The Culture of New Capitalism.
W. W. Norton, New York 1998

Richard Sennett

Im Jobkarussell des Arbeitsmarktes

Konzept

Das Charakteristikum der heutigen Gesellschaft lässt sich nach Richard Sennett am ehesten mit den Ungewissheiten der neuen kapitalistischen Ökonomie beschreiben, die den Menschen in einen Zustand des ziellosen Dahintreibens versetzen. Einem darauf beruhenden Gesellschaftssystem, das den Menschen kein stabiles Selbstgefühl und keinen tieferen Grund gibt, sich umeinander zu kümmern, erteilt Sennett eine klare Absage. Seine Thesen erörtert Sennett neben sozialwissenschaftlichen Analysen und kulturhistorischen Erläuterungen anhand von konkreten Fallbeispielen in dem 1998 erschienenen Essay »Der flexible Mensch«.

Durch die weltweit verzweigten elektronischen Datenverarbeitungssysteme haben sich nach Ansicht Sennetts die Lebens- und Arbeitswelten gravierend verändert. Nichts ist mehr vorhersehbar und berechenbar. Alles ist in Fluss geraten, unterliegt einer hohen Veränderungsgeschwindigkeit, setzt sich aus Episoden und Bruchstücken zusammen und ist auf Kurzfristigkeit und Elastizität angelegt. Niemand kann sicher sein, morgen noch das Gleiche zu tun wie heute.

Für Sennett ist der Mensch gezwungen, flexibel zu sein, sich ständig neuen Aufgaben zu stellen und sich neuen Gegebenheiten anzupassen. Kommt man diesen Vorstellungen des neuen Kapitalismus nicht nach, steht man von vorneherein auf der Verliererseite. Wer seine Gewinnchancen steigern will, muss deshalb ein hohes Maß an Kreativität, Mobilität und Eigeninitiative entwickeln. Erfahrung, Routine und Verlässlichkeit haben auf dem sich ständig umstrukturierenden hochtechnisierten Arbeitsmarkt an Wert verloren. Die lebenslange Bindung an einen Betrieb und kontinuierlicher beruflicher Aufstieg sind unter den Bedingungen des »flexiblen Kapitalismus« nicht mehr länger zu verwirklichen. Die Bereitschaft, ein Leben lang zu lernen, sich weiter zu bilden und wenn notwendig, den Arbeitsplatz und den Wohnort auf Abruf zu wechseln, sind Forderungen an das Profil des flexiblen Menschen. Erfolgreich ist, wer sich öffnet für Veränderungen und bereit ist, Risiken einzugehen, seine Arbeit unternehmerisch aufzufassen, ohne auf gesammelte Erfahrungen zu verweisen und auf alten Gewohnheiten zu bestehen.

Der moderne Kapitalismus ist im Laufe seiner Geschichte alles andere als stetig und linear, sondern eher von ständiger Unsicherheit begleitet gewesen. Im Unterschied zur Vergangenheit wird die Instabilität heute zur Norm und setzt die Menschen unter den moralischen Druck, Unsicherheit als positiven Wert anzuerkennen. Die Fähigkeit, immer wieder von vorne anzufangen, erfordert eine besondere Charakterstärke, oder mit den Worten von Sennett, »das Selbstbewusstsein eines Menschen, der ohne feste Ordnung auskommt, jemand, der inmitten des Chaos aufblüht«.

Zur Illustrierung seiner Thesen vergleicht Sennett den Lebensverlauf von Enrico und seinem Sohn Rico. Der Vater, ein Hausmeister im Rentenalter, kann auf einen geradlinigen Lebensweg zurückblicken. Seine Lebensgeschichte liest sich ohne Brüche, da vom Lohn bis zur Rente alles in vorgezeichneten Bahnen verlief. Mit der Sicherheit einer Stelle auf Lebenszeit ging er Jahr für Jahr einer durch Routine geprägten Arbeit nach, die sich im Laufe der Zeit nicht nennenswert veränderte. Von einer solchen Sicherheit ist sein Sohn heute weit entfernt. Ricos Leben ist den Wechselfällen der Zeit unterworfen. Im Gegensatz zu seinem Vater kann er sein Leben nicht planen und berechnen. Aufgrund der sich wandelnden Anforderungen der Arbeitswelt zog der studierte Elektrotechniker innerhalb der vergangenen 14 Jahre vier Mal um. Die Flexibilität ging einher mit der Flüchtigkeit von sozialen Kontakten. Sein durch den permanenten Wandel der sozialen Bedingungen bestimmtes Leben ist zwar aufregend, aber auch extrem aufreibend. Bei aller Herausforderung vermisst Rico eine gewisse Kohärenz, die es ihm ermöglicht, sein Leben zu einer durchlaufenden Erzählung zu formen. Der Wunsch nach langfristiger Orientierung scheint für Rico, der seine Karriere mit einem Leben ohne feste Bindungen bezahlt hat, unter den Bedingungen von heute unerfüllt zu bleiben. Der flexible Kapitalismus insistiert auf ständige Veränderung und erwartet von allen Arbeitnehmern mehr Interaktionsfähigkeiten, Risikobereitschaft und Flexibilität. Als Gegenleistung wird mehr Freiheit versprochen. Da will niemand zurückbleiben. Bei allen positiven Aspekten stellt sich für Sennett deshalb die Frage: Wie wirkt sich kurzfristiges Erfolgsstreben auf soziale Beziehungen aus, die auf Langfristigkeit ausgerichtet sind?

Der neue Kapitalismus, der in den Worten Sennetts die Entwicklung einer »Arbeitswelt voller Drehtüren« begünstigt, habe jene Charaktereigenschaften, die Menschen aneinander binden, nicht vorgesehen. Unter den Bedingungen eines Arbeitsmarktes, der einem »Jobkarussell« gleicht, verlieren die Menschen die Kontrolle über ihr Leben. Das Ende der beruflichen Karriere klassischen Zuschnitts und der linearen, nachvollziehbaren Biografie haben tiefgreifende Folgen für die Lebensführung und Selbstwahrnehmung der Menschen. Das Leben ist nicht mehr klar umrissen, Wurzeln zu schlagen undenkbar, feste Bindungen nicht aufrechtzuerhalten. »Nichts Langfristiges«, kann als Motto der Zeit gelten, oder: »Bleib' in Bewegung, geh' keine Bindungen ein und bring' keine Opfer.«

Sennett erkennt in diesen Losungen das zerstörerische Moment einer Gesellschaft, die weder ökonomische noch soziale Kohärenz bietet und die gedankenlos der »Kultur des neuen Kapitalismus« folgt. »Ein Regime, das Menschen keinen tiefen Grund gibt, sich umeinander zu kümmern, kann seine Legitimität nicht lange aufrechterhalten«, gibt er zu bedenken.

Fragebogen

1. Sehen Sie sich selbst als Gesellschaftstheoretiker, Gesellschaftskritiker, Gesellschaftsarchitekt oder lediglich als geselliger Zeitgenosse?

Eigentlich bin ich ein Gesellschaftsessayist, so werde ich von anderen gesehen, und so sehe ich mich auch selbst. Ich verbinde Alltagsgeschichten und soziologische Theorie, sozusagen eine Mischung aus Robert Musil und Max Weber.

Meiner Meinung nach verstehen Schriftsteller die Gesellschaft auf eine sehr spezielle Art und Weise. Von Musil kann man Dinge lernen, die man nie von Weber lernen könnte, und umgekehrt. Ich versuche nun, die Vorzüge von beidem zu verbinden, über bestimmte Individuen zu schreiben und dabei von jedem spezifischen Detail auf generelle soziale Probleme zu schließen. Mein hauptsächliches Datenmaterial ist die Alltagserfahrung. Das hat mit formeller Soziologie nichts zu tun.

2. In welcher Gesellschaft leben wir eigentlich?

Die heutige Gesellschaftsbeschreibung ähnelt der babylonischen Sprachverwirrung. Möglicherweise ließe sich Gesellschaft am ehesten unter Einbeziehung der Bedingungen eines flexiblen Kapitalismus beschreiben, vielleicht als flexible Gesellschaft. Aber dieser Begriff bringt schon zum Ausdruck, was das eigentliche Problem ist. Wir können und sollten Gesellschaft nicht kategorisieren oder katalogisieren, die soziale Wirklichkeit wird uns nie die Gelegenheit dazu geben. Vielleicht sollten wir auch nicht versuchen, den Zustand unserer Gesellschaft zu klassifizieren. Das Ergebnis entspricht der Realität nur sehr bedingt. Menschen leben in verschiedenen Realitäten gleichzeitig, traditionell wie modern, in straffen Organisationen und flexiblen Gestaltungsräumen.

Ich nenne ein Beispiel. Man hört immer wieder von der säkularen Gesellschaft, aber tatsächlich hilft eine Kategorie wie diese nicht weiter. Glaube bleibt eine Grundvoraussetzung der Gesellschaft, auch wenn die Götter aus unserer Vorstellungswelt verschwunden sind. Glaube und Wissenschaft sind zwei ungemein verschiedene Dinge, das bedeutet aber nicht, dass Wissenschaftler nicht gläubig sein könnten. Das Leben umfasst nun einmal viele Dimensionen, und wir leben in vielen Gesellschaften gleichzeitig.

3. Worin sehen Sie die Stärken und Schwächen dieser Gesellschaft?

Die Stärken dieser Gesellschaft sehe ich in der offenen und innovativen Politik. Wir haben besonders in Europa die Chance, Neues durchzusetzen, ohne jedes Mal eine Wahl durchzuführen. Die Furcht vor einem totalitärem Regime ist in Europa viel größer als in den Vereinigten Staaten, und damit bieten sich auch mehr Möglichkeiten für eine offene Politik.

Ohne viel Aufhebens darum zu machen, nehmen die USA für sich in Anspruch, eine Sonderrolle in der Staatenwelt zu spielen. Und dass sie diese Sonderrolle tatsächlich haben, muss hier nicht im Einzelnen belegt werden. Was sich aber negativ daran auswirkt, ist die Tatsache, dass die USA aufgrund ihrer Großmachtstellung oft andere Staaten daran gehindert haben, ihren eigenen Weg zu gehen. Sie haben vielmehr alles daran gesetzt, nach amerikanischem Vorbild Strukturen zu schaffen, nach denen die Menschen zu leben haben.

Die USA sind eine imperiale Macht und ihre Politik ist darauf ausgerichtet, den Status quo zu erhalten; das ist nicht unbedingt eine Stärke. Auch das römische Imperium war am Ende von der Anstrengung, sein Reich zusammenzuhalten, ausgelaugt. Jetzt, da die Vereinigten Staaten versuchen, globale Kontrolle auszuüben, sind viele ihrer politischen Handlungsmöglichkeiten eingeschränkt. Es gibt beispielsweise nicht genug Geld, um innenpolitische Probleme wirkungsvoll zu bekämpfen, weil die amerikanische Regierung ihre Ressourcen darauf verwendet, den globalen Einfluss Amerikas zu bewahren.

Die Schwäche der Gesellschaften, in denen ich lebe, der amerikanischen wie der europäischen, ist die, dass die flexible Wirtschaftsordnung individuelle Freiheiten eher einschränkt als sie zu fördern. Ohne effektive staatliche Kontrollmechanismen streichen einige Privilegierte die Gewinne ein, während die große Masse den Rest, der übrigbleibt, unter sich aufteilen muss. Dadurch wächst die Ungleichheit in der Gesellschaft, die den sozialen Frieden gefährdet. Wir müssen uns also wieder vermehrt den elementaren Fragen der sozialen Ungleichheit zuwenden.

4. Welche Rolle spielen Sie in der Gesellschaft?

Ich lebe an zwei Orten: in New York und in London. Ich spiele in Europa mehr die Rolle eines öffentlichen Intellektuellen als in Amerika, und das aus gutem Grund. Es ist mir ziemlich egal, was derzeit in den Vereinigten Staaten passiert. Ich habe kein Interesse an dem großen Drama des »American way of life«, das viel zu tun hat mit kollektiver Identität. Und dass ich damit ein Problem habe, klang ja schon in einer der vorausgegangenen Fragen an. Die Menschen haben viele unterschiedliche Identitäten, die Art der Selbstdefinition ändert sich ständig. Aber diese Vorstellung ist in den Vereinigten Staaten nicht sonderlich verbreitet. Ich schreibe viel über amerikanische Zustände, und dennoch höre ich immer wieder, ich sei zu europäisch. Vielleicht stimmt das sogar.

Mein Buch über die Kultur des neuen Kapitalismus wurde zuerst in Deutschland verlegt, dann kam es in England auf dem Markt und erst wesentlich später in Amerika. Diese Erfahrung habe ich in den letzten zehn Jahren immer wieder machen müssen.

5. Welche Gesellschaftsromane haben Sie fasziniert?

Wenn es ein schriftstellerisches Äquivalent zur Soziologie gibt, dann »Der Mann ohne Eigenschaften« von Robert Musil. Seine Besonderheit erklärt sich nicht unbedingt aus der Fähigkeit, soziale Zustände zu beschreiben. Es ist vielmehr Musils kunstvolle Ironie und seine Art, die Grenzen eines bestimmten Lebens aufzuzeigen, ohne dabei die Charaktere zu zerstören. Ich glaube, das ist es, was ich an ihm besonders schätze. Eine Vorstellung von den Grenzen eines Menschen in der Gesellschaft zu haben und ihm dennoch die gebührende Ehre zu erweisen. Musils Humor, seine Ironie ist fantastisch. Das ist etwas, was ich auch an dem jungen Thomas Mann schätze. »Buddenbrooks« ist ein Roman, der mir viel bedeutet. In seinen späteren Werken war sich Mann zu sehr seiner Funktion als öffentliche Person bewusst. Bücher wie »Joseph und seine Brüder« scheinen mir viel moralischer zu sein als »Der Zauberberg« und »Buddenbrooks«.

Es wäre wünschenswert, wenn Soziologen dem wirklichen Leben mehr Bedeutung zumessen würden. Denn das ist es, was einen Romancier befähigt, Charaktere zu erschaffen. Man kann von den Strukturierungen, die ein Romanautor verwendet, eine Menge über den Strukturalismus – ein Begriff von Anthony Giddens – lernen. Wenn ich Leute befrage, versuche ich, wie ein Romancier vorzugehen. Meine Arbeiten über Städte sind zwar eher historisch angelegt, aber in meinem 1973 erschienenen Buch über die amerikanische Arbeiterklasse »The Hidden Injuries of Class« – das leider nie ins Deutsche übersetzt wurde – habe ich diese Technik angewandt. Nur so ist es möglich, das gesellschaftliche Leben exakt zu analysieren, zu verstehen, wie und warum gewisse Dinge geschehen.

6. Welchem Gesellschaftsspiel gehen Sie gerne nach?

Ich mag Scharaden, bei denen ein Spieler etwas pantomimisch darstellt und die anderen es erraten müssen. Das ist ein beliebtes Spiel in angelsächsischen Ländern, besonders mit viel Scotch nach dem Essen. Vergangene Woche war ich auf einer Party, wo jemand den prominentesten Rollenspieler der Welt, den amerikanischen Präsidenten Bill Clinton dargestellt hat, der sich gegen die Anschuldigungen in Zusammenhang mit Monica Lewinsky verteidigte. Wir anderen bemühten uns 20 Minuten zu entschlüsseln, was mit dem Gebärdespiel zum Ausdruck gebracht werden sollte.

7. In wessen Gesellschaft halten Sie sich bevorzugt auf?

Diese Frage ist nicht leicht zu beantworten. Ich bin ein Jude aus New York. Das liegt – wie ich vermute – in meinem Blut oder wo auch immer. Es kommt nicht darauf an, wie lange ich mich im Ausland aufhalte, wenn ich zurückkomme, weiß ich, hier bin ich zu Hause, hier kann ich ganz ich selbst sein. Die Mentalität der Juden aus New York ist etwas sehr spezielles, traditionelles. Das hat etwas mit der langen Geschichte der Familien zu tun, mit ihrer Beziehung zur Lower East Side von Manhattan, in der von jeher die jüdischen Immigranten lebten. Wenn ich an Orte gehe wie das »Second Avenue Deli«, ein Delikatessengeschäft, in dem alle miteinander Jiddisch sprechen, fühle ich mich seltsam geborgen, hier erfahre ich mein Selbst. Vielleicht ist das der Grund, warum ich mich in anderen Gruppen unwohl fühle und dieses Viertel mit Namen »Lower East Side« nie verlassen werde. Hierher kamen all die Einwanderer, um eine neue Heimat zu finden. In diesem Milieu entstand eine jüdische intellektuelle Kultur mit einer sehr linksgerichteten politischen Kultur. Keine geschlossene Gesellschaft, eher eine Gemeinschaft von Menschen, die es aufgrund ihrer politischen Überzeugungen in Amerika sehr schwer hatte. Sie ist in gewisser Weise klaustrophobisch, aber als Teil dieser Gemeinschaft fühlt man sich sofort verstanden, nichts muss lang und breit erklärt werden. Diese Gesellschaft ist nicht amerikanisch, nicht europäisch. Es gibt keine geeignete Beschreibung. Sehr kompliziert. Doch in dieser Gesellschaft fühle ich mich am wohlsten.

8. Welcher Gesellschaftsgruppe fühlen Sie sich zugehörig?

Genau wie Anthony Giddens bin ich in extrem bescheidenen Verhältnissen aufgewachsen, jetzt sind wir beide alternde, bürgerliche Bohémiens. Ich gestehe, dass mir dies ein gewisses Unbehagen bereitet. Wenn Gesellschaftsgruppe im Sinne von Klasse verstanden wird, haben Giddens und ich uns mit dem Klassenbegriff arrangiert. Ich gehöre nicht der Bourgeoisie an, aber das ist die Gesellschaftsklasse, in der ich lebe. Ganz im Gegensatz zu Ralf Dahrendorf, der wahrscheinlich der oberen Mittelschicht zuzurechnen ist.

9. Welche Person(en) von gesellschaftlicher Größe schätzen Sie?

Jeder Mensch ist wichtig. Kein Mensch ist für die Gesellschaft unentbehrlich. Jeder verfügt über bestimmte Fähigkeiten und leistet seinen Beitrag. Deshalb macht es in meinen Augen keinen Sinn, einen bestimmten Menschen hervorzuheben.

10. Wie sieht für Sie die ideale Gesellschaft aus?

Ich habe keine Vorstellung von einer idealen Gesellschaft. Eine ideale Gesellschaft ist eine Utopie, die zum Totalitarismus neigt. Es ist nichts gegen Versuche einzuwenden, die ein genaues Bild vom Idealzustand der Gesellschaft zeichnen. Aber es ist etwas Totalitäres an der Vorstellung einer idealen Gesellschaft. Wir sollten uns darauf beschränken zu untersuchen und zu beschreiben, wie Gesellschaft funktioniert, wie sich Gesellschaft wandelt und wie Menschen unter den heutigen Bedingungen ihre Fähigkeiten entdecken, ihre Möglichkeiten wahrnehmen und ihre Interessen durchsetzen.

11. Wollen Sie die Gesellschaft verändern?

Sicher. Ich will etwas tun gegen den entfesselten Kapitalismus, der den Charakter zerstört und immer mehr Menschen zum Scheitern ihres Lebensentwurfes verurteilt. Bisher fehlen Konzepte, die etwas gegen diese Auswirkungen ausrichten könnten. Auch ich habe kein Konzept. Deshalb beschränke ich mich darauf, Umdenkungsprozesse anzuregen.

Meine Generation hat gelernt, dass den Bedingungen der kapitalistischen Wirtschaftsordnung nur dadurch begegnet werden kann, dass man durch die Stärkung von Organisationen wie Gewerkschaften oder Kommunen eine Art Kontrolle über den ökonomischen Kreislauf gewinnt. Die größte Veränderung, die ich mir wünschen würde, wären Organisationen, die die Mechanismen des Kapitalismus im Ganzen erfassen würden. Aber wie gesagt, dies ist die Vorstellung meiner Generation. Ich setze viel Hoffnung in die Ideen und Strategien junger Leute. Während eines Kongresses in Frankfurt hatte ich eine sehr interessante Begegnung mit einem türkischen Gewerkschaftsfunktionär. Als er von seiner Organisation berichtete, basierten seine Ausführungen auf einem sehr kleinen, intimen Maßstab, alles nicht sonderlich technokratisch. Er würde einen ganz anderen Weg einschlagen, um dieselben Veränderungen zu erreichen, die ich mir wünsche. Und das ist gut so. Ich kenne die Vorstellungen meiner Generation über den strengen Aufbau unserer Organisationen. Vielleicht findet die jüngere Generation weniger formalistische Wege und begegnet den negativen Auswirkungen des Neokapitalismus mit ganz anderen Mitteln. Wir müssen auf jeden Fall neue Konzepte finden, um auf die Veränderungen zu reagieren.

12. Wie sieht die Gesellschaft von morgen aus?

In der flexiblen, fragmentierten Gegenwart ist es vielleicht noch möglich, zusammenhängende Erzählungen über das, was war, zu schaffen. Es ist aber nicht mehr möglich, kreative, vorausschauende Entwürfe von dem zu entwickeln, was sein wird. Wenn wir das Bild ins Auge fassen, nach dem die Gesellschaft innerhalb eines sich ständig verändernden kapitalistischen Systems existiert, werden wir davon ausgehen können, dass sie in 15 Jahren noch genauso aussieht wie jetzt. Ich glaube nicht, dass Flexibilität eine auf Dauer beständige Bedingung sein kann. Meinem Eindruck nach wird unser heutiges ökonomisches System in den nächsten zehn Jahren eine schwere Krise erleiden, denn die Möglichkeit, kurzfristige Gewinne einzufahren, wird ebenfalls nicht von Dauer sein und wird sich minimieren. Wir sind momentan in einer Phase, in der der Ertrag kurzfristiger Transaktionen, wie ich sie in meinem Buch »Der flexible Mensch« beschrieben habe, noch sehr hoch ist. Aber in zehn Jahren werden sie verschwunden sein, einfach verpufft. Und dann müssen wir ganz neu nachdenken, denn dann werden sich die Strukturen unserer Gesellschaft radikal verändert haben.

Interview

Konstitutiv für die Dynamik des frühen Kapitalismus, so Max Weber in seiner klassischen Studie »Die protestantische Ethik und der Geist des Kapitalismus« von 1904/1905, war die Berufstätigkeit in einer betrieblichen Organisation mit einer geregelten Arbeitszeit. Die heutigen Arbeitsformen haben sich von den klassischen Strukturen des Arbeitslebens weit entfernt. Was ist an die Stelle der lebenslangen Bindung an ein Unternehmen getreten? Wodurch zeichnet sich der neue Kapitalismus aus?

Die Kennzeichen der neuen kapitalistischen Ordnung, die ich in den USA untersucht habe, lassen sich meines Erachtens gut mit dem Begriff »Flexibilität« beschreiben. Flexibilität ist ein Wort, das einen Schlüssel zum Verständnis der beschleunigten Veränderungen in der Organisation von Arbeit liefert. Dieser Wandel ist charakterisiert durch das Abrücken von starren, bürokratischen Formen und der Ablehnung jeglicher Art von Routine. Entgegen der Befürchtung von Max Weber, dass sich die Arbeitswelt in ein »stahlhartes Gehäuse der Hörigkeit« verwandelt, hat sich die Arbeitswelt am Ende des 20. Jahrhunderts in hohem Maße flexibilisiert. Die Unternehmen entledigen sich ihrer starren Strukturen und ihren »Altlasten«, den Langzeitangestellten, und bedienen sich den neuen Technologien, um mit Gott und die Welt in Kontakt zu treten. Die Verweildauer in Unternehmen wird kürzer und die Zahl der Erwerbstätigen, die im Laufe ihres Arbeitslebens unterschiedlichen Tätigkeiten nachgehen, wächst. Normarbeitsverhältnisse werden knapper, befristete Arbeitsverhältnisse, Hilfs- und Gelegenheitsarbeit sowie neuartige selbstständige und quasiselbstständige Beschäftigungsformen werden häufiger. Die Kurzfristigkeit und Flexibilität des neuen Kapitalismus verhindert eine auf Langfristigkeit angelegte Berufskarriere. Keiner kann mehr mit einer lebenslangen Beschäftigung in einer Firma rechnen. In einer Gesellschaft ohne institutionellen Schutz muss jeder selbst zusehen, wie er seinem Leben Stabilität und Sicherheit gibt.

Im selben Maße wie der neue Kapitalismus die Flexibilität preist, übt er enormen Druck auf die Menschen aus, die sich ein geregeltes Leben wünschen und langfristige Ziele vor Augen haben. Der ganz auf Flexibilität ausgerichtete Kapitalismus nimmt keine Rücksicht auf die Vorstellungen und Wünsche derer, die auf Stetigkeit bauen und ihre Erfahrung einbringen wollen. Er erschwert die Ausübung einer dauerhaften Tätigkeit und verhindert eine planbare berufliche Karriere. Leute, die eine Tätigkeit erlernt und diese ihr halbes Leben ausgeübt haben, werden von heute auf morgen aus ihrer Arbeitswelt herausgerissen, um etwas völlig anderes zu erlernen. Die Menschen müssen sich den neuen Anforderungen stellen und kurzfristige Arbeitsverhältnisse eingehen. Wer dem Drängen nicht nachkommt, sich nicht bis zur Selbstverleugnung auf Risiken einlässt oder die neuen Spielregeln nicht ausreichend beherrscht, landet schneller als er denkt auf der Strasse.

Es heißt, der flexible Kapitalismus gebe sich betont antibürokratisch und präsentiert sich als scharfer Gegner von Macht- und Kontrollstrukturen.

Dieser Behauptung will ich vehement widersprechen. Im heutigen Gebrauch des Wortes Flexibilität verbirgt sich ein neues Machtsystem. Dieses besteht aus drei Elementen: Dem diskontinuierlichen Umbau von Institutionen, der flexiblen Spezialisierung der Produktion und der Konzentration der Macht ohne Zentralisierung. Hinter der neoliberalen Ökonomie stehen die Bestrebungen nüchtern kalkulierender, an der Spitze der Unternehmen stehender Geschäftsleute, in immer kürzeren Zeitspannen mit immer weniger Arbeitskräften immer größere Gewinne zu erwirtschaften. Die Macht- und Kontrollstrukturen existieren weiterhin, die Machthaber können nun aber verdeckter und anonymer operieren, da sie über neue Formen der Autorität verfügen und die Unternehmen anders strukturiert sind.

Um auf den immer schnelleren Wandel der globalen Märkte zu reagieren, hat die Unternehmensstruktur vieler amerikanischer Unternehmen nicht mehr die Form einer pyramidenförmigen Hierarchie, sondern besteht aus der Polarität von Zentrum und Peripherie. Das Zentrum eines flexiblen Unternehmens ist durchstrukturiert, ganz im Gegensatz zur unstrukturierten Peripherie. Die Unternehmensspitze ist von der Produktionsebene abgekoppelt. Die Unternehmensführung legt das Produktions- und Gewinnziel fest und überlässt es einer Reihe von flexiblen Arbeitsteams, das gesetzte Ziel zu erreichen, auf welche Art auch immer das geschehen mag. Die für jedes Projekt immer wieder neu gegründeten Teams verrichten im Wettbewerb miteinander die vorgegebenen Arbeiten. Sie konkurrieren darum, wer die Aufgabe zuerst zu einem überzeugenden Ergebnis führt. Wer gewinnt, wird weiter beschäftigt. Wer verliert, wird entlassen. Das hat mit der herkömmlichen Vorgehensweise und den bisherigen Vorstellungen von Effizienz nichts mehr zu tun. Die Behauptung, dass durch Teamarbeit Vorgesetzte und Arbeitnehmer keine Gegenspieler mehr sind, ist falsch. Und dass Macht- und Kontrollstrukturen verschwinden, ist ebenso wenig richtig. In Wirklichkeit entstehen unter dem Deckmantel der Flexibilität neue Macht- und Kontrollmöglichkeiten. Schauen Sie sich nur die Möglichkeiten der Kontrolle an, die mit Hilfe der heutigen Computertechnik durchgesetzt werden.

Wie ist die Polarität von Zentrum und Peripherie konkret zu verstehen? Können Sie Ihre These an einem Beispiel illustrieren?

Ein Paradebeispiel wäre die Firma Microsoft. Für die Entwicklung des »Internet-Explorers« wurden mehrere Projektteams gegründet, die getrennt voneinander an der neuen Programmentwicklung arbeiteten. Das Team, das als erstes die Aufgabe erfolgreich gelöst hatte, ging als Sieger aus dem Rennen und wurde mit einem Vertrag zur Weiterbeschäftigung und mit Aktien belohnt. Die Verlierer wurden fristlos entlassen.

Festzuhalten ist erstens: Auch in diesen angeblich flacheren Hierarchien bestimmt die Spitze des Unternehmens die Produktionsziele. Zweitens muss man sehen, dass es sich hierbei um einen grundlegenden Wandel der Organisation von Arbeit handelt mit dem Ziel, so schnell wie möglich die gewünschten Ergebnisse zu erreichen. Und drittens offenbart sich die Ineffizienz eines Systems, das zwar kurzfristig gesehen Profite erwirtschaftet, aber diese Gewinne durch einen Mehraufwand an Arbeit, die parallel verrichtet wird, erzielt.

Wie verhalten sich die Gewerkschaften? Lassen sich solche Praktiken überhaupt auf dem deutschen Arbeitsmarkt durchsetzen?

In Deutschland trifft das sicherlich nur bedingt zu. Doch auch hier wird man immer seltener auf Mitarbeiter stoßen, die ein langjähriges Firmenjubiläum feiern. Das Bild der Unternehmen, die ihren Angestellten eine Lebensperspektive innerhalb des Betriebes bieten, hat auch in Deutschland Risse bekommen. Das liegt einfach daran, dass die Unternehmen, die international konkurrenzfähig bleiben wollen, sich auf die globalen Bedingungen einlassen müssen. So kann es passieren, dass die Arbeit, für die jemand eingestellt wurde, schon in einem Jahr nicht mehr relevant ist, weil sie nicht nachgefragt wird. Die Devise des flexiblen Kapitalismus lautet: Nichts Langfristiges. Das hat in den USA schon seit Mitte der 80er Jahre Methode. Deshalb bieten viele amerikanische Firmen ihren Mitarbeitern Weiterbildungsprogramme an.

Beispielsweise der Telecom-Konzern AT & T. In den letzten sechs Jahren wurden dort die Weichen drei Mal anders gestellt. Und jedes Mal sah sich ein großer Teil der Angestellten gezwungen, etwas ganz anderes zu tun als zuvor. Sie konnten nicht auf etwas aufbauen, was sie gelernt hatten, sondern mussten umsteigen und etwas ganz Neues erlernen. Was wir gegenwärtig erleben, ist der Wechsel von der additiven zur seriellen Qualifikation. Die Menschen sind aufgrund der rasanten Veränderungen zu ständigem Lernen und Umlernen gezwungen.

Bei Diskussionen über die Verringerung der Arbeitslosigkeit wird sehr gerne von der »Job-Maschine Amerika« und von der Strukturverhärtung in Deutschland gesprochen. Wo liegen die Unterschiede zwischen Deutschland, England und den USA, was die von Ihnen beschriebene flexible Wirtschaftsweise betrifft? Werden durch den neuen Kapitalismus tatsächlich mehr Arbeitsplätze geschaffen?

In den Vereinigten Staaten sind in den letzten Jahrzehnten Millionen neuer Stellen geschaffen worden. Die Schaffung der neuen Stellen wurde aber durch niedrige Reallöhne erreicht. Die Reallöhne sind in den Keller gefallen, so dass man oft nicht sich und seine Familie ernähren kann, obwohl genug Arbeit da ist. Gutbezahlte Stellen wurden abgebaut und durch Stellen mit einem niedrigen Lohnniveau ersetzt.

Die amerikanische Gesellschaft ist mit Sicherheit die im höchsten Grade flexibelste von allen drei, da in den Vereinigten Staaten größere Freiheit von staatlicher Einflussnahme gegeben ist als in Deutschland, England oder etwa in Japan. Wenn ich in diesem Zusammenhang von »flexibel« rede, meine ich den bürokratischen Aufbau. Die USA haben am ehesten versucht, ihre Institutionen so zu organisieren, dass sie möglichst beweglich bleiben. Und sie waren weitaus passiver als die anderen, was die politischen Folgen ihrer Handlungen betrifft. Dafür gibt es einen offensichtlichen Grund: Amerika ist eine Imperialmacht, und seine Anpassungsfähigkeit scheint genau der Schlüssel dieser Dominanz zu sein. Falls das kapitalistische System in eine Krise gerät, wird sich diese am schwersten in den USA auswirken. Amerika hat auch die kleinen Elemente eines Wohlfahrtsstaates ausgeblendet, dieser ist sehr schwach geworden. Die Firmen und Organisationen in den USA sind auf Dauer nicht fähig, mit diesem imperialen Wirtschaftsanspruch fertig zu werden. Jeder weiß das. Was ich am wenigsten an Präsident Bill Clinton mag, ist, dass er nicht weiter als ein

Jahr vorausdenkt. Er hat keine Vorstellung was passiert, wenn der momentane Boom endet. Er denkt einfach nicht in diesen Kategorien. Wenn es soweit ist, wird er nicht mehr im Amt sein. Alles andere ist dann nicht mehr sein Problem.

In Ihren Ausführungen kann man eine leichte Warnung heraushören. Insgesamt scheinen Sie sich als Professor, der eine Stelle auf Lebenszeit hat, mit den Veränderungen abgefunden zu haben.

Ganz und gar nicht. Nur muss man realistisch sein und sich eingestehen, dass in den USA die Karten gefallen sind. Deshalb verstehe ich mein Buch »Der flexible Mensch« in erster Linie als Warnung an Europa, sich nicht gedankenlos auf das Experiment Amerikas einzulassen. Die Flexibilität begünstigt im Grunde die Interessen des Finanzkapitals, während die Arbeiter und Angestellten im Regen stehen bleiben. In Deutschland, aber auch in den anderen europäischen Ländern, muss man abwägen, ob man das zulässt. Ich weiß nicht sehr viel über die deutsche Gesellschaft, ob sie einwilligt, dem amerikanischen Weg zu folgen oder nicht. Wenn sie es tut, unterwirft sie sich demselben Risiko. Dieses System, das durch schnellen Profit gekennzeichnet ist, birgt die Gefahr großen strukturellen Schadens der Gesellschaft in sich. Wenn es auseinander bricht, wird es kaum noch wieder herzustellen sein. Wir haben in Amerika beispielsweise das gesamte Gesundheitssystem privatisiert, und es hat nicht funktioniert. Jetzt ist es unmöglich, den Schaden wieder gutzumachen. Das ist also die Wahl, vor der die anderen Staaten stehen: Wenn sie dem amerikanischen System folgen, nehmen sie auch seine Risiken in Kauf.

Wie können wir dieses Risiko von uns abwenden? Gibt es zu dem eingeschlagenen Weg des neoliberalen Kapitalismus überhaupt eine Alternative? Haben wir angesichts des globalen Wettbewerbs eine Wahl?

Bevor wir uns für oder gegen diesen Weg entscheiden, müssen wir uns fragen, welche Auswirkungen die flexible Wirtschaftsorganisation auf die Arbeitsbedingungen, die Lebenssituation der Menschen und auf die politischen Rahmenbedingungen unserer Gesellschaft hat. Die ökonomischen Bestrebungen des Finanzkapitals haben bereits zu einer Destabilisierung der institutionellen Strukturen geführt, innerhalb derer die Menschen leben und arbeiten. Dies zeigt sich beispielsweise am veränderten Erfahrungswert der Menschen, vor allem an ihrem veränderten Zeitempfinden. Immer weniger Zeit bleibt im Alltag, während der Arbeit, mit der Familie und für soziale Kontakte. Am Ende sind die Menschen verunsichert, manipuliert und werden, ohne es zu merken, ganz neu ausgerichtet. Das ist auch die Grundfrage meines Buches: Wie sieht der grundlegende zeitliche Maßstab aus? Wie sehen die neuen Formen der Zeit, insbesondere der Arbeitszeitorganisation aus? Wie können wir aus der Vielfalt von Anforderungen und sich ständig wandelnden Werten der neuen Wirtschaft, die sich nur auf den unmittelbaren Moment konzentriert, ein stabiles Selbstwertgefühl entwickeln?

Ich füge Ihren Fragen noch eine weitere an: Wie wirken sich die flexiblen Unternehmensstrukturen, die die klassischen Arbeitsformen und die protestantische Arbeitsethik verändert haben, auf das Selbstwertgefühl der in diesen Unternehmen beschäftigten Menschen aus? Welche Beziehung haben die Arbeitskräfte zu ihrer Arbeit und welche Beziehungen können sie untereinander entwickeln?

Die neue Form der Arbeitsorganisation zieht eine Reihe ernstzunehmender Probleme nach sich. Zwar hat die Flexibilisierung den Arbeitnehmern eine größere Freiheit in der Ausübung ihrer Arbeit gebracht. Und viele Leute haben heute Zugang zu Positionen, die ihnen früher durch verschiedene Restriktionen verwehrt waren. Aber durch die kurzfristig angelegten Auftragsarbeiten können die Menschen weder eine intensive Beziehung zu ihrer Arbeit noch zu Kollegen entwickeln. Die Beziehungen, die sie während der Arbeit eingehen, sind unverbindlich und gehen nur selten über einen oberflächlichen Austausch hinaus. Entwickelt sich doch einmal eine engere Beziehung, dann ist diese meist nur von kurzer Dauer. Es fehlt einfach die Zeit, mehr aus dem oberflächlichen Kontakt zu machen.

Einem Team anzugehören, das hieß einmal, dass man füreinander einstand und sich aufeinander verlassen kann. Heute ist das nicht mehr der Fall. Auch wenn man zum Team gehört, das für einen bestimmten Auftrag vom Unternehmen beschäftigt wird, so ist das noch lange nicht eine Garantie dafür, dass man mit denselben Leuten weiterarbeitet. Es zeigt sich, dass die für ein bestimmtes Projekt gegründeten Arbeitsteams nach erfolgreichem Abschluss wieder aufgelöst werden. Deshalb verwenden die meisten auch keine Zeit und Mühe mehr darauf, ihre Mitarbeiter kennen zu lernen, eine Freundschaft aufzubauen oder so etwas wie Vertrauen anderen gegenüber zu entwickeln. Das gleiche gilt für die Loyalität der Mitarbeiter zum Unternehmen. Die Identifikation mit dem Unternehmen geht in dem Maße verloren, wie Menschen zunehmend wechselnden, aufgabenorientierten Arbeiten nachgehen. Angesichts der derzeitigen Lage wäre es natürlich auch absurd, Engagement für ein Unternehmen zu erwarten, für das man ohnehin nur zwei oder drei Jahre arbeitet. Darüber hinaus kann doch keiner mehr mit Sicherheit sagen, wie lange ein Unternehmen existiert.

Wenn es wirklich so ist, dass es keine linearen Berufskarrieren mehr gibt, wie oft in seinem Leben muss ein Arbeitnehmer darauf gefasst sein, die Arbeit zu wechseln? Und wie geht er damit um?

Das Arbeitsleben der jungen Akademiker in Amerika umfasst durchschnittlich elf Stellenwechsel in 40 Berufsjahren bei dreimaligem Austausch der Wissensbasis. Es gibt Schätzungen, nach denen ein britischer Hochschulabsolvent in durchschnittlich 35 Arbeitsjahren mindestens zwölfmal den Arbeitgeber wechselt. Und auch in Deutschland wird sicherlich sehr bald der Prozentsatz von Personen in stabilen Arbeitsverhältnissen, definiert als jene, die nie oder nur einmal ihre Arbeit wechseln, kontinuierlich fallen.

Was den Umgang mit dem Berufswechsel betrifft, gibt es sehr große Unterschiede. Eine Studie über entlassene Programmierer bei IBM hat beispielsweise gezeigt, dass diejenigen, die über einen längeren Zeitraum für ein Unternehmen gearbeitet und keine nennenswerten Veränderungen durchgemacht haben, die Ursache der Entlassung bei sich suchten, auch wenn die Gründe jenseits der eigenen Kontrolle lagen. Sie warfen sich vor, nicht rechtzeitig Schritte unternommen und sich nicht ausreichend auf diese Situation vorbereitet zu haben. Die Programmierer, die erst seit kurzer Zeit dabei waren, begaben sich unverzüglich auf die Suche nach einem neuen Job. Sie waren sowohl bereit, einen längeren Anfahrtsweg oder gar einen Wohnortswechsel in Kauf zu nehmen, als auch sich neuen Aufgaben zu stellen. Den Älteren fiel es sichtlich schwerer, durch eine neue Arbeit dem Leben wieder einen Inhalt zu geben. Abgesehen davon, wie lange man schon auf dem Arbeitsmarkt ist, muss man heute unter den Bedingungen des neuen Kapitalismus damit rechnen, dass das Wissen, die Fähigkeiten und die Erfahrung eines Tages nicht mehr gebraucht und nachgefragt werden. Man muss jederzeit auf Veränderungen gefasst sein und den Willen haben, ständig weiterzulernen oder, wenn es notwendig ist, ganz umzusatteln.

Sie betonen in Ihren Büchern und Aufsätzen die Bedeutung der Arbeit für die Herausbildung von Persönlichkeit und individuellem Charakter. Welche Konsequenzen hat die von den Unternehmen verlangte Flexibilität für den Charakter der Menschen?

Ich glaube, dass der flexible Kapitalismus im Widerspruch steht zum Charakter des Menschen. In dem Maße, wie die Arbeit flexibler, und das heißt zeitlich befristeter wird, hört sie auf, Bezugspunkt der Ausbildung des menschlichen Charakters zu sein. Unter Charakter verstehe ich den Fundus an Eigenschaften und Fähigkeiten, den wir im Laufe unseres Lebens entwickeln und der uns eine gewisse Sicherheit und Stabilität gibt. Das persönliche Selbstwertgefühl, das auf der Überzeugung basiert, die eigene Erfahrung sei mehr ist als die Folge zufälliger Ereignisse, gewinnt nicht an Stärke, wenn man aufgrund äußerer Bedingungen ständigen Veränderungen ausgesetzt ist und keine Zeit bleibt, grundlegende, vertrauensvolle soziale Bindungen aufzubauen. Die Entwicklung des Charakters vollzieht sich über die Auseinandersetzung mit einer Aufgabe, der man sich über eine längere Periode widmet. »Man wächst mit den Aufgaben«, wie es so treffend heißt. Ein beständiges Leben ist die Grundlage für die Kontinuität sozialer Beziehungen, das Verfolgen langfristiger Ziele, die Verantwortung und Verpflichtung für die Familie und für die Gesellschaft. Durch das ständige Anpassen an neue Gegebenheiten droht der Charakter ausgehöhlt zu werden. Immer weniger Menschen haben die Möglichkeit, ihrem Leben über ihre Arbeit einen Zusammenhang zu geben. Es ist schwierig, zu verstehen, dass wir den Großteil unserer Zeit mit Arbeit verbringen, wir diese Arbeit aber auf kein langfristiges Ziel ausrichten können. Uns geht, wenn wir weder am Arbeitsplatz noch im privaten Bereich unsere Identität und Lebensgeschichte zu einer Erzählung bündeln können, die Autorenschaft unseres Lebens verloren.

Werden wir aber nicht gerade dadurch, dass wir auf uns selbst zurückgeworfen sind, wie es Friedrich Tenbruck einmal formulierte, zu Autoren unseres Lebens?

Der flexible Kapitalismus verlangt vom Einzelnen zwar immer größere Individualisierungsleistungen, aber vielen Menschen gelingt es nicht, unter den kapitalistischen Bedingungen von heute ihrem Leben eine gewisse Kontinuität zu geben. Der flexible Kapitalismus lässt Menschen im Ungewissen, was den Lauf ihres Lebens betrifft. Dadurch verlieren die Leute immer mehr die Verbindlichkeiten, unter denen sich das Leben einigermaßen planen und auf Ziele ausrichten ließe. Durch den ständigen Arbeitsplatz- und Wohnortwechsel wird der Alltag unlesbar und das Leben als eine Abfolge vereinzelter Ereignisse wahrgenommen, ohne die Kontinuität einer Lebenserzählung.

Sie stehen den wirtschaftlichen Veränderungen äußerst skeptisch gegenüber. Es gibt aber auch Stimmen, die die Flexibilität und die daraus resultierende Fragmentierung des Lebens positiv bewerten.

Solche Einschätzungen stammen in der Regel von den Gewinnern des neuen Kapitalismus. Diese haben die Fragmentierung des Lebens als Chance genutzt und von den beständigen Veränderungen und Erweiterungen der ökonomischen Netzwerke profitiert. Die Privilegierten der neuen Wirtschaftsordnung sehen aus diesem Grund in der Flexibilität einen Zugewinn an Freiheit. Sie sollten aber nicht vergessen, dass dies nicht für die Masse gilt. Ich bin nicht grundsätzlich gegen Flexibilität. Wir können aber nicht daran vorbeisehen, dass die Mehrheit der Menschen nicht auf den Wogen der Flexibilität schwimmt. Viele Menschen haben mit den veränderten Gegebenheiten ihre Schwierigkeiten und können diese durch kluge Ratschläge von Managementberatern, die einen völlig flexiblen, autonomen Menschen fordern, nicht beheben. Andere können aus dem einfachen Grund nicht mithalten, weil sie nicht über das Maß an kulturellem Kapital verfügen, das notwendig ist, um sich in der veränderten Welt zu behaupten. Sie bringen nicht die Fertigkeiten mit, die ich als »modern skills« zusammenfassen würde, nämlich die Fähigkeit, inmitten des Chaos sein Leben zu meistern. Das sind Fähigkeiten eines elitären Kreises, aber nicht der Masse. Ebenfalls dürfen wir nicht übersehen, dass das schnelle Wirtschaften die bereits bestehenden Ungleichheiten erheblich verstärkt hat. Für einige wenige mag der neue Kapitalismus ein Segen sein, für die Mehrheit ist er aber ein Fluch.

Kann Flexibilität das menschliche Übel der Routine mildern?

Ihre Frage suggeriert, dass Routine ein Übel darstellt. In der Tat hat der Moralphilosoph Adam Smith in seinem 1776 veröffentlichten Buch »Der Wohlstand der Nationen« die routinegeprägte Arbeit aufs Schärfste kritisiert und gefordert, die Menschen von der Monotonie der Arbeit zu befreien. Die rationalisierte Arbeitsteilung des Kapitalismus hatte seiner Meinung nach die Arbeiter in der von ihm untersuchten Nagelfabrik auf wenige Arbeitsgänge eingeengt und sie zu stumpfsinnigen und einfältigen Wesen gemacht. Ich möchte indessen zu bedenken geben, dass die Routine Menschen auch eine gewisse Sicherheit und Stabilität verleiht. Meine Befragungen haben ergeben, dass viele Menschen, die ständig Risiken eingehen oder massiven Veränderungen ihres Lebens ausgesetzt sind, zutiefst desorientiert sind und depressiv werden. Das zeigt doch, dass sich viele Menschen den Anforderungen des modernen Kapitalismus nicht gewachsen fühlen. Sie sind nicht fähig oder willens, Risiken auf sich zu nehmen, die Vergangenheit abzuschreiben und inmitten des Chaos ihr Leben zu bewältigen.

Ist das verallgemeinerbar?

Diese Befunde lassen sich belegen durch Befragungen von Arbeitnehmern, die über einen längeren Zeitraum flexiblen Arbeitsstrukturen ausgesetzt waren. Ich beziehe mich dabei auf Daten aus Großbritannien und den USA, nach denen die oberen 15 bis 20 Prozent der Menschen nach einem freiwilligen Wechsel des Jobs materiell besser dastehen. Eine nicht zu unterschätzende Anzahl verschlechtert sich. Die große Masse ist aber durch die Forderung, Unternehmer der eigenen Arbeitskraft zu sein, sehr stark verunsichert. Ständig Risiken einzugehen schlägt sich negativ auf ihr psychisches und physisches Befinden nieder. Angst macht sich breit. Angst davor, ausgetauscht zu werden, Angst nicht mehr gebraucht zu werden, weil die Erfahrung nichts mehr wert ist. Angst, zum Spielball völlig unberechenbarer Mächte zu werden. Und Angst vor dem ziellosen Dahintreiben, das sich auf familiäre und freundschaftliche Beziehungen ausweitet.

Schon Daniel Bell stellte in den 50er Jahren in seiner klassischen Studie »Das Unbehagen in der Arbeitswelt« heraus, dass sich die Arbeiter des General Motors-Werk Willow Run in Michigan nicht gegen die minutiöse Organisation der Arbeitszeit auflehnten. Die Arbeit war zwar hart und mühsam, aber durch das streng vorgezeichnete Arbeitsleben konnten die Menschen ihr Leben selbst organisieren. Bei steigendem Einkommen und sinkender Arbeitszeit und mit der Aussicht auf eine garantierte Rente waren sie zuversichtlich und motiviert. Die Anstrengung wurde belohnt, die Arbeit zahlte sich aus. Aus diesem Grund wurde die Routine nicht negativ gewertet, sondern als Chance begriffen, das Leben zu planen und zu formen. Die Forderung nach Flexibilität, die als Kampf gegen die Übel der Routine verstanden wird, verkennt, dass Routine sehr wohl auch gute Seiten hat.

Welche positiven und welche negativen Seiten hat Ihrer Meinung nach die Flexibilisierung?

Obwohl ich ein Kritiker dieser entstehenden Form des Kapitalismus bin, hat die Flexibilisierung natürlich auch Positives bewirkt. Im radikal ökonomischen Sinne ist eine positive Auswirkung, dass durch die Flexibilisierung Druck auf paralysierte Institutionen ausgeübt wird und diese wieder zum Leben erweckt werden. Man kann nicht einfach so weitermachen wie bisher. Die Flexibilisierung ist eine Herausforderung an den bürokratischen Stillstand. Ich glaube auch, dass diese Flexibilisierung positive Auswirkungen auf die Länder der sogenannten »Dritten Welt« hat, indem sie Zugang zur globalen Wirtschaft gewährt. In erster Linie durch die zunehmende Immigration, aber auch durch die Schaffung produktiver Arbeitsplätze, die Teil der westlichen Wirtschaft sind.

Die negativen Auswirkungen sind untrennbar mit der Herausforderung an die bürokratischen Strukturen verbunden, aber die Art der Herausforderung kann auch zu einer Auflösung des Alltags der Menschen in diesen Strukturen führen, indem sie gezwungen werden, sich statt einem Stillstand nun einem Chaos zu unterwerfen. Für die Menschen in der »Dritten Welt« kann dies bedeuten, dass sie zu irrelevanten Dienern des Systems werden.

Ähnlich würde ich sagen, bietet die Flexibilisierung eine große wirtschaftliche Chance für den Mittelstand in hochentwickelten Ländern wie Deutschland oder den USA. Das ist die positive Seite. Die negative Seite ist der ungewisse Ausgang dieser Möglichkeiten. Wir konzentrieren uns nur auf die Verlockungen dieses Systems, während in der Praxis viele Menschen darin untergehen. Die Zahl der Pleiten bei Firmengründungen liegt in den USA zwischen 85 und 87 Prozent. Die Menschen haben zwar die Möglichkeit, ein eigenes Unternehmen zu gründen, aber die Rate derer, die frühzeitig Konkurs anmelden, ist unglaublich hoch. Es ist eine paradoxe Situation, in der sich diese Menschen befinden. Ich glaube, es gibt eine Menge einzelner Dinge, die besonders im Rahmen eines globalen Maßstabes die negativen Auswirkungen der Flexibilität etwas abfedern können. Ich bin zum Beispiel fest davon überzeugt, dass wir einen weltweiten Standard schaffen können, was Kinderarbeit und viele andere Dinge angeht. Weltweite Kooperationen können regulierend eingreifen, denn sie können gezwungen werden, bestimmte Arbeitsbedingungen zu beachten. Wenn die Verbraucher von Dritte-Welt-Produkten darauf bestehen würden. Wir hatten gerade in den USA das Beispiel der Firma »Nike«, die ihre Produkte hauptsächlich durch sklavenähnliche Kinderarbeit in der Dritten Welt herstellen ließ. Es gab in der amerikanischen Bürgerschicht einen so großen Aufschrei, dass »Nike« gezwungen war, die Arbeitsbedingungen zu verbessern. Hier kann also etwas getan werden. Viel ambivalenter ist dagegen die Frage, wie man mit den ökonomischen Zwängen in unserer Gesellschaft umgeht, die mit vielen Defiziten zu kämpfen hat, etwa der hohen Zahl an Konkursen bei Neugründungen oder auch hinsichtlich der physischen Probleme von Leuten, die sich einem solchen Risiko aussetzen. Sie werden verwundbar, ihnen fehlt jede Form der Absicherung durch andere Menschen um sie herum. Die anderen aber werden ihrerseits auf das Scheitern reagieren, und das wird sich immer weiter fortsetzen. Das ist das Zwiespältige an dieser Form gesellschaftlicher Strukturen. Aber ich glaube dennoch nicht, dass die Flexibilisierung deshalb ein furchtbares kapitalistisches Monster wäre, gegen das man nicht angehen könnte.

Wie kann unter den veränderten Bedingungen eine neue politische Kultur entstehen, die Solidarität und Freiheit sinnvoll verknüpft? Welche Maßnahmen müssen gegen den ungezügelten Kapitalismus ergriffen werden?

Ich denke, dass es in den Niederlanden und Großbritannien gute Ansätze gibt, wie man den Arbeitsmarkt flexibler gestalten kann, ohne gleich alle Errungenschaften der Vergangenheit über den Haufen zu werfen.

Der englische Premierminister Tony Blair ist außerordentlich intelligent. Er benimmt sich nicht wie der amerikanische Präsident Bill Clinton. Blair will einen Weg finden, die Früchte des Neokapitalismus zu ernten, gleichzeitig aber auch das System gegen Schwächen abzusichern. Möglicherweise ist es ein sehr technisches Beispiel, aber ich will Ihnen Folgendes erzählen: Wenn man Neugründungen unterstützt, um die Konkursrate zu drücken, und dabei innovative Programme wie das »Enterprise Programme« in die Wege leitet, hat man einen guten Ansatz gefunden, um beispielsweise dem Gesundheitssystem wieder auf die Beine zu helfen. Ich denke, die Briten und Holländer sind hier wesentlich aufmerksamer, sie legen mehr Wert auf die richtige Balance. Viele traditionelle Labours in England sind natürlich sehr unglücklich mit Blair, der sie ihrer Meinung nach dem Kapitalismus ausliefert. Ich sehe ihn vielmehr als einen Hochseilartisten im Zirkus. Nicht nur Brite, sondern auch ein bisschen Holländer. Das sind gute Modelle. Das große Missverständnis der britischen Gesellschaft, und damit hat sie Margret Thatcher aufgeschreckt, ist, dass sie sich nie erholt hat vom Dilemma des gewonnenen Krieges einerseits und dem Verlust der Weltmachtstellung andererseits. Die Menschen waren erstarrt, festgefahren in bürokratischen Mustergewerkschaften, Genossenschaften und so weiter. Und Thatcher hat sie da herausgerissen, verlangte Flexibilität von ihnen. Das ist die gute Seite. Das Schlechte daran waren die Veränderungen, die den Briten hinsichtlich ihrer Einstellung zu sozialer Gleichstellung abverlangt wurden, und ich denke, Blair hat das ausgeglichen. Ich bin sehr für diesen Mittelweg. Wie gesagt, dies ist die Einstellung meiner Generation. Sie mag nicht für Menschen zwischen 20 und Anfang 30 zutreffen. Was er wirklich will, ist eine Art Doktor zu spielen, er versucht die Wunden zu heilen.

Sind die Wunden auf dem Arbeitsmarkt zu heilen? Sehen Sie eine Lösung der Exklusion durch Arbeitslosigkeit in einer gesellschaftlichen Bedeutungsveränderung der Arbeit, wie sie Ulrich Beck am Beispiel der Bürgerarbeit vorgeschlagen hat?

Es ist eine völlige Illusion zu glauben, wir könnten viele Menschen an diesem flexiblen ökonomischen System teilhaben lassen. Die Logik des Systems selbst spricht dagegen. Es muss ein ganz neuer Weg gefunden werden, was Politikgestaltung und Ökonomie angeht. Ich möchte ein Beispiel anführen: Meine Generation hat Schwierigkeiten mit der Vorstellung, sich einen Job teilen zu müssen. Wenn ich nicht 60 Stunden in der Woche arbeite, fühle ich mich nicht wirklich lebendig. Wir haben diese protestantische Einstellung in uns, jeder von uns. Aber es mag sein, dass jemand auf die eine oder andere Art seine Arbeitszeit auf 28 oder 30 Stunden begrenzt, was hieße, die Arbeit würde geteilt. Und er wäre darüber sehr glücklich. Ich wäre dies mit Sicherheit nicht, aber ich kann mir gut vorstellen, dass jemand, der in anderen Verhältnissen ausgewachsen ist, meine Einstellung fürchterlich findet. Das ist eben die Arbeitswelt. In England geht es stark auf diesen Weg zu, wie ich finde. Wie dort, experimentieren auch in Holland junge Menschen sehr viel mit dieser Form der Arbeitsteilung.

Im Buch »Die Globalisierungsfalle« heißt es: »Der »Turbo-Kapitalismus« zerstört die Grundlagen seiner Existenz: Den funktionsfähigen Staat und demokratische Stabilität.« Auch Ralf Dahrendorf sieht den Nationalstaat als Gehäuse für Rechtsstaat und Demokratie zunehmend wegbrechen. Welche Rolle fällt unter Globalisierungsbedingungen dem Nationalstaat

zu? Wird die nationalstaatlich gebundene Politik zum Handlanger weltweit fusionierender Konzerne degradiert?

Für die nationalen Regierungen ist es sichtlich schwerer geworden. Sie stecken im Dilemma. Da die Unternehmen damit drohen, ihre Produktionsstätten, Bürokomplexe und Kommunikationszentren ins Ausland zu verlegen, sind die Regierungen zu Maßnahmen gezwungen, die ihre Souveränität immer weiter aushöhlt. Um die Unternehmen im Land zu halten und somit die Arbeitsplätze zu sichern, bietet der Staat Steuererleichterungen und andere Vorteile an. Die Politik tritt immer öfter als demütiger Bittsteller auf. Und während die Regierungen am Gängelband der Unternehmen gehen, steigen deren Gewinne und Börsenwerte.

Welcher Weg sollte eingeschlagen werden, um den ungehemmten Kapitalismus in die Schranken zu weisen? Wie können die Entwicklungen gebändigt werden, die den Charakter des Menschen unwiederbringlich zerstören? Was halten Sie von den Vorschlägen, die Ihr Kollege Anthony Giddens unter dem Label des »Dritten Weges« unterbreitet hat?

Anthony Giddens hält seine Entwürfe mit Bedacht im Unklaren, da er weiß, wie schwer es ist, in diesen Zeiten klare Ziele zu definieren und Lösungen anzubieten. Auch wenn ich seinen Vorschlägen jenseits von links und rechts nicht viel abgewinnen kann – ich halte sie einfach für unausgegoren – sind es Angebote, die darauf verweisen, dass wir auf die weitreichenden Veränderungen reagieren müssen.

Das oberste Ziel, das wir im Auge behalten müssen, ist die Kritik an den bestehenden wirtschaftlichen Verhältnissen. Wir können nicht darauf warten, bis sich das kurzfristige Wirtschaften erschöpft hat. Dann könnte es unter Umständen zu spät sein. Wir müssen uns deshalb heute noch die Frage stellen, welche Abhängigkeiten innerhalb der Arbeitswelt vorliegen und wie diese zu verändern sind, damit wir eine Wirtschaftsform etablieren, die dem Wohl der ganzen Menschheit zugute kommt und nicht einer kleinen Schicht die Profite überlässt. Auch Menschen, die bescheidene Fähigkeiten haben, müssen ein Stück vom Kuchen abbekommen, um ein würdiges Leben führen zu können.

Eine moderate Flexibilisierung bei Aufrechterhaltung von sozialen Garantien, wie es Großbritannien und Holland vorexerzieren, halte ich für einen waghalsigen, aber in der momentanen Lage einzig sinnvollen Weg. Dabei darf nicht aus den Augen geraten, dass Elemente gefördert werden müssen, die den Menschen helfen, sich selbst zu organisieren. Wir müssen uns Gedanken darüber machen, wie wir zu einer Sozialordnung kommen können, in der die Menschen wieder lernen, dass sie aufeinander angewiesen sind und dass sie einander brauchen. Die Suche nach neuen Strukturen, in denen wir künftig leben und arbeiten, muss nicht zwangsläufig das Ende aller positiven Aspekte bedeuten. Wir müssen sehen, dass wir die Errungenschaften der Vergangenheit in die Gegenwart hinüberretten.

▸ Das Ende der Geschichte – Das Ende der Moderne ◂

Vita

Gianni Vattimo, geboren 1936, ist Professor für Theoretische Philosophie an der Universität von Turin und Mitglied des Europäischen Parlaments in Brüssel. Er ist Herausgeber der wissenschaftlichen Zeitschriften »Revista di Estetica« und »Filosofia«, Mitglied des wissenschaftlichen Beirats zahlreicher Fachzeitschriften sowie der »Accademia delle Scienze«. Zu allgemeinen philosophischen Fragen und aktuellen politischen Themen nimmt er regelmäßig in der italienischen Tageszeitung »La Stampa« Stellung.

Die Verbreitung und Vervielfältigung der audiovisuellen Informations- und Kommunikationsformen haben nach Ansicht Vattimos zum Ende der einheitlichen Geschichtsschreibung geführt. Im Gegensatz zu früheren Zeiten wird heute nicht nur das aufgezeichnet, was aus der Sicht der herrschenden sozialen Klassen als relevant erscheint. Heute macht das Geschichte, was von vielen verschiedenen Orten aus über den Äther geschickt, ins Internet gestellt oder über ein anderes Medium verfügbar gemacht wird. Die generalisierte Kommunikation markiert den Endpunkt einer Entwicklung, die von der Moderne geprägt wurde, was Vattimo dazu veranlasste, 1985 »Das Ende der Moderne« auszurufen.

Die Schriften von Vattimo, einem der führenden Vertreter der Postmoderne in Italien, basieren auf den theoretischen Arbeiten von Friedrich Nietzsche und Martin Heidegger. Vattimo, der sich sehr zuversichtlich über die Entwicklung der Medien zeigt, lehnt Einheitsvorstellungen, Absolutheitsforderungen und Wahrheitsansprüchen ab. Er legt das Hauptaugenmerk auf die Vielfalt der Möglichkeiten, die sich durch die Massenmedien ergeben. Diese könnten aber nur dann von vielen wahrgenommen und ausgeschöpft werden, wenn sich die Menschheit »auf die Höhe ihrer technischen Möglichkeiten begibt«. Da wir nicht mehr »Sklaven von Ideologien« seien, müssten wir unseren eigenen Weg durch das »Zeitalter der Weltanschauungen« finden. Es geht nicht mehr darum, »der Fliege den Ausweg aus dem Fliegenglas zu zeigen«, wie es Ludwig Wittgenstein noch forderte. Die Rettung des Subjektes ist paradoxerweise nur über den Weg der Selbstaufgabe zu erreichen: »Nur wer seine Seele verliert, kann sich retten.«

Ausgewählte Buchveröffentlichungen:

Gianni Vattimo: Die transparente Gesellschaft.
Passagen Verlag, Wien 1992
Originalausgabe: La societè transparente.
Garzanti Editore, Milano 1989

Aus der massenhaften Verbreitung von Botschaften
resultiert Informationsverwirrung

Konzept

In seinem 1989 auf Italienisch erschienenen Buch »Die transparente Gesellschaft« schreibt Gianni Vattimo: »Unsere Gesellschaft ist durch die Intensivierung des Informationsaustausches charakterisiert.« Der Widerspruch der transparenten Gesellschaft liegt darin, dass auf der einen Seite die technischen Entwicklungen den Informationsaustausch vereinfacht, beschleunigt und intensiviert haben. Gleichzeitig ist aber dadurch das Informationsangebot vielseitiger, komplexer und undurchschaubarer geworden. Über lange Zeit hinweg war das Sammeln und Verbreiten elektronischer Informationen den staatlichen Sendeanstalten vorbehalten. Erst die Aufhebung des staatlichen Rundfunk- und Fernsehmonopols ermöglichte es auch Privatpersonen, am weltweiten Informations- und Nachrichtenmarkt aktiv teilzunehmen. Mit der wachsenden Zahl an Anbietern stieg auch das Angebot an Informationen, das umfangreicher, vielseitiger und heterogener wurde. Aber nicht nur die größere Zahl an Radio- und Fernsehsender erhöhte den Informationsfluss. Es waren vor allem die auf dem Gebiet der Informationstechnologie erzielten Fortschritte, die es ermöglichten, Informationen einfacher zu finden und schneller weiterzuleiten. Immer mehr Informationen werden somit von immer mehr Orten aus effizienter gesammelt und immer schneller wieder versendet. Die Medienlandschaft gleicht damit heute, so Vattimo, »eher der babylonischen Sprachverwirrung als einer monolithischen, von einem einzigen Zentrum aus beherrschten Struktur«.

Aus der Privatisierung und Vervielfältigung der »Geschichtszentren« – die Orte, an denen Informationen gesammelt und gesendet werden – erklärt sich auch die Wende in der philosophisch-kritischen Auffassung der Welt der Massenmedien. Entgegen der Medienkritik von Theodor W. Adorno und Max Horkheimer, die in ihrem Buch »Dialektik der Aufklärung« vor dem dämonischen Einfluss und der Gleichschaltung der Massenmedien warnten, weist Vattimo auf die Chancen hin, die sich durch die Ausweitung und Intensivierung von Informationen ergeben. So ermöglicht es die Satellitentechnik, fernen Ereignissen ohne zeitliche Verzögerung beizuwohnen. Im Gegensatz zu früheren Zeiten, in denen die Menschen erst nach geraumer Zeit von Geschehnissen erfuhren, schrumpfen im Zeitalter der audiovisuellen Gleichzeitigkeit die Meldespannen gegen Null. Die Menschen erfahren in »Echtzeit«, was sich rund um den Globus ereignet. Sie sind »mitten drin« im weltweiten Geschehen und »live« dabei. Sie erfahren von anderen Existenzformen und Lebensweisen. Sie beobachten andere und stellen sich selbst unter permanente Beobachtung. Sie lernen zu verstehen, dass ihre ethischen, ästhetischen, politischen und kulturellen Werte nur Werte unter anderen sind. Die Massenmedien lassen dem

Menschen »andere mögliche Welten erleben und zeigen ihm so auch die Zufälligkeit, die Relativität und Unbestimmtheit der realen Welt, in die er eingeschlossen ist.«

Vor diesem Hintergrund hat die Medienkritik Adornos keine Gültigkeit mehr. Auch wenn heute die Gleichschaltung der Massenmedien technisch und theoretisch durchaus zu verwirklichen wäre, so lässt sich ein solches Vorhaben aus mehreren Gründen praktisch nicht umsetzen: Die gewohnte Vorstellung der Gesellschaft als Maschine, die von einem zentralen Motor angetrieben wird, ist im Zuge des Übergangs von einer mechanischen Epoche hin zum Zeitalter der Elektronik und Informatik abgelöst worden von der Vorstellung der Gesellschaft als Netzwerk. Dieses besteht aus vielen verschiedenen autonomen Akteuren. Gleiches trifft auch für die Medien zu, die einerseits Teil eines umfassenden Netzwerkes sind, andererseits eine eigene netzwerkartige Struktur besitzen. Die Massenmedien werden nicht von einer einzelnen Person oder Gruppe kontrolliert, das Gegenteil ist der Fall: Viele unabhängige Anbieter konkurrieren um die Gunst des Publikums. Die Gefahr der Manipulation und Verzerrung von Informationen, auf die Adorno aufmerksam machte, ist damit zwar nicht aufgehoben. Aber es ist die Tendenz erkennbar, dass die einzelnen Radio- und Fernsehsender ihr Publikum als Gesprächspartner ernst nehmen und die Menschen in ihre Sendungen einbeziehen. Sie können es sich nicht länger leisten, ihr Publikum zu ignorieren. Das Aufkommen der computergestützten Kommunikationsnetze ermöglicht es immer mehr Menschen nicht nur, sich schnell und leicht Informationen zu beschaffen. Sie nutzen auch die Möglichkeiten, die die neuen Kommunikationsmedien bieten – und hier besonders das Internet –, um sich und ihre persönliche Sicht der Dinge zu artikulieren. Sie lassen sich nicht mehr von Ideologien, Parteiinteressen oder dergleichen beeinflussen, sie entwickeln ihre eigene Interpretation der Welt.

Die zunehmende Multimedialität trägt dazu bei, dass es unmöglich wird, »die Welt und die Geschichte unter einheitlichen Gesichtspunkten zu sehen.« Im Gegensatz zu den Zeiten, in denen die Geschichte als objektiver Prozess verstanden wurde, gibt es heute keine »Geschichte der Sieger« mehr. An die Stelle unverrückbarer Wahrheiten treten viele verschiedene Ansichten und Perspektiven. Viele Wirklichkeitsauffassungen verstellen den Blick auf eine Wirklichkeit und bewahren damit die Freiheit der Interpretation. Die Entwicklung der elektronischen Technologie liefert für Vattimo den Gegenbeweis zu den düsteren Prognosen Adornos und der Frankfurter Schule. Er sieht deshalb auch keinen Anlass, den künftigen Entwicklungen der medienbeherrschten Gesellschaft mit Sorge entgegen zu blicken.

Fragebogen

1. Sehen Sie sich selbst als Gesellschaftstheoretiker, Gesellschaftskritiker, Gesellschaftsarchitekt oder lediglich als geselliger Zeitgenosse?

Ich sehe mich als Theoretiker unserer Gesellschaft. Architekten oder Kritiker beschäftigen sich mit der Lösung konkreter Probleme. Mich aber interessieren allgemeine Entwicklungen und Fragestellungen. Ich versuche von einer neutralen Position aus theoretisch zu ergründen, was in der Welt passiert und in welche Richtung sie sich bewegt. Wenn ich etwas positiv oder negativ bewerte, dann ist damit keine konkrete Aktion verbunden, meine Vorschläge bleiben stets im Rahmen des Theoretischen.

2. In welcher Gesellschaft leben wir eigentlich?

Die transparente Gesellschaft, von der ich in meinen Büchern spreche, definiert sich durch einen Widerspruch: Einerseits machen die modernen Informations- und Überwachungstechniken die totale Kontrolle möglich, andererseits kann diese Möglichkeit von keiner einzelnen Person, von keinem Element der Gesellschaft ausgeübt werden. Hegel sprach von Herrschaft und Knechtschaft, Adorno sah die Gefahr des Totalitarismus. Diese apokalyptischen Thesen haben meiner Meinung nach ihre Wirkung verloren. Ich stimme deshalb Michel Foucaults These von der »Mikrophysik der Macht« zu. Er meinte damit, dass keine übergeordnete Macht in der Gesellschaft existiert, dass jeder vielmehr an der Macht partizipiert – mal als Herr, mal als Knecht. Keiner verfügt über dauerhafte Macht. Die Machthaber von heute können morgen schon die Entmachteten sein.

Die transparente Gesellschaft geht von der ursprünglichen aufklärerischen Vorstellung aus, dass Gesellschaft durch Wissen planbar, überschaubar und kontrollierbar werden würde. Wir sehen aber, dass heute die Informationsmenge von keinem einzelnen Agenten der Gesellschaft erfasst werden kann, so dass sich diese Vorstellung ins Gegenteil verkehrt.

Die transparente Gesellschaft ist eine Vision, eine Vorstellung, ein Traum der Aufklärung. Die Realität ist jedoch eine babylonische Gesellschaft, das heißt eine Gesellschaft, in der durch die generalisierte Kommunikationsmöglichkeit der Einzelne, das Individuum keine sicheren, festen Bezugspunkte mehr findet. Daraus resultiert das Gefühl der Orientierungslosigkeit.

3. Worin sehen Sie die Stärken und Schwächen dieser Gesellschaft?

Die Stärken treten durch die Vorteile der digitalen, globalen Kommunikation zu Tage, d.h. die Demokratisierung und freie Verfügbarkeit von Information. Die Schwächen liegen in der nicht vollständigen Disponibilität aller Informationen. Die Kommunikation ist noch nicht so generalisiert, wie sie sein könnte. Ich meine damit, dass Informationen immer gegenseitig zur Verfügung stehen müssen, ansonsten bildet sich für eine Gruppe ein Informations- und Wettbewerbsvorteil. Paradoxerweise ist der größtmögliche Informationsfluss ungefährlicher als der bedingte Informationsfluss. In Italien beispielsweise ist das Fernsehen monopolisiert, es gehört dem Staat, Berlusconi und einer weiteren Gruppe. Dadurch ergibt sich die Möglichkeit einer viel stärkeren Beeinflussung, als wenn, wie mir vorschwebt, alle internationalen Fernseh- und Rundfunksender zur Verfügung stünden. Wir sind noch weit davon entfernt, eine totale Informationsverfügbarkeit zu haben.

4. Welche Rolle spielen Sie in der Gesellschaft?

In meiner Tätigkeit als Universitätsprofessor spiele ich nicht die Rolle eines Wissenschaftlers, der Wissen produziert und Erkenntnisse sammelt. Ich bin eher ein Philosoph, der darum bemüht ist, Fragen der Ethik, Moral und Politik in der Gesellschaft wach zu halten. Über die einzelnen Disziplinen hinweg versuche ich einen allgemeinen Diskurs zu fördern und übe damit die Rolle des Gewissens einer Gesellschaft aus. Ich bin also nicht so sehr damit beschäftigt, Wissen zu produzieren, sondern arbeite daran, Werte zu vermitteln und die Idee der freien, offenen Gesellschaft theoretisch weiter zu entwickeln.

5. Welche Gesellschaftsromane haben Sie fasziniert?

Die Zeiten großangelegter Gesellschaftsromane sind vorbei. Die letzten literarischen Versuche, Gesellschaft als Ganzes darzustellen, führten selbst in den Meisterwerken wie »Ulysses« von James Joyce zur Auflösung des Genres. Ich glaube, dass die Funktion, gesellschaftliche Entwicklungen zu thematisieren, in einer Epoche, in der sich die Welt auf Bilder reduziert, von Filmen übernommen wird. Filme, die an mehreren Orten gleichzeitig stattfinden, verdeutlichen, dass es nicht mehr möglich ist, die Gesellschaft als Ganzes und den Menschen in einem bestimmten Kontext darzustellen. Und ein Film wie »La vita è bella« – »Das Leben ist schön« von Roberto Benigni belegt, dass sich gesellschaftliche Realität nicht wirklich abbilden lässt: Es muss auf Fiktion und Fantasie zurückgegriffen werden.

Es gibt allerdings einige Romane, die mich beeindruckt haben, weil in ihnen eine klar definierte Gesellschaft beschrieben wird. Ich meine die Gesellschaftsromane von Isaac Bashevis Singer und Bernard Malamud, in denen es noch einen konkreten gesellschaftlichen Erzählrahmen gibt. In ihren Geschichten, die sich mit der Gemeinschaft der Juden in New York beschäftigen, kommt noch der Konflikt zwischen Individuum und Gesellschaft zum Ausdruck.

In den Werken der zeitgenössischen italienischen Autoren fehlt ein solcher Hintergrund. Ich bin immer neugierig, was mein Schüler und guter Freund Alessandro Barricco schreibt, aber ich lese seine Romane selten zu Ende, da ich in ihnen die gesellschaftliche Referenz vermisse. Die Romane, die mich in den letzten Jahren überzeugten, präsentierten immer Reste von traditionellen Gesellschaften wie die meines Kollegen und Freundes Umberto Ecos »Im Namen der Rose« oder Arundhati Roys »Der Gott der kleinen Dinge«.

6. Welchem Gesellschaftsspiel gehen Sie gerne nach?

Ich habe nicht viel Zeit, Gesellschaftsspiele zu spielen. Wenn ich die Zeit finde, dann spiele ich »scopone« oder »briscola«, zwei populäre italienische Kartenspiele. Scopone spielt man in zwei Paaren. Ziel ist es, den Spieltisch leer zu fegen (Besen = ital. »scopa«), bis keine Karten übrig bleiben. Es gibt vier Punkte zu gewinnen, u.a. für die meisten Karten und für bestimmte Karten wie den »Settebello«, den »goldenen Siebener«. Dieses Spiel liebe ich ganz besonders wegen seiner Einfachheit und weil dabei im geselligen Zusammensein soziale Fertigkeiten geübt werden.

7. In wessen Gesellschaft halten Sie sich bevorzugt auf?

Ich halte mich gerne in Gesellschaft meiner Studenten auf. Mir gefällt die freie, unverbindliche Gesprächsatmosphäre, die sich in Seminaren entwickelt, vor allem wenn man sie mit der von Kongressen und Konferenzen vergleicht. Unter Kollegen existiert immer eine gewisse Konkurrenz, oft entwickelt sich auch Neid, was zu unnötigen Spannungen und Konflikten führt. Um ein bekanntes sizilianisches Sprichwort zu paraphrasieren: »Kommandieren ist besser als Sex«, würde ich soweit gehen und sagen: Seminare machen mehr Spaß als Sex.

Da ich als öffentlicher Philosoph, der für Zeitungen schreibt und Kongresse besucht, selbst an einer Art »Showbusiness« teilnehme, sehe ich mich in gewisser Weise als Selbstdarsteller und Schauspieler. G. H. Gadamer, bei dem ich studiert habe, hat oft diesen Begriff verwendet. Wenn es ihm nicht gut ging, hat ihm seine Frau immer empfohlen, einen Kongress zu besuchen, damit es ihm wieder besser ginge. Ich bin zwar kein Hauptdarsteller, aber ein Darsteller dieses Showbusiness. Mich selbst als Schauspieler zu betrachten passt auch zu meiner Auffassung vom »Schwachen Denken«: Da ich nichts Definiertes bin, kann ich in alle möglichen gesellschaftlichen Rollen hineinschlüpfen, ich kann mich anpassen. Ich lasse mich von gesellschaftlichen Tendenzen beeinflussen und ich sehe die Beeinflussbarkeit als etwas Offenes, Positives. »Ich glaube zu glauben« (Credo di credere), ist der Titel einer meiner Bücher; ich identifiziere mich also nicht unbedingt mit einer Idee und wäre nicht bereit, für sie zu sterben. Ich wünsche mir eine Gesprächskultur, in der ich meine Beeinflussbarkeit wahrnehme – und dabei verspüre ich Genuss, um auf das Anfangsmotto zurückzukehren. Die Kreise, die ich frequentiere, sind die meiner Studenten und Universitätskollegen, ich habe sonst – außer auf meinen Auslandsreisen im Rahmen von Lesungen und Kongressen – kein besonders aktives soziales Leben. Grundsätzlich passe ich mich an verschiedene soziale Situationen an, in dieser Weise fühle ich mich gut und bin damit wohl ein Produkt unserer offenen und potenziellen Gesellschaft.

8. Welcher Gesellschaftsgruppe fühlen Sie sich zugehörig?

Als Universitätsprofessor gehöre ich sicherlich der höheren Mittelschicht an. Da ich in Turin lebe, habe ich Kontakt zur industriellen Führungselite und halte mich in ihren Kreisen auf. Da ich aber weder Macht ausübe noch herrschende Werte unterstütze, gehöre ich nicht wirklich der führenden Oberschicht der Gesellschaft an.

Als Privatperson stehe ich sogar am gesellschaftlichen Rande, was sich aus meinem Privatleben erklärt. 1975 bekannte ich mich öffentlich zu meiner Homosexualität. Es eröffneten sich dadurch für mich eine Reihe von neuen Möglichkeiten: Die Linke aber auch die herrschende Klasse haben mich damals anerkannt – jedoch nur auf einer persönlichen Ebene. An der politischen Macht konnte ich nicht partizipieren. Neuerdings, seit Sommer 1999, beschäftige ich mich aktiver und direkter mit Politik. Ich bin heute Abgeordneter im Europäischen Parlament für den Partito democratico di sinistra (Partei der demokratischen Linken). Dies hat natürlich Auswirkungen auf meine bis dato rein theoretische Teilnahme am gesellschaftlichen Leben. Ich möchte mich in erster Linie politisch engagieren, auch um einer Vorstellung entgegenzuwirken, die ich bei vielen Freunden und Kollegen feststelle: die Auffassung, dass Politik ein schmutziges Geschäft ist. Ich bin ohnehin schon immer eher ein »sozial engagierter« Philosoph gewesen als ein Wissenschaftler oder ein Historiker der Philosophie. Diese Entwicklung, so scheint mir, widerspricht nicht meinen Grundsätzen.

9. Welche Person(en) von gesellschaftlicher Größe schätzen Sie?

Jeder, der behauptet, die Wahrheit zu sagen, ist mir verdächtig. Aber es gibt Menschen, die ich wegen ihres Charismas schätze, wie beispielsweise Papst Johannes Paul II. Nicht dass ich mit seinen Ideen übereinstimmen würde, ganz im Gegenteil. Aber der Papst beeindruckt mich, weil er seine Macht ohne Armee und Waffen ausübt: Er hat Charisma und ist immer in den Medien präsent. Der Erfolg in unserer Gesellschaft wird von dem traditionellen Charisma und von der Medienmacht ausgemacht. Der Papst ist ein Beispiel für das, was heute Macht sein kann – finanzielle oder politische Mittel können nicht immer ausreichend sein. Die Beeinflussung ist oft mehr virtuell als real. Macht ist in unserer Gesellschaft mehr eine Angelegenheit von Weltanschauung als von Materie. Die Wirtschaft selbst hängt mehr von illusionären Faktoren ab als von realen. General Motors ist ein gutes Beispiel: Wenn alle Leute denken, dass General Motors Pleite geht, so wird es auch geschehen. Deshalb würde ich auch den Übergang von Natur zu Kultur als einen geistigen Prozess bezeichnen, da eine »Dematerialisation« von Macht stattfindet.

10. Wie sieht für Sie die ideale Gesellschaft aus?

Ich habe keine Vorstellung einer idealen Gesellschaft. Wahrscheinlich ist die ideale Gesellschaft die, in der es kein Modell einer idealen Gesellschaft gibt. Die Tatsache, dass wir kein Ideal haben, macht uns frei. Dies ist wohl auch ein Ausdruck unserer Zeit. Die Definitionslosigkeit der Gesellschaft ist, paradoxerweise, ihre Definition. Dies ist der Prozess der modernen Gesellschaft, das heißt der Übergang von einer starren Definition zu einer immer größeren Undefinierbarkeit. Demokratie ist keine positive, determinierende Bezeichnung von Gesellschaft, sondern eher eine offene, was heißt, dass die Gesellschaft sich eine Ordnung gibt, die immer veränderbar ist.

11. Wollen Sie die Gesellschaft verändern?

Ich könnte jetzt antworten, dass mir die Macht und Mittel fehlen, um etwas in der Gesellschaft verändern zu können. Mit diesem Eingeständnis würde ich aber meine Möglichkeiten nur selbst einschränken. Deshalb sage ich: Ich möchte mit dem, was ich sage, schreibe und tue dazu beitragen, dass wir in einer Gesellschaft leben, in der das Gefühl von Gemeinschaft nicht von natürlichen Bindungen abhängt. Wünschenswert wäre die Bildung einer Gesellschaft, in der es sehr starke Bindungen gibt, die aber nicht natürlich sind, sondern das Resultat eines kulturellen Prozesses. Dies ist heute umso wichtiger, weil wir ja in einer babylonischen Gesellschaft leben, in der der Mensch Orientierung braucht. Diese Solidarität kann aber nicht mit Gesetzen erzwungen werden.

12. Wie sieht die Gesellschaft von morgen aus?

Ich setze meine Hoffnungen in die Möglichkeiten, die sich durch die Weiterentwicklung der computergestützten Kommunikationsnetze eröffnen. Ich glaube, dass wir schon sehr bald in der Lage sein werden, noch umfassender Informationen über die Welt zu bekommen. Die Informations-, Kommunikations- und Überwachungstechnologie wird ermöglichen, dass der Informationsfluss größer und die Kommunikation noch freier wird. Die Überwachungstechniken werden nicht zu einer totalen Überwachung durch einen »Großen Bruder« führen, sondern zu einer Weltaufsicht ohne Weltaufsichtsbehörde.

Interview

Die Gegenwart ist gekennzeichnet durch eine wachsende Komplexität und Undurchschaubarkeit. Selbst der nominell mächtigste Mensch kann nicht »für sich allein und unabhängig von anderen Entscheidungen treffen«, wie es Norbert Elias schon 1981 feststellte. Es bedarf anderer, unpersönlicherer Denkmittel, so Elias, »um diese wenig transparenten gesellschaftlichen Zusammenhänge zu begreifen oder gar zu kontrollieren.« Bei aller Unübersichtlichkeit und Undurchsichtigkeit, Komplexität und Intransparenz sprechen Sie von einer transparenten Gesellschaft. Können Sie Ihre These etwas näher erläutern?

Die These der transparenten Gesellschaft basiert auf dem Widerspruch, dass das Angebot an Information so groß ist, dass es nicht von einer einzelnen Person kontrolliert werden kann. Transparent ist unsere Gesellschaft also nur in der Theorie. Wir würden wahrscheinlich nicht gerne in einer solchen Gesellschaft leben, weil, wenn alles verfügbar ist, nichts mehr entdeckt werden kann. Auf der anderen Seite wäre jedoch eine solche Gesellschaft wünschenswert, wenn sie vollkommen transparent und nicht durch Hindernisse nur bedingt transparent wäre: Information müsste gegenseitig verfügbar sein, sonst können einige wenige ihre Vormachtstellung bei der Kontrolle von Informationen für politische Zwecke missbrauchen. Der Titel meines Buches »Die transparente Gesellschaft« war ein gewollt zweideutiger Titel, denn es gibt immer Knoten von Intransparenz in der Gesellschaft. Der Titel definiert also eine problematische Tendenz, nicht so sehr unseren aktuellen Zustand.

Theodor W. Adorno warnte vor dem Missbrauch der Massenmedien, davor, dass sie zu Propagandazwecken und zur Massensuggestion eingesetzt werden. Was macht Sie so optimistisch gegenüber den Massenmedien? Ist die Gefahr der Gleichschaltung heute aufgehoben?

Die gängige Theorie vom Italien der 70er Jahre – ich erinnere an den Konflikt zwischen dem Staat und den terroristischen Organisationen der »Roten Brigaden« – dass es eine übergeordnete einzelne Macht gäbe, hat sich als hinfällig erwiesen. Damals glaubte man an die Existenz eines »grande vecchio« (= großer Alter), einer Person, die sei es von Seiten des Staates oder der Terrorgruppe alle Fäden zog. Heute ist man sich bewusst, dass es kein Machtzentrum mehr gibt, eine klare Trennung von Machthaber und Opfer erscheint als naiv und ist nicht mehr möglich. Die Macht der Medien ist nicht mehr zentral gesteuert, sondern lässt sich besser mit dem Bild eines Netzes verdeutlichen. Jeder Sender muss darauf achten, dass er sein Publikum gewinnt, muss sein Publikum einbinden. So sehr das Publikum auch manipulierbar ist und manipuliert wird, ist es aber auch ein Gesprächspartner, der nicht ganz berechenbar und konditionierbar ist.

Adornos Ansicht einer totalitären Kontrolle über die Medien ist paradoxerweise noch der Ausdruck einer optimistischen Vorstellung von Gesellschaft, einer Gesellschaft, in der zwar die Gefahr des Bösen lauert, jedoch gleichzeitig die Möglichkeit des Guten oder des zum Guten Lenkbaren besteht. Aber unsere Gesellschaft hat weder gute noch schlechte Bezugspunkte. Die Möglichkeiten, die sie eröffnet, zwingen den Einzelnen, sein Leben zu erfinden, was Nietzsche mit der Metapher des »Übermenschen« meinte. Entweder ist man Übermensch oder man bleibt auf der Strecke. Im Nihilismus von Nietzsche gibt es keine tradierten Bezugspunkte, alle Bezugspunkte sind eine persönliche Erfindung und ein persönlicher Gewinn. In diesem Sinne ist unsere heutige Gesellschaft ein Irrgarten, in dem jeder seinen eigenen Weg finden muss. Das Internet nützt einem nichts, wenn man seinen Weg nicht selbst sucht und findet.

Ist die »Transparenz« auch ein Kennzeichen der postmodernen Gesellschaft? Wie würden Sie Ihre These von der Zygmunt Baumanns und Jean-François Lyotards abgrenzen? Sind Sie etwa auf der Linie von Wolfgang Welsch?

Die Postmodernisten gehen allgemein von einer Idee der Schwäche aus, wenn sie unsere aktuelle Gesellschaft beschreiben: Es fehlen eindeutige Werte. Meine Theorie des »Schwachen Denken« (il pensiero debole) ist eine starke Theorie über das Schwächerwerden des Seins, ich habe sie vor einigen Jahren formuliert. Ich beziehe mich dabei auch auf Philosophen wie Nietzsche, Heidegger oder Gadamer, wenn ich sage, dass unser Wissen von der Welt eine Interpretation ist. Es gibt keine Tatsachen, nur Interpretationen, wie es Nietzsche einmal formulierte. Die Wahrheit dieser hermeneutischen Philosophie kann nicht durch objektive Beweise begründet werden, sondern nur indem man sich auf eine gemeinsame Kultur bezieht. Es gibt also keine Objektivität. Dies ist auch ein Charakteristikum der Postmoderne, wenn man sie mit der Moderne vergleicht, die eine genaue, wissenschaftliche Beschreibung der Realität wiederzugeben versuchte. Selbst Hegel, der die Relativität, die Geschichtlichkeit unseres Seins erkannte, dachte, dass man die Totalität des Prozesses, in dem wir uns befinden, herausfinden könnte. Ich nehme zwar an diesem Prozess teil, aber ich kann nur interpretierte Wahrheiten wiedergeben, um jemanden von diesem Prozess zu überzeugen. Die Postmoderne beginnt mit dem Ende der Objektivität. Man könnte mit Lyotard sagen, dass sie nach Hegel beginnt. Aber auch die Postmoderne braucht Geschichten, sie ist nicht das Ende der Philosophie und der Geschichte, vielmehr ist sie eine Philosophie oder Geschichte des Endes der Geschichte. Das kennzeichnende Element der Postmoderne ist das Schwächerwerden von starken Strukturen. Auch in der Kunst haben wir ja die Auflösung der objektiv beschreibbaren Realität erlebt, man denke nur an die »Demoiselles d´Avignon« von Pablo Picasso: Keiner würde auf den Gedanken kommen, sie wirklich schön zu finden. Viele Phänomene der Moderne können in ihrem Übergang zur Postmoderne als Prozesse der Abschwächung des Seins beschrieben werden, das heißt der Verlust von eindeutigen Werten, also eine Tendenz zum Nihilismus.

Stimmen Sie solchen Thesen zu, die die Postmoderne dadurch gekennzeichnet sehen, dass in ihr das nationalstaatliche Projekt der Moderne ans Ende gekommen ist?

Ja, ich denke, das eines der typischen Kennzeichen der Postmoderne die Auflösung der Nationalstaaten ist. Dies zugunsten eines Systems, in dem es eine Mischung von Lokalem und Globalem gibt. Ich meine damit, dass wegen der Globalisierung der Produktion, des Handels und des Konsums es immer dringender wird – vor allem auch aus wirtschaftlichen Gründen –, übernationale Strukturen aufzubauen. Auf der anderen Seite scheint mir diese Entwicklung auch das Wiederfinden von Ortsgebundenheit, Wurzeln und Kulturen zu fördern, was oft von den Nationalstaaten selbst verhindert wurde. Es ist nicht abwegig zu denken, dass der Föderalismus ein für die heutige Gesellschaft geeignetes politisches System ist.

Was verstehen Sie unter der Gesellschaft? Gibt es eine Definition?

Die Gesellschaft ist die säkularisierte Gemeinschaft. Die Gemeinschaft ist ein Zusammenhalt von einzelnen Menschen in einer Gruppe. Von Gesellschaft können wir sprechen, wenn diese Gemeinschaft sich ausweitet und Rechte und Pflichten, Freiheit und Gesetz in sich aufnimmt. Sie ist der Ort, in dem die Menschen sich von den natürlichen Bindungen der Gemeinschaft befreien. Die Unterschiede in unserer heutigen Gesellschaft sind eigentlich noch verbleibende Unterschiede der Gemeinschaften. Gesellschaft ist ein dynamisches Konzept: Es gibt zwar unterschiedliche Gesellschaften, aber eine gemeinsame Gesellschaft wird gerade gebildet. Gesellschaft ist nicht etwas Fassbares, sondern ein Prozess, um über die eigenen Beschränkungen, nämlich die der natürlichen Gemeinschaft, hinwegzukommen. Die Säkularisierung von Gesellschaft, also der Übergang von einer gemeinschaftlichen zu einer gesellschaftlichen Lebensform, ist ein Prozess. Unser Leben ist ein ständiger Übergang von einer natürlichen, starken, repressiven Struktur zu einer, die reflexiver ist, die wir Kultur nennen würden, ein Übergang von Unmittelbarkeit zu Gesetzen und Regeln, eine immer fortschreitende Loslösung von unseren natürlichen Beschränkungen. Heute zeigt sich der Rassismus nicht etwa in der plumpen Behauptung, dass eine Rasse überlegener als die andere sei, sondern in den getrennten Gemeinschaften, in denen Menschen leben. Dies ist eine Gefahr, weil dadurch unsere kulturellen, rationalen Errungenschaften zu Gunsten des natürlichen Gemeinschaftssinns verloren gehen.

Setzt Ihre These der »transparenten Gesellschaft« nicht auch eine Fähigkeit Informationen zu benutzen und auszuwerten voraus, die nur ein sehr geringer Teil der Bevölkerung besitzt? Die freie Verfügbarkeit macht die Gesellschaft nicht unbedingt freier und demokratischer, wenn nur sehr wenige das Angebot nutzen können. Sie machten das Beispiel der internationalen Fernsehsender: Dieses zusätzliche Angebot setzt Fremdsprachenkenntnisse voraus, die nur die wenigsten besitzen. Wird also eine »transparente Gesellschaft« nicht auch unendlich viele neue Ungleichheiten schaffen?

Es stimmt, dass die globale Kommunikation nur denen zur Verfügung steht, die Computer benutzen können, mehrere Sprachen verstehen usw. Die Informationsgesellschaft läuft Gefahr, immer neue Ungleichheiten zu schaffen. Ich kann mir nicht vorstellen, dass die Verfügbarkeit von Computern, die Sprachen- und Computerkenntnisse usw. sich in unbestimmter Weise linear entwickeln werden. Es gibt zu viele »externe Faktoren«: andere Kulturen, andere Lebensstile usw., die die »Verwestlichung« der Welt komplexer gestalten werden, als wir denken. Aber wir können nur Hypothesen formulieren und an diesem Prozess als »Abendländer« teilnehmen – gerade deswegen sind wir auch offen für Beiträge aus anderen Kulturen. Der Westen hat schon seit langer Zeit gelernt, nicht zu stolz auf sich zu sein und auf »externe« Beiträge zu hoffen, die ihn von vielen »sklavischen« Verhältnissen befreien.

Wie lässt sich der Widerspruch der transparenten Gesellschaft überwinden?

Ich sagte schon, dass der Begriff der »transparenten Gesellschaft« widersprüchlich ist. Meiner Meinung nach ist unsere Gesellschaft, in der sich Kommunikation immer mehr beschleunigt, alles andere als eine »transparente Gesellschaft«, sie wird jeden Tag verwirrender. Die Widersprüche dieser Gesellschaft kann man nicht in Form einer übergeordneten Synthese überwinden. Es geht darum, sich auf ihr Niveau zu erheben, etwa im Sinne von Nietzsches »Übermenschen«. Man muss beispielsweise lernen, in einer Welt zu leben, die unsicherer geworden ist; im Bereich der Philosophie muss man sich einer Rationalität bedienen, die auf die letzten, definitiven »Gründe« verzichtet: sie sind nämlich immer autoritär. Ich sehe nur eine Möglichkeit, die ich manchmal als den Übergang vom Wert der »objektiven Wahrheit« zum Wert der Nächstenliebe beschrieben habe. Wir haben keine »letzten objektiven Gründe« mehr, wir haben nur unsere »Nächsten«, die Mitmenschen, mit denen wir Vereinbarungen treffen, denen wir zuhören, denen wir auch vernünftige Argumente für unsere Handlungen geben müssen. Es ist ein christliches Ideal: Auch im Evangelium ist das, was über die Dogmen hinaus bleibt, die »Caritas«, die Nächstenliebe.

Der Titel von einem Ihrer Aufsätze heißt »Wirklichkeitsauflösung«. Löst sich die Wirklichkeit im Zeitalter der Massenmedien auf oder was verstehen Sie unter »Wirklichkeitsauflösung«?

Es ist nur ein anderer Begriff für das »Schwächerwerden des Seins«, wie es im »Schwachen Denken« formuliert wurde. Wenn es ein emanzipatorisches Ideal gibt, das unsere Philosophie und Kultur sinnvollerweise vertreten könnte, so ist es sicherlich nicht die Vergrößerung unseres Wissen der Erkenntnis wegen. Unser Wissen sollte eher dazu führen, uns von den Fesseln zu befreien, die die

Realität seit je her uns auferlegt hat. Die Informationsgesellschaft, das Ende der philosophischen Suche nach dem Wesen der Dinge, das Bewusstsein über die Geschichtlichkeit wissenschaftlicher Modelle, die Auflösung vieler natürlicher Beschränkungen in den Wissenschaften und Lebenstechnologien – all das kann von den Menschen nur als eine Intensivierung des Geistes auf Kosten der rohen Materie, der Kultur auf Kosten der Natur aufgefasst werden.

Sind wir in der Lage, eine Welt zu verwirklichen, in der wie Sartre in »Marxismus und Existenzialismus« sagt, sich der Sinn der Geschichte in denen auflösen wird, die sie konkret machen?

Einen Sinn der Geschichte können wir uns nur aneignen, wenn dieser Sinn sich auflöst, schwächer wird, wenn er nicht mehr als eine einheitliche Bedeutung aus einer zentralen Perspektive her aufgefasst wird: Das wäre immer noch ein »Herrschaftsmodell«. Ich glaube, dass sogar Hegels »absoluter Geist« eigentlich kein einheitliches Verständnis bieten sollte, sondern eher einen Sinn, der in den Formen des objektiven Geistes verstreut ist, d.h. in der Kultur, in den Wertesystemen. Eigentlich geht es nicht darum, wie Sartre denken konnte, dass eine Revolution gemacht wird, um die »Herrschaft« der bürgerlichen Klasse mit einer anderen, der proletarischen, zu ersetzen: Es geht darum, die Vorstellung selbst von »Herrschaft« abzuschaffen.

Werden wir in Zukunft von zuhause aus einkaufen, Parlamente wählen, Bankgeschäfte erledigen und alle gewünschten Informationen erhalten, ohne auch nur einen Schritt vor die Tür zu setzen, wie es Neil Postman prognostiziert?

Schon heute verwendet eine immer größere Zahl von Menschen den Computer, um alles mögliche zu tun – Einkäufe, Bankgeschäfte; viele machen damit sogar Liebe. Ich bin kein Verfechter der körperlichen Anwesenheit, im Gegenteil, meiner Meinung nach hat die Gesellschaft Fortschritte gemacht, indem sie diese Anwesenheit immer mehr ins Symbolische gerückt hat. Eine Annahme, die mir als wahrscheinlich vorkommt, ist dass wir zukünftig immer mehr notwendige Dinge auf immaterielle Weise tun werden: einkaufen, Geld transferieren und vor allem auch arbeiten: ohne uns von unserem Tisch zu bewegen;

und das soziale Leben wird immer mehr zum Moment der Entspannung, der Unterhaltung, des Treffens mit anderen Menschen aus affektiven oder sportlichen Gründen, ein »freiwilliges« Zusammenkommen. So wie man einen Spaziergang macht, wenn man zu lange am Schreibtisch gesessen hat.

Schlussbetrachtung

Wenn sich die Menschen nur solchen Problemen widmen, die sie auch lösen können, wie es Karl Marx einmal gesagt hat, ist es dann überhaupt angebracht, die Frage zu stellen: »In welcher Gesellschaft leben wir eigentlich?«

Das unauflösbare Problem dieser Frage gründet auf der schlichten Tatsache, dass sich die Gesellschaft – wie wir es bereits im ersten Band festgehalten haben – »nicht kategorisieren und eingrenzen lässt, dass sie vielmehr immer undurchsichtiger und komplexer wird, sich ständig bewegt und wandelt«. Die Gesellschaft, oder das was wir dafür halten, ist kein strukturell verknüpftes Ganzes, sie zeichnet sich vielmehr durch große Gestalt- und Strukturveränderungen aus. Sowohl diese Faktoren als auch der interpretative Charakter des Begriffs »Gesellschaft« erschweren eine klare Antwort: Jeder versteht unter »Gesellschaft« etwas anderes. Eine weitere Schwierigkeit ergibt sich dadurch, dass jeder Forscher immer auch selbst Teil der Gesellschaft ist, die er beobachtet, beschreibt und zu erklären versucht. Die Gesellschaft konstruiert sich gerade dadurch, dass wir aus verschiedener Perspektive Beobachtungen anstellen und diese aus verschiedenen Motiven heraus zum Ausdruck bringen. Gerade der von Max Weber betonte »subjektiv gemeinte Sinn«, dem wir unserem Handeln und dem Tun oder Lassen anderer auferlegen, ist ein konstituierender Faktor, der unser Handeln und die Analyse und Interpretation der Gesellschaft maßgeblich bestimmt. Umgekehrt ist es aber auch die Gesellschaft selbst, die ihre Wahrnehmung und Erklärungsansätze vorgibt und formt.

Wie auch immer man die Gesellschaft bezeichnet, eines dürfte feststehen und lässt sich bei allen in diesem Band versammelten Autoren herauslesen: Die Entzauberung der Welt und die dadurch notwendig werdenden Umstellungen auf neue Gegebenheiten werden eine zentrale Herausforderung und Aufgabe für den Einzelnen und für die Gesellschaft sein. Dass sich viele Menschen und viele Teilbereiche der Gesellschaft damit noch schwer tun, ist genauso richtig wie die Tatsache, dass ihnen nichts anderes übrig bleibt, als sich darauf einzulassen.

Es geht an dieser Stelle nicht darum, eine unumstößliche Antwort zu formulieren, geschweige denn eine Bewertung der einzelnen Konzepte vorzunehmen. Ich möchte vielmehr am Ende dieses Buches noch einmal unterstreichen, wie wichtig es ist, dass wir über eine Vielzahl an Perspektiven, Meinungen und Interpretationen verfügen. Jeder Versuch, die Gesellschaft auf einen Begriff festzulegen, würde sie in ihrer Freiheit und Offenheit, in ihrem ganzen Prozesscharakter einschränken. Die Gesellschaft ist einem Prozess der ständigen Interpretation und Neuinterpretation ausgesetzt. Deshalb sind die im Buch vorgeschlagenen Begriffe nur als Beschreibungs- und Erklärungsversuche und Momentaufnahmen zu verstehen.

Auch wenn das Buch keine klare Antwort gibt, weicht es der Frage nicht aus. Wie aus den einzelnen Kapiteln deutlich geworden sein dürfte, ist die Gesellschaft dadurch gekennzeichnet, dass sie über kein Zentrum mehr verfügt, um das sich Ereignisse sammeln und ordnen lassen. Die Menschen lassen sich immer weniger über ein Glaubenssystem oder ein Ideologiegebäude auf ein Ziel hin ausrichten. Es gibt keinen Machthaber mehr, der alles kontrollieren und lenken könnte und keine Person, die sich »die Herrschaft über die Ereignisse« sichern könnte. Das Zeitalter, in dem die Politik noch das Zentrum des Staates und die Familie das Herz der Gesellschaft waren, ist zu Ende. Wir erwarten immer eine konkrete Antwort. Das ist aber in Zeiten, in denen eine Gesellschaft nicht mehr geplant und entworfen werden kann, nicht mehr möglich. Dass Planung unabsehbare Folgen hat und dass gerade der Versuch, Ordnung herzustellen, das Chaos vermehrt, ist ein Tatbestand, dem wir gerecht werden müssen.

In einer Gesellschaft, die sich andauernd von Gewissheiten zu lösen versucht, können wir den Veränderungen nur mit einer gesteigerten Aktivität begegnen. Heute ist eine viel aktivere Haltung gegenüber dem Leben gefordert. Jeder muss sein Leben mehr denn je eigenverantwortlich gestalten. Jeder wird zum Unternehmer seiner eigenen Arbeitskraft, seiner Ideen und Talente. Diese Entwicklung hat positive wie negative Seiten. Die positiven Seiten liegen zweifelsohne im größeren Handlungsspielraum der Menschen, die ihr Leben wesentlich selbstbestimmter gestalten können. Die negativen Aspekte sind mit den positiven eng verknüpft. Mit der Freisetzung aus traditionellen Lebenszusammenhängen sind auch die Anforderungen an die Lebensorganisation des Einzelnen gestiegen. Und diese können sich dann als Überforderung erweisen, wenn wir mit den Herausforderungen nicht zurecht kommen. Der Mangel an Vorgaben ermöglicht Freiräume, zwingt uns aber auch dazu, unser Schicksal selbst in die Hand zu nehmen. Und genau hierin liegt das entscheidende Moment der Gegenwart: Wir müssen uns aus der passiven Opferrolle befreien und uns selbst aktiver sehen. Nur so kann die Tendenz zur Machtkonzentration aufgehalten, nur so kann heutigen sozialen Ungerechtigkeiten begegnet werden. Wer will, kann darin einen versteckten Aufruf erkennen, sich nicht kampflos dem sozioökonomischen Wandel zu ergeben. Der globale Kapitalismus gewinnt nur dann politische Legitimität, wenn er eine verlässliche Versicherung gegen die Risiken gibt, die er hervorruft. Dass immer mehr Macht von immer weniger nicht demokratisch legitimierten Personen ausgeübt werden kann, ist mit den Entwicklungen, die durch die Entzauberung der Welt auf den Weg gebracht wurden, nicht vereinbar. Die Individuen müssen sich die Möglichkeit bewahren, Druck auf die Schaltstellen von Wirtschaft und Politik auszuüben.

Das Buch präsentiert das vorläufige Ergebnis einer empirischen Studie, die noch lange nicht abgeschlossen ist. So wird es schon bald einen dritten Band geben mit weiteren Autoren und ihren Interpretationen zur zentralen Frage dieses Buches. Anzunehmen, diese Frage könnte umfassend beantwortet werden, ist ganz gewiss eine Illusion, und eine gefährliche obendrein. Aber zu meinen, es sei sinnlos, sie sich überhaupt zu stellen, wäre fatal. Dass Fragen dieser Art ein unverzichtbares Element der öffentlichen Auseinandersetzung sind, die bewahrt und gefördert werden sollten, muss hier nicht näher erläutert werden. Die verschiedenen Interpretationen schärfen den Blick für die sich vollzogenen Veränderungen und für den bevorstehenden Entwicklungsverlauf ökonomischer und soziokultureller Phänomene, die sich gegenseitig bedingen.

Wie hat Norbert Elias einmal gesagt: »Unsere Zukunft ist offen, die der Individuen und die der Gesellschaften, die sie miteinander bilden. Nichts ist endgültig und festgelegt.« Wir sollten die gesellschaftlichen Verhältnisse und Veränderungen beobachten und darüber miteinander debattieren. Diese gemeinsame Anstrengung erst lässt uns zu einer zukunftsfähigen Gesellschaft werden, denn wenn wir nicht wissen, wo wir stehen, können wir auch nicht eine Vorstellung davon entwickeln, wohin wir uns aufmachen sollen. Wir müssen uns deshalb immer wieder die Frage stellen: »In welcher Gesellschaft leben wir eigentlich?« und jeden Tag aufs Neue eine Antwort finden.

Bevor Sie das Buch aus der Hand legen, werfen Sie bitte einen Blick auf die Homepage des Dilemma-Verlages. Unter www.dilemma-verlag.de finden Sie ein Diskussionsforum, das Ihnen die Möglichkeit bietet, Fragen, die während der Lektüre aufgekommen sind oder Fragen, die einfach offen geblieben sind, an die Autoren und den Herausgeber zu stellen. Wir geben Ihren Fragen ein Forum.

Aus der Reihe »Gesellschaft X«:

Armin Pongs

In welcher Gesellschaft leben wir eigentlich?

Gesellschaftskonzepte im Vergleich
Band 1
1999, 288 Seiten, 46,-DM
ISBN 3-9805822-4-8

Band 1 stellt die Gesellschaftskonzepte der folgenden Sozialwissenschaftlern vor: Martin Albrow (»Die Weltgesellschaft«), Ulrich Beck (»Die Risikogesellschaft«), Daniel Bell (»Die postindustrielle Gesellschaft«), Ralf Dahrendorf (»Die Bürgergesellschaft«), Peter Gross (»Die Multioptionsgesellschaft«), Wilhelm Heitmeyer (»Die desintegrierende Gesellschaft«), Claus Leggewie (»Die multikulturelle Gesellschaft«), Armin Nassehi (»Die funktional differenzierte Gesellschaft«), Claus Offe (»Die Arbeitsgesellschaft«), Gerhard Schulze (»Die Erlebnisgesellschaft«), Wolfgang Welsch (»Die transkulturelle Gesellschaft«), Helmut Willke (»Die Wissensgesellschaft«).

»In welcher Gesellschaft leben wir eigentlich? Der Journalist Armin Pongs hat einem Dutzend Soziologen diese Frage gestellt. Herausgekommen ist ein anregendes, unterhaltsames Buch. Der Charme dieses soziologischen Lesebuches kommt aus der Vielfalt der Perspektiven, vor allem aber aus der Methode, mit der der Herausgeber vorgeht. Zunächst stellt er jeweils die Person und ihr Konzept kurz vor, sammelt dann Antworten auf einen Fragebogen und versucht schließlich, in einem Interview die Antwort auf die Leitfrage des Buches nach dem Charakter der Gesellschaft zu finden. So füllt sich das Schaufenster der Soziologie nach und nach mit allem, was derzeit im Angebot ist.«

Warnfried Dettling @ Die Zeit

Zum Buch »In welcher Gesellschaft leben wir eigentlich? – Gesellschaftskonzepte im Vergleich« finden bundesweit Vortragsreihen und Podiumsdiskussionen statt. Ebenfalls gibt es eine Ausstellung, die in vielen Städten in Deutschland, Österreich und der Schweiz zu sehen war: Auf mehr als 30 Tafeln – in der Größe 100 x 70 – werden die Konzepte von sechs Gesellschaftsexperten beleuchtet. Wenn Sie Interesse an einem Vortrag, einer Podiumsdiskussion oder an der Wanderausstellung haben, freuen wir uns, wenn Sie sich mit uns in Verbindung setzen.

In Kürze erscheint aus der Reihe »Gesellschaft X«:

Armin Pongs

In welcher Gesellschaft leben wir eigentlich?

Gesellschaftskonzepte im Vergleich

Band 3

DILEMMA
VERLAG

Montgelasstr. 8
81679 München
Fon: 0171 - 28 14 082
Fax: 089 - 99 75 07 23
http://www.dilemma-verlag.de
kontakt@dilemma-verlag.de

Foto: Ethel Pongs

Armin Pongs, geboren 1968, studierte Soziologie, Psychologie und Politikwissenschaften. Er lebt in München und arbeitet als freier Journalist, Fotograf und Buchautor. Ferner organisiert er Vortragsreihen, Podiumsdiskussionen und Ausstellungen zu den von ihm herausgegebenen Büchern.